HELKE SANDER

DIE ENTSTEHUNG DER GESCHLECHTERHIERARCHIE

DIE ENTSTEHUNG DER GESCHLECHTERHIERARCHIE

ALS UNBEABSICHTIGTE NEBENWIRKUNG SOZIALER FOLGEN DER GEBÄRFÄHIGKEIT UND DES FELLVERLUSTS

EIN ESSAY VON
HELKE SANDER

VERLAG
Z&G
Verlag Zukunft & Gesellschaft

»UND IST DIE WELT
AUCH NOCH SO SCHÖN
EINMAL WIRD SIE
UNTERGEHN«

aus: Frau Luna
Operette in zwei Akten von Paul Lincke

www.verlagzukunftgesellschaft.de

Umschlaggestaltung, Typographie und Layout:
Kurt Blank Markard
Herstellung:
BoD – Book on Demand, Norderstedt
ISBN 978-3-00-055652-4
auch als E-Book erhältlich

INHALT

EINFÜHRUNG

Die populäre Vorgeschichtsschreibung erzählt in unzähligen Bildbänden, Texten und vielen Fernsehsendungen, wie sich weitgehend ohne Umwege die behaarten noch affenähnlichen Wesen zum – meist europäischen – Homo sapiens entwickelten. Die Menschheitsgeschichte wird überliefert als ununterbrochene Fortschrittsgeschichte. Kaum in den Blick gerät, was bei jeder Errungenschaft immer auch verloren ging. Den Lesern auch von eher wissenschaftlich angelegten Werken wird beispielsweise das Bild vermittelt, als gäbe es eine »natürliche und erste« Arbeitsteilung zwischen Männern und Frauen und als wäre die patriarchale Kleinfamilie von Beginn an schon im Kern begründet. Abbildungen zeigen gerne starke Männer mit erlegten Tieren auf den Schultern, die aus dem Wald in die eingezäunten Bereiche streben, in denen bevorzugt barbusige oder mit einem Fell behängte Frauen vor primitiven Hütten sitzen und Körner zu Mehl mahlen. Dabei gleicht die Entwicklung zu einer funktionierenden Zusammenarbeit der Geschlechter, die unter dem Begriff »Arbeitsteilung« gefasst werden kann, einem Wunder, das einige Jahrhunderttausende, wenn nicht Millionen Jahre für sein Entstehen brauchte. Das heißt umgekehrt, von einer *natürlichen* Arbeitsteilung vom Beginn der Menschwerdung an kann keine Rede sein. Arbeitsteilung zwischen den Geschlechtern ist das Ergebnis einer äußerst langen und vor allem langsamen Entwicklungsgeschichte, an deren Anfang Lösungen standen, die hauptsächlich Frauen für neu entstandene und nur sie betreffende Probleme gefunden hatten. Probleme, die ausgelöst wurden durch länger dauernde Schwangerschaften und schwerere Kinder bei der Geburt, die dennoch längere Zeit als im Tierreich unselbständig und von den Müttern abhängig blieben. Weibliche Primaten entwickelten ihren Verstand, um zu überleben, und nicht wie andere Tiere beispielsweise einen längeren Hals oder Tod bringende Zähne. Der Verstand entfernte sie in langen Zeiträumen geradezu zwangsläufig von ihrer tierischen Herkunft und führte zu den ersten sozial und nicht mehr durch den Instinkt geprägten Lebensformen. Das machte uns zu Menschen. Aber dieser Fortschritt hatte von Anfang an eine Kehrseite: Wie in einer Kettenreaktion brachte er zwar ungeheure, sich immer weiter beschleunigende Entwicklungsschübe hervor, gleichzeitig aber immer auch damit einhergehende Autonomieverluste, was wiederum neue Probleme entstehen ließ, die bis heute fortwirken und sich fortlaufend potenzieren. Darum steht am Ende dieses Essays die Hypothese, dass der Verstand, der uns zu Menschen machte und mit immer neuen Erfindungen auf immer neue Herausforderungen reagierte, uns eines Tages umbringen wird, weil er vor seinen eigenen Errungenschaften und deren Folgen kollabieren muss.

Die Menschheitsgeschichte ist bildlich gesprochen wie ein unaufhaltsamer, ununterbrochen anschwellender Fluss mit unzähligen Nebenarmen, auch stehenden Gewässern und Sümpfen. Anders als immer wieder behauptet wird, gibt es keinen genauen »Anfang der Zivilisation«, der wie jüngst von einem Theater mit dem Gilgamesch-Epos datiert wurde oder von anderen Autoren und Philosophen gerne bei den alten Ägyptern oder Griechen angesiedelt wird. Die Behauptung eines Anfangs nach einigen Millionen Jahren Menschwerdung ist vollkommen willkürlich und unsinnig. Sie erkennt nicht, dass die geschichtliche

Entwicklung als Folge zäsurloser, immer weiter zunehmender Verstrickungen beschrieben werden kann. Wie unsere Vorfahren reagieren wir mit neuen Erfindungen auf die Herausforderungen und schaffen dabei für die nächsten Generationen auf einer wieder höheren Ebene immer schwerer lösbare Probleme, die heute mit Klimawandel, Verschmutzung der Meere, Ozonloch, Artensterben, Überbevölkerung bei gleichzeitiger Zunahme von Verarmung ganzer Länder nur angedeutet werden können. Zu einem Zeitpunkt, der die jüngere Vorgeschichte umfasst, treten die ersten negativen Seiten der Entwicklung zutage und werden für uns, wenn auch nicht für die Betroffenen, heute erkennbar.

Frauen haben, ausgehend von ihren biologischen Veränderungen (die ebenfalls schon eine lange Vorgeschichte haben, auf die hier nicht weiter eingegangen werden soll), prägend an der Umwandlung vom Tier zum Menschen teilgenommen und die Grundlagen für die ersten sozialen Beziehungen gelegt. Nach Jahrhunderttausenden als Auslöser der Entwicklung geraten sie mit zunehmendem Fortschritt seit den Zeiten des Neolithikums allmählich nicht nur ins Hintertreffen, sondern eher absichtslos überhaupt raus aus der Geschichte. Wann, wie und wodurch das passieren konnte und welche Konsequenzen dies bis heute hat und zum ersten fortwirkenden Gau der Menschheitsgeschichte werden konnte, wird mich in diesem Text beschäftigen.

Nun beruhen alle Theorien über die Entwicklung und das Zusammenleben unserer Vorfahren von Affenzeiten bis in die jüngere Steinzeit, das heißt bis ins Neolithikum, mehr oder weniger auf Spekulationen, die mit Glück abgesichert werden durch die Ergebnisse verschiedener Wissenschaften.[1] Ich spekuliere ebenfalls, füge allerdings die Indizien neu zusammen. Meine fast fünfzigjährige Beschäftigung mit diesem Thema lässt sich an der Literaturliste am Ende des Buches und den in den Anmerkungen versammelten Hinweisen nachvollziehen.

Wir teilen etwa 98 Prozent unsere Gene mit den Schimpansen und Bonobos, was nicht heißt, dass wir eine Fortentwicklung sind, sondern vor circa sieben Millionen Jahren eine eigene Linie gebildet haben. Ziemlich gesichert scheint inzwischen, dass auf diesem Weg sowohl unterschiedlich weit entwickelte Affen- wie Menschenarten auf der Strecke geblieben sind. Die Legenden in vielen Völkern über Riesen und Zwerge haben möglicherweise einen realen Kern, auf den an anderer Stelle näher eingegangen wird. Wenn ich dennoch immer wieder auf Verhaltensweisen bei Affen zurückgehe, dann verweise ich auf einige Ähnlichkeiten, die uns als Säugetiere verbinden. Dabei interessieren mich besonders Gemeinsamkeiten, die die Weibchen teilen.

Es ist wirklich nicht einfach, aber notwendig, sich immer wieder die ungeheuer langen Zeiträume vorzustellen, die von den Trockennasenaffen – einer Kategorie der Primaten, der auch wir angehören – bis zum Homo sapiens reicht, eine Zeit, die zugleich mit Beschleunigung verbunden ist, aber sich zunächst in Jahrhunderttausenden misst.

Die lange Vorgeschichte, in der wir uns vom Affen zum Menschen entwickelten, scheint im allgemeinen Bewusstsein wie ein unbestimmbarer geschichtsloser Raum, in dessen Nebel höchstens der aufrechte Gang noch Konturen bekommt oder sich Bilder festsetzen, in denen Neandertaler- und Homo sapiens-Männer mit Keulen aufeinander einschlagen. Zumeist jedoch bleiben diese Jahrhunderttausende im Bewusstsein nebelhaft, sind selten Gegenstand der Philosophie und werden kaum als in die Gegenwart wirkend einbezogen, es sei denn, man hat berufsmäßig mit anderen Zeitdimensionen zu tun.

Weltgeschichtlich gesehen und auf die Entwicklung der Menschheit bezogen, sind die letzten Jahrtausende seit dem Neolithikum allerdings Peanuts. Das ist zwar abstrakt bekannt, spielt aber für das Verständnis der Gegenwart kaum eine Rolle und dient immer noch dazu, Frauen in vielen Gesellschaften auf einen letzten Platz zu verweisen, weil die langen Zeiten, in denen es anders war, einfach nicht zur Kenntnis genommen und immer noch häufig von der Wissenschaft ignoriert werden, was notgedrungen zu falschen Schlüssen auch über unsere Zukunft führen muss.

Diese Ungenauigkeit im Zeitgefühl ist massiv und verbreitet und zeigt sich nicht nur in der oben erwähnten Bekanntmachung des Theaters über den Anfang der Zivilisation, sondern nahezu täglich in unzähligen Einzelheiten, wie beispielsweise dieser manipulierenden Überschrift zu einer Rezension in der *Berliner Zeitung* vom 17./18. 1. 2015: »Der Anfang aller Geschichte«. Unter diesem Titel geht es um ein Buch über Xenophon und Thukydides, die im 5. Jahrhundert v. u. Z. lebten. Der Anfang aller Geschichte vor 2500 Jahren?

Dass Lektoren und Redakteure unzählige solcher Behauptungen immer wieder durchgehen lassen, Historiker nicht aufschreien, Philosophen gänzlich schweigen, ist der eigentliche Skandal. Werden solche Lügen nur oft genug wiederholt, hinterlassen sie Spuren im Denken und Fühlen und bestimmen, was als »lange zurück« und »kurz zurück« und »immer schon so« empfunden wird und bis heute vielen Traditionen wie zum Beispiel den Beschneidungen von Jungen und Mädchen ihre Berechtigung verleihen sollen, weil es »immer« schon so war. Ziehen wir die Vorgeschichte mit ein, dann kann von diesem »immer« allerdings keine Rede sein.

Intellektuelle heute haben meist eine ungefähre Vorstellung davon, was sich vor zwei-, drei-, fünftausend Jahren in der jeweils bekannten Welt vollzog und assoziieren damit den »Anfang der Geschichte«. Dadurch wird die Vorgeschichte gleichzeitig zu einer abgeschlossenen Epoche definiert, die uns nichts mehr angeht. In der westlichen Welt sind wir eng verbunden mit dem Jahr Null als Fixpunkt. Das Jahr Eins definiert nicht nur die westliche Zeitrechnung, sondern verortet auch die Griechen mit ihren Göttern in eine Zeit davor und danach. Und noch ein wenig zurück vor diesem Jahr Eins sehen wir die Ägypter, Babylonier, Sumerer, die zwar schon fast im vorgeschichtlichen Dunkel verschwinden, aber hier und da noch zeitlich bestimmbare Inseln bilden.

Mich interessiert, was durch dieses ständige Vergessen/Verdrängen der Vorgeschichte auf der Strecke bleibt, was an möglichem Wissen sich dadurch nicht erschließt, welche aktuellen weltpolitischen Konflikte dadurch in eine interpretatorische Schieflage geraten, wie sich die Vorstellungen über Geschlechterrollen aus relativ spät entwickelten, schon patriarchalen Vorstellungen heute in der Familien-und Sexualpolitik niederschlagen und wie die Behauptung, dass die Einführung monotheistischer Religionen die Menschheit aus barbarischen Zeiten erlöste, widerlegt werden kann.

In diesem Essay suche ich nach den Ursachen für den Verlust der Selbständigkeit der Frauen, und ich versuche sie zeitlich zu bestimmen und in Verbindung zu bringen mit der Entwicklung der Produktivkräfte. Um es vorweg zu nehmen: Diese Entwicklung geschah nicht durch Bösartigkeit der Männer, sondern durch Fortschritt, der zunächst weitgehend durch Frauen verursacht war. Ein Fortschritt, der mit der Menschwerdung begann, sich bis heute immer weiter beschleunigte und, wie schon angedeutet, auch die Ursache für den kommenden Zusammenbruch und unser Abtreten aus der Weltgeschichte sein wird, die wir dann wieder den Ameisen und Kakerlaken überlassen können. Mit dem Fortschritt einher gehen immer Verluste, die immer größere Ausmaße annehmen und mit immer neuen Errungenschaften kompensiert werden müssen, was im letzten Kapitel das Thema sein wird.

Dies als Entwicklungsprinzip zu erkennen, ist nicht ganz einfach, weil wir daran gewöhnt wurden, unser Gefühl für Zeit zu manipulieren und einzugrenzen. Allein die Tatsache, dass wir kaum mehr nachts den Himmel und die Sterne sehen und uns mit dem Schrecken der Unendlichkeit konfrontieren können, trägt dazu bei.

Auch wenn wir heute wissen, dass die Welt nicht mit dem gregorianischen Kalender und dem Jahr Eins anfing, beziehen wir uns doch weitgehend auf diese relativ überschaubare Zeit und übersehen dabei, dass diese Zeit schon hoch entwickelt war, über die Schrift verfügte, differenzierte Gesellschafts-und Religionssysteme hatte und eindeutig patriarchal geprägt war. Darum soll hier ein kleiner Exkurs über die Erfindung der Zeit und der Kalender folgen.

EXKURS

Grundlagen aller noch heute geltenden Zeitbestimmungen sind die Mond- und Sonnenkalender der verschiedenen Völker, die über Jahrhunderttausende hinweg schon in der Vorzeit entwickelt wurden und das Wissen ansammelten, was dann die Menschen im heutigen Goseck in Sachsen-Anhalt dazu befähigte, vor etwa 7000 Jahren ein Sonnenobservatorium zu bauen oder die Babylonier vor 5000 Jahren den ersten Kalender und die 7-Tage-Woche erfinden ließ. Die Himmelsbeobachtungen hatten sich über Jahrhunderttausende vor diesen Zeiten etabliert. Erst sehr viel später wurden viele der heute noch benutzten Zeitrechnungen einem Religionsstifter oder Herrscher gutgeschrieben, der entweder überhaupt mit dem Anfang der Schöpfung gleichgesetzt wurde oder im jeweiligen Geltungsbereich ein verpflichtendes Ordnungssystem begründete. Das jüngste Beispiel liefert uns der jetzige Herrscher Nordkoreas, Kim Jong-Un, der für sein Land gerade den Kalender ändern ließ. Die neue Zeitrechnung dort beginnt mit der Geburt seines Großvaters 1912 und wird in »Juche« gerechnet.

Auch wenn die offizielle, globalisierte Welt heute dem im Jahre 1582 u. Z. eingeführten gregorianischen Kalender folgt, richten sich doch Millionen Menschen in vielen Ländern intern immer noch nach althergebrachten, traditionell angewandten Zeitmessungen. Unser heutiges Zeitgefühl und das früherer Völker war mit Sicherheit nicht das Gleiche. Die Griechen beispielsweise wussten zwar, wann es Zeit ist, zu säen und zu ernten. Aber wenn sie ein Ereignis der Vergangenheit beschreiben wollten, dann gingen sie nicht eine präzise Anzahl von Jahren zurück, sondern versuchten, dieses Ereignis in die Nähe von Erinnerungen zu bringen, die allgemein geteilt wurden, wie bestimmte Siege oder Niederlagen, von denen man auch keine Jahreszahlen wusste, sondern höchstens das Gefühl kannte von kürzer, länger oder sehr lange zurück. »Früher« konnte alles Mögliche sein. Jeder der griechischen Stadtstaaten hatte eigene Zeitrechnungen, die sich an für sie bedeutende Ereignisse knüpften, und sie wurden erst im Lauf der Vergrößerung der verschiedenen Staatswesen miteinander synchronisiert, bestanden aber oft noch lange parallel. Zunehmend wurden Anhaltspunkte gesucht, um die Zeit für alle auf die gleiche Weise zu gliedern. Das gelang allmählich, indem ein bestimmter Herrscher eines Landes mit der Regierungszeit eines bestimmten Herrschers eines anderen Landes zeitlich in Übereinstimmung gebracht werden konnte.[2]

Vermutlich drückte sich durch die noch nicht zeitlich genau bestimmbare Vergangenheit ein stärkeres Gefühl für die Gegenwart aus. Unser eigenes Zeitgefühl ändert sich ja auch mit den Jahren. Für Kleinkinder ist »gestern« kaum vorstellbar. Für die meisten Jugendlichen ist der Erste und sogar der Zweite Weltkrieg irgendwo in grauer Vorzeit und vollkommen uninteressant für heutige Probleme, während die letzte Sendung von »Deutschland sucht den Superstar« oder die letzte Fußballweltmeisterschaft für viele einen genau vorstellbaren zeitlichen Bezugspunkt bedeutet. Ob der Tiefseeschwamm, der 10 000 Jahre alt sein soll, ein Gefühl für Zeit hat, wissen wir nicht, auch nicht, ob die 200jährige Schildkröte, die kürzlich gestorben ist, ihr Dasein in noch etwas anderes gliederte als in Tag und Nacht und damit eventuell auf einem ähnlichen Stand war, wie unsere Vorfahren in Afrika, von denen wir annehmen müssen, dass sie wie Kleinkinder heute lange Zeit ausschließlich in der Gegenwart lebten.

Wir schreiben und lesen jeden Tag einige Male, dass wir uns jetzt im Jahr 2017 befinden. Dabei wissen wir alle, dass die Entwicklung der Menschheit je nach Theorie mindestens drei Millionen Jahre brauchte. Unser Koordinatensystem, in dem wir leben und denken, ist extrem klein. Alles, was vor dieser magischen Zahl Null liegt und was besonders interessant für die Geschichte der Frauen ist, ist damit weggedrängt. Wenn wir nur mal spielerisch annähmen, wir würden stattdessen jeden Tag lesen können, dass wir uns im Jahr 3 000 000 befinden, dann könnte das durchaus Auswirkungen haben auf unsere Problemlösungsstrategien. Wir würden dann wahrscheinlich die vergangenen 2000 bis 3000 Jahre Patriarchat für ein vorübergehendes Intermezzo halten und nicht für den Kern der Geschichte und bei Konflikten völlig anders argumentieren.

KALENDER

Die Grundlagen aller alten und noch verwendeten Zeitbestimmungen sind Mond- und/oder Sonnenkalender, die alle in der Vorgeschichte entwickelt wurden. Die wechselnden Mondphasen und – wie ich ausführe – die Menstruation waren die ersten Anhaltspunkte für Zeitbestimmungen. Noch heute wird zum Beispiel das christliche Osterfest nach einem Monddatum bestimmt, ebenso das Ramadan-Fest der Muslime. Zur Information füge ich einige der früher und zum Teil noch heute in vielen Ländern benutzten Kalender an. Wer sich dafür interessiert, sollte sich über die vielen verschiedenen Formen und Denkmuster selber informieren, weil nur Stichworte zu den einzelnen Kalendern keine vernünftigen Einsichten vermitteln.

Ägyptischer Kalender
Altskandinavischer Kalender
Astronomischer Kalender
Äthiopischer Kalender
Azteken Kalender
Buddhistischer Kalender
Chinesischer Kalender und Chinesischer Geburtskalender
Franzöischer Revolutionskalender
Gregorianischer Kalender
Islamischer Kalender
Jüdischer Kalender
Koptischer Kalender
Koreanischer Kalender und Neu: nordkoreanischer Kalender
Lunisolarkalender
Maya-Kalender
Römischer Kalender
Samischer Kalender
Sowjetischer Revolutionskalender
Stellarer Kalender
Thailändischer Mondkalender
Tibetischer Kalender
Zoroastrischer Kalender

Unser Wissen über die Vorzeit hat durch die vielen neuen Funde der Archäologen und die Forschungen anderer Fachgebiete in den letzten Jahrzehnten sprunghaft zugenommen, und fast täglich werden wir mit neuen Erkenntnissen überrascht. Heute ist die vor mehr als eineinhalb Jahrhunderten entwickelte Evolutionstheorie bei Naturwissenschaftlern anerkannte Wissenschaft, und die meisten Menschen haben keine Schwierigkeiten damit, sich mit ihrer Primatenherkunft anzufreunden. Allerdings gibt es nicht nur in den USA eine heftige Gegenbewegung. In einigen Bundesstaaten wird die Schöpfungsgeschichte nach der Bibel in Schulen gelehrt und die Evolutionstheorie abgelehnt. Auch in Deutschland gibt es vor allem bei verschiedenen Freikirchen (Kreationisten, Intelligent Design) derartige Tendenzen, mit direkten Auswirkungen zum Beispiel auf den Schulunterricht.[3]

Aber nach wie vor gibt es bisher keine vernünftige Antwort auf die Frage, wann und warum in diesen langen Zeiträumen der Menschwerdung die Frauen aus der veröffentlichten Geschichte verschwunden sind. Normalerweise wird diese Frage nicht einmal gestellt oder wenn, dann nur sehr pauschal beantwortet. Irgendwann kam es eben auf der ganzen Welt dazu, dass Frauen zum »zweiten Geschlecht« wurden und ihre Selbstbestimmung einbüßten. Irgendwie soll es mit ihrer natürlichen Bestimmung, Kinder zu bekommen, zusammenhängen und – bei ganz Fortschrittlichen – auch mit dem Neolithikum, mit der Erfindung von Ackerbau und Viehzucht (wobei die übliche gemeinsame Nennung von Ackerbau und Viehzucht auch zu hinterfragen ist). Es wird zwar immer wieder beobachtet, dass heute noch steinzeitlich lebende Menschengruppen meist ziemlich egalitär leben, was eine recht umfangreiche Literatur inzwischen dokumentiert, daran knüpfen sich aber selten weitere Überlegungen. Und solange es selbstverständlich bleibt, die Vorgeschichte mit der anfangs geschilderten Familienszene zu bebildern und eine Zeit vor zweieinhalbtausend Jahren mit dem Anfang der Geschichte gleichzusetzen, wird man den Ursachen für diesen Ausschluss der Frauen auch kaum näherkommen.

Da es sich bei der Unterdrückung der Frauen nicht um einen bestimmten Einzelfall handelte, sondern mit ganz geringen Ausnahmen in abgelegenen Gebieten, die gesamte Weiblichkeit auf der Erde früher oder später erfasste, und weil es mich als Angehörige des weiblichen Geschlechts nicht nur abstrakt interessiert, warum es so gekommen ist, hat es mich über die Jahrzehnte dazu gebracht, den gemeinsamen Nenner zu suchen, der dieser Katastrophe – oder auch der fast zwangsläufigen Entwicklung – zugrunde lag. Im Tierreich, aus dem wir uns entwickelten, gab und gibt es keine Frauenunterdrückung (das sogenannte Dominanzverhalten unserer männlichen Verwandten wird in den entsprechenden Kapiteln behandelt).

Mich werden also in diesem Essay die Gründe für diesen Ausschluss der Frauen als Handelnde und ihre Gesellschaften Formende bei gleichzeitiger Fortentwicklung der Menschheit beschäftigen. Dass es bisher hierzu nur so ungenaue Vorstellungen gibt, liegt sicher daran, dass die Forschung bis vor relativ kurzer Zeit hauptsächlich von männlichen Wissenschaftlern geprägt war, die ihnen bekannte Verhältnisse fortgeschrieben haben, weil sie keinen Grund hatten, darunter zu leiden oder nachzufragen. Denn Frauen spielten schon in den Vergangenheiten, die mit dem beschriebenen »Anfang der Geschichte« gleichgesetzt werden, in der das Patriarchat schon durchgesetzt war, meist die Rolle, die sie weitgehend auch noch in der Gegenwart einnehmen. Abgesehen von immer neuen großartigen Erkenntnissen der verschiedenen Disziplinen, die stückchenweise unser Wissen über die Urgesellschaften erhellen, sind diese Fragen über den Ursprung der weiblichen Unterdrückung einfach nicht auf dem Schirm der Forscher. Irgendwann wurde das Feuer eben gezähmt, und irgendwann wurden eben Gefäße hergestellt. Dies einmal unter geschlechtsspezifischen Vorzeichen zu untersuchen, ist bisher kaum geschehen. Im Gegenteil, fast automatisch werden in den entsprechenden Illustrationen wie selbstverständlich Männer als Verantwortliche gezeigt.

Erst in den letzten Jahren ändert sich das Bild ganz langsam, seit mehr und mehr Frauen an der sogenannten »Frauen-Forschung« wie auch an der akademischen Forschung teilnehmen. Ja, man kann sogar sagen, dass die außerhalb der akademischen Wissenschaften entwickelten Überlegungen von Frauen, die sich mit dem Gebiet aus eigenem Antrieb befasst haben, die akademischen Fragen belebt haben und mehr und mehr beeinflussen.[4]

Um aber eines klarzustellen: Ich befasse mich in diesem Essay nicht mit Genderfragen, sondern hauptsächlich mit den Folgen, die biologische Veränderungen zur Menschwerdung beigetragen haben. Ich habe 1968 damit angefangen, mich nach den Gründen für die weibliche Unterdrückung zu fragen. Im Lauf der seitdem verstrichenen Jahrzehnte haben sich viele andere Frauen aus der neuen Frauenbewegung ebenfalls in bestimmte Aspekte der Vorgeschichte vertieft. Sie haben sich in einem vorher unbekannten Ausmaß mit Religionskritik, Geschichtskritik, Philosophiekritik befasst, normalerweise außerhalb von unterstützenden oder sie überhaupt wahrnehmenden Institutionen. Sie haben mit ungeheurem Fleiß auf vergessene oder absichtlich verdrängte Tatsachen aufmerksam gemacht, Artefakte neu zusammengestellt, neue Fragen aufgeworfen und unzählige Bücher über vorgeschichtliche Kulturen geschrieben und dies erstmals aus weiblicher Perspektive getan. Im Zusammenhang damit ist häufig auch eine Wunschvorstellung als geschichtlich wahr behauptet worden: die urgesellschaftlichen Matriarchate. Das hat zu heftigsten Kontroversen in akademischen und nicht-akademischen Kreisen geführt, die ganze Bibliotheken füllen.

Gerade die Vorstellung von Herrschaft ist aber aus vielen Gründen eine fehlende Kategorie für die frühe Menschheit, und darum ist das Wort Matriarchat, so wie es meistens verstanden wird, auf jeden Fall irreführend, worüber inzwischen auch weitgehende Übereinstimmung herrscht. Das schmälert aber nicht die Leistungen dieser Forscherinnen. Sie haben jedenfalls nachdrücklich darauf aufmerksam gemacht, dass die Menschheitsgeschichte nicht erst mit den Sumerern oder Griechen begann und nicht nur aus Männern bestand. Ein Eindruck, der sich häufig in der älteren Literatur aufdrängt, sich nur sehr langsam verändert und immer auch von massiven Rückfällen begleitet wird. Das liegt nicht zuletzt daran, dass solche Frauen-Forschungen oft in kleinen oder Kleinstverlagen publiziert wurden und werden und entweder aus akademischem Dünkel nicht wahrgenommen werden oder aber, was vermutlich häufiger der Fall sein dürfte, gar nicht in irgendeine Öffentlichkeit vorstoßen, wo sie bekannt werden könnten. Auf diese Weise sind viele Ansätze, die die Rolle der Frauen besonders untersucht haben, ähnlich, aber unabhängig voneinander entstanden und blieben vor der Internetzeit oft unbeachtet und international unbekannt. Es mögen außerdem viele wichtige Untersuchungen erschienen sein, die kaum jemand kennt, weil sie in Sprachen verfasst sind, die nicht im allgemeinen Fokus sind.

Mir ging es also darum, welche Gründe es für den Ausschluss der Frauen aus der Geschichte gab und welche Folgen dies hatte. Mich beschäftigen in diesem Essay die weitgehend noch im Dunklen liegenden Jahrhunderttausende, in denen sich die Menschheit entwickelte und die äffische Vergangenheit langsam hinter sich ließ, bis hin zu der Zeit, als sich grundsätzlich neue Ordnungen etablierten. Dabei stehen diese Fragen im Vordergrund: Gab es eine Entwicklung, die den Anteil der Arbeit der Männer eines Tages wichtiger für den Fortschritt machte als den der Frauen? Und könnte es deshalb sein, dass gewissermaßen durch die Hintertür, also unwillentlich und unwissentlich die Kehrseite dieses Fortschritts zu eben der Frauen-Unterdrückung führte, so wie heutzutage die andere Seite der »friedlichen Nutzung der Atomkraft« in ihren Ausmaßen für fast alle erkennbar geworden ist, deren Anwendung schon ganze Landstriche verwüstet hat? Und hängen diese »Nebeneffekte« der Entwicklung damals wie heute vielleicht auch irgendwie zusammen?

Die Katastrophen von Tschernobyl oder Fukushima werden noch Jahrtausende nachwirken. Ähnlich ist es mit dem ersten Gau der Geschichte, dem sich lange hinziehenden Ausschluss der Frauen, denen allmählich immer neue Bevölkerungsgruppen der sich differenzierenden Gesellschaften folgen sollten (Unterworfene, Sklaven, später Arme oder bestimmte Berufe). In all diesen Fällen war das Unheil mit Fortschritt verbunden, in den letzten Jahren mit der friedlichen Nutzung der Atomkraft auf der einen Seite, und früher mit der sich immer stärker entwickelnden Intelligenz, die es ermöglichte, immer größere Gruppen an einem Platz zu vereinen und zu ernähren. Die in diesem Fortschritt angelegte Tücke zeigte sich meist erst später.

In den Anfangsjahren meiner Beschäftigung mit diesen Fragen war mein Motiv, einen Ansatz zu finden, um die Geschichte für die Frauen – und auch für mich – zum Besseren zu ändern. Inzwischen habe ich starke Zweifel daran, dass dies weltweit gelingen kann. Wahrscheinlich wird sich diese vorzeitliche Weichenstellung nicht mehr korrigieren, höchstens hier und da abmildern lassen. Aber, um es mit Worten von Peter Weiß zu sagen: Wenn schon untergehen, dann aufrecht. Wir sollten wenigstens wissen, was passiert und warum es passiert ist.

Dabei können wir nicht auf einen Anfang, auf den Punkt Null, zum Affen zurückgehen, um von dort aus neu zu starten. Der Schritt von einer noch nomadisierenden, halbtierischen Gruppe hin zu einem beständigen Dorf mit Organisationsstrukturen, zu einer Stadt und einem Staatswesen war begleitet von unzähligen gleichzeitigen Verwerfungen, in denen sich die Aufgaben differenzierten und die am Ende Sieger und Besiegte zurückließen. Die Kämpfe um die Definitionsmacht lassen sich noch in den Mythen der alten, schon in historische Zeiten hineinreichenden Reiche erahnen, in denen die inzwischen von Menschen erdachten ältesten Göttinnen in vielen Auseinandersetzungen durch männliche Hauptgötter und weibliche Nebengöttinnen und noch später durch einen einzigen männlichen Gott ersetzt wurden und so auch im Überbau das allgemeine Schicksal der Frauen besiegelten – bis auf wenige Ausnahmen in kleinen und isolierten Gemeinschaften, die noch keine Götter, sondern Naturkräfte und andere Lebewesen verehren.

Wir können heute wenigstens wissen, dass es eine gewisse Folgerichtigkeit hat, mit der wir trotz oder besser wegen aller Intelligenz auf einen allgemeinen nicht mehr beherrschbaren und durch uns selbst verursachten Kollaps zusteuern, es sei denn, wir werden noch früher eingeholt durch einen Felsbrocken aus dem All, der uns auf schnelle Weise den Garaus macht. So oder so, unsere Zeit als Menschen wird mit Sicherheit als Folge der Folgen unserer Entwicklung begrenzter sein als die der Dinosaurier, die es immerhin rund 170 Millionen Jahre hier ausgehalten haben – und die noch heute auf der Krim oder in Nahost und anderen umstrittenen Weltgegenden herumspazieren würden, hätte sie nicht der berühmte Brocken erwischt und dadurch den ersten kleinen Mäusesäugetierchen und letztlich auch uns das Leben ermöglicht.

Ich habe 1968 damit angefangen, mich nach den Gründen für die weibliche Unterdrückung zu fragen, und kam so allmählich auf die Urgeschichte. Ich lernte sehr schnell, dass in nahezu allen Veröffentlichungen jede neue Entwicklung bis auf geringe

Ausnahmen auf den Mann zurückzuführen war. Das war nicht immer explizit gesagt, aber durchgängig in der Bilderwelt, die die entsprechenden Publikationen begleiteten, zu finden. Es fing an mit dem sich noch auf die Arme stützenden Affen, der langsam seine Gestalt verändert, aufrecht geht und zum modernen großen Mann wird. Bis in die siebziger Jahre hinein ist der Mann fast ausnahmslos in einschlägigen Büchern, vor allem in Kinder-Bilderbüchern, in den Museen, den Installationen der Prototyp des Menschen. Ganz selbstverständlich und fast hundertprozentig ist es in den Illustrationen ein Mann, der die Höhlen ausmalt, die ersten Figuren schnitzt, vor allem die Frauenfiguren mit den großen Brüsten (die darum vermutlich auch alle »Venusfiguren« heißen und an Sex denken lassen und weniger an Mutterschaft). Es war der Mann, der das Feuer erfand, die gemeinsame Jagd, der in der Gruppe das Sagen hatte und natürlich für alle großen Erfindungen verantwortlich war.

Es gibt seit einigen Jahren einen Boom von Fernsehfilmen, die sich mit der Entwicklung verschiedener Tierarten, der Neandertaler, Germanen, Kelten, Römer, Ägypter befassen. Es sind immer Männer, die die Zuschauer belehren, wie Steinwerkzeuge bearbeitet wurden oder der Homo sapiens dem Neandertaler den Schädel einschlägt. Überhaupt spielt in Filmen und Videos, die sich fiktiv mit der Frühgeschichte befassen, die Gewalt eine große Rolle. Die Aggression scheint oft aus Anlässen zu entstehen, die im Tierreich durchaus friedlich gelöst werden können. Der Film »2001: Odyssee im Weltraum« von Stanley Kubrick[5] ist hier ein gutes Beispiel: Eine Gruppe männlicher noch affenähnlicher und behaarter Frühmenschen sitzt an einer kleinen Wasserstelle, die von einer anderen Gruppe ebenfalls beansprucht wird. Die aufeinandertreffenden Männer greifen sofort zur Keule, um sich gegenseitig zu töten. Ein schon am Boden liegender Affenmensch wird von anderen nacheinander mit Keulen und Fußtritten brutal gegen Kopf und Nieren so verprügelt, dass er tot liegen bleibt. Die Szene erinnert stark an aufgezeichnete Prügelattacken junger Männer in U-Bahnhöfen. Frauen und Kinder sind nicht zu sehen. Sie lagern offenbar außerhalb der Wasserstelle im heißen Wüstensand und brauchen weder Wasser noch Schatten. Dies ist ein Beispiel dafür, wie Bilder manipulieren und sich dennoch festsetzen und weltberühmt werden. Die Szene gibt vor, dass es von Anfang an feindlich unter sich neu begegnenden Gruppen zuging. Das ist möglich, aber durch nichts ausgewiesen.

Für das Gegenteil spricht im Grunde mehr: Mit Sicherheit zeichnete unsere Vorfahren eine immer wache Neugierde aus, und sei es die auf den Sexualkontakt zu neuen Geschlechtspartnern – möglicherweise auch mit solchen anderer Arten. Immer wieder werden Bruchstücke neuer menschenähnlicher Wesen entdeckt. Bei den Schimpansen verlassen geschlechtsreife Weibchen häufig ihre Gruppe und schließen sich einer anderen an. Auch die Männchen verschiedener Primatenarten streifen allein umher und finden irgendwann bei einer anderen Gruppe ein Weibchen. Zumindest muss man sich so ein Zusammentreffen neuer Gruppen ambivalent vorstellen und nicht von vornherein von Feindseligkeiten ausgehen. Die Bevölkerungsdichte war minimal. Savanne oder Urwälder waren weit. Schon deswegen waren solche Begegnungen eher selten und dürften eher als anregend denn als bedrohlich empfunden worden sein; immerhin konfrontierten sie die Protagonisten mit den Fertigkeiten der anderen. Darum konnte so eine Begegnung über Generationen als etwas Außergewöhnliches und Bereicherndes im Gedächtnis bleiben und ein Gefühl für Vergangenheit auslösen.

Wir müssen uns die Menschen in der Minderzahl vorstellen. Die wilden Tiere waren in der Überzahl mit Appetit auf Menschenfleisch. Sie boten nicht das harmlose Bild, das heutige Safarireisende empfängt, wenn sie aus dem Auto heraus einen Löwen zu sehen kriegen. Wie noch in einer Sendung im November 2014 gesehen, sind es Männer, die allein die Beringstraße überqueren, in den wilden Flüssen Amerikas das Fischen lernen und zudem auch noch in der Lage sind, ganz allein den Kontinent zu besiedeln.

Während ich dies schreibe, bekomme ich von Amazon eine Mail, in der mir 15 Bücher zur Geschichte der Philosophie empfohlen werden, »die mich interessieren könnten« (weil ich öfters nach neuen Publikationen speziell über urgeschichtliche Probleme gesucht habe). Sie alle sind von Männern geschrieben und bis auf eine Ausnahme auch von ihnen herausgegeben und beginnen entweder in der Antike oder mit fernöstlichen oder indischen Denkschulen, die höchstens 3000 Jahre zurückliegen (obwohl ich nach Literatur über die Steinzeit gesucht hatte). Bei einigen Büchern wird sogar darauf hingewiesen, für wen sie besonders gedacht sein könnten als Geschenk: »Ihren Sohn, Ihren Freund …« Auch diese Ratschläge festigen wieder die überlieferten Überzeugungen, dass die von uns als *alte* Geschichte bezeichnete sich mehr oder weniger in den Zeiten der Griechen und ein paar ihrer Vorläufer abspielte.

Die stetige Gehirnwäsche mit der Wiederholung der immer gleichen Bilder hat fast automatisch zur Folge, dass im Umkehrschluss über die Vorgeschichte gefolgert wird, dass Frauen nicht jagten, keine Werkzeuge herstellten, Amerika nicht besiedelten, nicht philosophierten, sondern von Anfang an in allen wesentlichen Lebensaspekten auf den weiter entwickelten Mann angewiesen waren.[6]

Einerseits haben wir heute Forscher und Forscherinnen, die Beweise für frühe Kulturen aus der Erde buddeln und unser Verständnis für die Vorzeit neu schulen. Und andererseits gibt es ebenfalls heute wild gewordene Männerhorden, die aus der Vorzeit gerettete Artefakte, Tempel, Statuen, Schriftstücke wie auch die Museen zerstören oder deren Inhalte verkaufen, um von dem Geld Waffen zu erwerben, und das langsam erwachende Bewusstsein über ganz andere, frühere, egalitäre Beziehungen zwischen den Geschlechtern noch einmal vernichten. Denn die Zerstörung antiker Kunstwerke und Bibliotheken durch religiöse Fanatiker ist ja kein neues Phänomen, sondern hat Vorläufer in dem hauptsächlich zwischen dem 3.und 6. Jahrhundert unserer Zeit tobenden christlichen Mob, der unzählige Tempel und Bibliotheken vernichtete. Viele hunderttausend Buchrollen in Alexandria und Athen und anderen Städten sind damals unwiederbringlich zerstört worden und mit ihnen das Wissen über die Gesellschaften früherer Jahrhunderte und – davon können wir ausgehen – damit auch das Wissen über die sich wandelnde Stellung von Frauen. Die jetzt durch den IS zerstörten Ruinen von Palmyra waren die Überbleibsel der Zerstörungen durch Christen im Jahr 562.

Aber, nicht zu vergessen, auch heute noch gibt es hier und da isoliert lebende Menschengruppen, die steinzeitlich leben. An sie hängen sich meist ungebeten Forscher, um mehr von der Vergangenheit zu erfahren. Es gibt eine kleine Menschengruppe, »Sentinels« genannt, die Nachkommen der vor circa 55 000 Jahren eingewanderten Menschen auf die Andamanen-Inseln vor Indien sein sollen. Bisher soll noch nie jemand von außen nah an sie herangekommen sein, und wer es versucht hat, kam nicht mehr zurück. Jeder Versuch, sich ihnen zu nähern, wird mit Speeren und Pfeilen abgewehrt. Sie haben sogar versucht, mit Pfeil und Bogen Hubschrauber anzugreifen, die nach dem Tsunami von 2004 die Insel überflogen. Bisher ist nicht bekannt, wie viele Menschen dort leben, was sie sprechen, ob sie Feuer haben oder nicht, wie sie ihr Leben organisieren. Nun will man ihnen mit Kamera-Drohnen zu Leibe rücken, weil es offenbar unerträglich ist, sie einfach in Ruhe zu lassen.

Wie »primitiv« oder alt auch immer diese Gruppen in unseren Augen sein mögen, sie sind dennoch weit in der Menschheitsgeschichte fortgeschritten, haben sich aber offenbar aus noch unbekannten Frühzeiten ein paar Strukturen bewahrt, wobei das hervorragendste Kennzeichen zu sein scheint, dass diese »steinzeitlich« lebenden Gruppen keine Religion zu haben scheinen, sondern ein durch vielerlei Riten gestaltetes Verhältnis zur umgebenden Natur.

Das Wort »steinzeitlich« ist übrigens auch ungenau. Die Steinzeit erstreckte sich immerhin über mehr als 2,5 Millionen Jahre und in ihr vollzogen sich viele der aufregenden Entwicklungen, die mich in diesem Text beschäftigen. Wenn heute von steinzeitlich lebenden Menschen gesprochen wird, dann haben sie zwar eine alte Tradition, sind aber aufgrund ihrer Werkzeuge, der Sprachfähigkeit und allgemeiner Lebensumstände relativ genau bestimmten Epochen der jüngeren Steinzeit zuzuordnen, die die Zeit ab etwa 40 000 Jahren bezeichnet und ungefähr mit der Bronzezeit endet. Manche dieser Gruppen mögen durch äußere Umstände irgendwann in die Isolation getrieben worden sein und überlebt haben oder auch Fähigkeiten, die sie schon einmal hatten, wieder verloren haben. Das 21. Jahrhundert erlaubt diesen alten Völkern jedenfalls nicht mehr, ihre überkommenen Traditionen beizubehalten. Sie werden unwiederbringlich zerstört. Zwar benutzt man noch ein paar Schlitztrommeln in Papua-Neuguinea zur Kommunikation, wer aber ein Handy haben kann, benutzt lieber das. Heute sind diese wenigen Menschengruppen Studienobjekte mit eingeschränktem Lebensraum, und viele dieser Menschen sind an den Krankheiten gestorben, die der Kontakt mit neuzeitlichen Forschern oder Arbeitern der Abholzfirmen ihnen eingebracht hat.

Mit der Frage: »Warum führte die Entwicklung der Menschheit zur Unterdrückung der Frauen?«, habe ich mich seit 1968 immer wieder befasst. Der Anfang für dieses Interesse begann mit einem Paukenschlag. Im Januar 1968 hatte ich zusammen mit zwei anderen Frauen in Berlin den »Aktionsrat zur Befreiung der Frauen« gegründet. In der sozialistischen Theorie bewanderte und belesene männliche Genossen aus dem Sozialistischen Deutschen Studentenbund (SDS) legten uns nahe, statt »Emanzengruppen« zu gründen, doch lieber die einschlägige Literatur zu lesen. Da könnten wir sehen, wie alles zusammenhängt, und erfahren, dass die hier und da noch vorkommende »Schlechterstellung« der Frauen ein Nebenwiderspruch sei und sich mit der Veränderung der gesellschaftlichen Situation, das heißt der Einführung des Sozialismus, selber auflösen würde. Mitten in Berlin, umgeben von der real-sozialistischen DDR, die ständig Wirklichkeitspartikel über die Mauer schickte, las ich dann auch all die empfohlenen Bücher. Zum Beispiel: Marx/Engels »Vom Ursprung der Familie, des Privateigentums und des Staates«, Bebel »Die Frau und der Sozialismus«, Bronislaw Malinowski »Das Geschlechtsleben der Wilden in Nordwest-Melanesien. Liebe, Ehe und Familienleben bei den Eingeborenen der Trobriand-Inseln, Britisch-Neuguinea« und andere Bücher dieses Autors sowie Lewis H. Morgan »Untersuchungen über den Fortschritt der Menschheit aus der Wildheit durch die Barbarei zur Zivilisation«, Magret Mead »Coming of Age in Samoa« oder »Sex and Temperament«, »Male and Female«, »Das Mutterrecht« von Bachofen, Josif V. Stalin »Concerning marxism in linguistics« und Friedrich Engels »Vom Anteil der Arbeit an der Menschwerdung des Affen«.

Der Grundgedanke fast all dieser Bücher war, dass Männer und Frauen von Anfang an für unterschiedliche Tätigkeiten zuständig waren. Die besonders von Marx/Engels so genannte Theorie der *ersten und natürlichen* Arbeitsteilung zwischen Männern und Frauen bildete die Grundlage für den Aufbau jeder

Art des gesellschaftlichen Lebens. Es wird suggeriert, dass diese Arbeitsteilung schon ein Kennzeichen der frühen Menschheit war, so als sei sie von Anfang an und natürlicherweise da gewesen. Die sich später entwickelnde Unterdrückung der Frauen sollte im Sozialismus ihr Ende finden. Dass in sämtlichen Zentralkomitees sozialistischer Staaten normalerweise nicht eine einzige Frau saß, galt als Kinderkrankheit des – schon älteren – Sozialismus.

Das, was mir damals an Begründungen zugänglich war, konnte mich nicht wirklich überzeugen, und so blieb ich am Thema dran, oft mit großen Unterbrechungen, weil ich ja beruflich ganz andere Dinge betrieb und mein Vorgeschichtsinteresse erst später auch auf Filmprojekte übergriff. Ich las all diese empfohlenen Bücher und fand dann selber andere. Lange noch ging ich davon aus, dass ich irgendwo eine schon vorhandene vernünftige Erklärung für die vielen Unklarheiten finden würde. Neben der »natürlichen« Arbeitsteilung, an der ich mir die Zähne ausbiss, zeigte die Literatur verschiedene Modelle, wie sich die ersten primitiven kleinen Gemeinschaften teilten, um nicht innerhalb der Sippe zu heiraten. Das Wort »Heirat« in diesen frühen Menschengruppen hörte sich merkwürdig nach moderner Kleinfamilie an und beschäftigte mich ebenfalls sehr, wobei meine Zweifel immer noch an unsystematischen Fragestellungen andockten. Immerhin beschrieb schon die gelesene Literatur, dass es sogar noch in der Neuzeit verschiedentlich andere Modelle des Zusammenlebens gab als die patriarchale Kleinfamilie, worauf ich in den entsprechenden Kapiteln näher eingehe.

Ich versuchte jedenfalls, die gelesenen Gedankengänge zur Teilung der Gesellschaften nachzuvollziehen, indem ich Tausende von Kringeln auf alte und zu diesem Zweck erworbene Tapetenrollen malte, mal die Frauen ausgliederte, die in eine andere Gruppe einheirateten (patrilokal), mal die Männer, die zu den Frauen zogen (matrilokal) – alles prominente Begriffe in der einschlägigen Literatur – und fragte mich, warum und vor allem auch ab welcher Entwicklungsstufe sie das hätten tun sollen. Noch als Affen? Als Halbaffen? Schon als Menschen? Wenigstens menschenähnlich? Wer verließ wen und warum? Wie sahen sie überhaupt aus? Wann spielte sich das alles ab? Wovon ernährten sie sich? Konnten sie von dem, was sie sammelten, überhaupt etwas abgeben? Gab es in der frühen Menschheitsgeschichte irgendwas zu teilen? Konnten die frühen Männer überhaupt schon gemeinsam zur Jagd gehen? Hatten sie so viel Verstand, um etwas im Kollektiv zu machen? Jagten nicht männliche Löwen, Leoparden oder Tiger meist alleine, aber weibliche Löwen, Tiger, Leoparden dagegen meist gemeinsam? Was aßen unsere Vorfahren? Hauptsächlich Grünzeug, ein wenig Kleinvieh, Insekten? Um davon satt zu werden, musste jede und jeder mehr oder weniger den ganzen Tag essen und Nahrung für sich selber suchen. Was hatten Männer und Frauen miteinander zu tun, abgesehen von gelegentlichem Sex, nach dem es ein offenbar instinktives Verlangen und ein »gewusst wie« gab? Frauen bekamen die Kinder, sorgten für sie, und der Geschlechtsverkehr fand lange unabhängig vom Wissen um die Vaterschaft statt. Warum also sollten Männer und Frauen irgendwas gemeinsam machen? Und sich sogar die Nahrung teilen?

Warum sollten sich die Gruppen teilen? Wer gehörte dazu? Wer nicht? Wie viele bildeten eine Gruppe? Überall gleich viele? Von welchen Weltgegenden redeten die Autoren? Von welchen klimatischen Bedingungen? Wann sollte das alles überhaupt stattgefunden haben?

Wenn man sich in der Tierwelt umschaute – und das tat ich dann auch – stellte man fest, dass die Mütter bei den größeren Säugetieren ihre Kinder oft vor den Männern bzw. Vätern schützten, dass die Elefantenkuh letztlich die Herde führte, auch wenn der Bulle manchmal brüllte. Im Grunde gab es in der Säugetierwelt zwei Gruppen, Frauen mit Kindern und herumstreunende, sich oft bekämpfende Männchen, die sich in erster Linie den Weibchen sexuell näherten, durchaus auch mit deren Einverständnis. Die Affen teilten sich offenbar nichts (obwohl es in Zoos vorkommen soll) und die frühen Menschen wohl auch nicht, und mir dämmerte, dass es schon eine große Kulturleistung war und einige Jahrhunderttausende gebraucht haben musste, um zwischen Männern und Frauen mehr Verbindungen zu schaffen als nur den Sex, der weiter zu nichts verpflichtete. Der Anfang der natürlichen Arbeitsteilung zwischen den Geschlechtern, von der auch ich lange noch ausging, stand deswegen hoch oben auf meiner Frageliste. Wann konnte dies angefangen haben und wieweit war die Entwicklung schon fortgeschritten? War es nicht näherliegender, eine erste Arbeitsteilung zwischen Frauen anzunehmen als eine zwischen Männern und Frauen? Immerhin gibt es schon bei den Menschenaffen, aber auch anderen Primaten Belege dafür, dass ein Kind von einer anderen Mutter gestillt werden konnte, sollte die eigene Mutter gestorben sein. Und es ist zumindest vorstellbar, dass sich die frühen Menschenfrauen gegenseitig bei der Geburt in irgendeiner Form unterstützten. Immerhin ist sogar bei den Elefantenkühen zu beobachten, wie sie sich um das Neugeborene scharen, um es kennenzulernen und gemeinsam zu beschützen. Im Fernsehen war vor einiger Zeit zu sehen, wie sich eine Hündin eines mutterlosen weiblichen Äffchens annahm, das, erwachsen geworden, wiederum die Hundewelpen pflegte. In der Tierwelt gibt es neben Aggressionen auch immer wieder Zeichen eines liebevollen Verhaltens zwischen weiblichen Tieren, die gleichzeitig ihre Kinder vor den Vätern schützen. Löwenbabys werden zwar nicht von den eigenen Vätern gefressen (die Löwen sind da wohl schlauer als die

Menschenväter, wenn sie ihren eigenen Nachwuchs von fremdem unterscheiden konnten), sobald aber ein fremder Löwe hinter der Mutter her ist, versucht er, deren frühere Kinder zu töten, während es andererseits auch bei Löwinnen vorgekommen sein soll, dass sie fremde Babys stillen, sollte die eigene Mutter tot sein. Warum sollten die frühen Frauen diese schon von den Affen und anderen weiblichen Säugetieren bekannten gegenseitigen Hilfen nicht auch selber angewandt und weiter ausgebaut haben?

Offenbar gibt es eine über die Kinder vermittelte Kommunikation unter weiblichen Säugetieren, die besonders bei Äffinnen ausgeprägt ist. Dies Arbeitsteilung zu nennen, wäre sicher verfrüht. Aber möglicherweise haben diese noch vom Instinkt geleiteten Verhaltensweisen auch bei uns dazu beigetragen, die ersten Schritte dazu vorzubereiten.

Neben meinen anderen Arbeiten versuchte ich immer weiter, mich mit den Anfängen des Lebens zu befassen. Ich ging zurück zu den Einzellern, schloss schnell auf zu der Entwicklung verschiedener Primatenarten und verfolgte die in den vergangenen Jahrzehnten reichlichen Funde unterschiedlicher vormenschlicher und frühmenschlicher Skelette und Knochen, deren Bestimmung durch neu entwickelte Techniken in den letzten Jahren immer genauer wurde. Es stapelten sich bei mir die Bücher über die Entwicklung von Werkzeugen, über das Essen, die Domestizierung von Haustieren und neue Funde aus der Vorzeit. Die Museen der Vor-und Frühgeschichte sowie die zoologischen Gärten fanden in mir eine Besucherin. Ich kannte keine Leute, die sich ebenfalls mit diesen Fragen befassten. Es dauerte einige Jahre, bevor ich mir zutraute, selber Schlüsse zu ziehen und vor allem, die auch für beweiskräftig zu halten.

In den Anfangsjahren hatte ich weder vor, über dieses Thema Filme zu machen noch Bücher zu schreiben. Ich schrieb mir die vielen Lektüren normalerweise nicht auf, es sei denn, sie beeindruckten mich nachhaltig. In den Anfangsjahren notierte ich meist auch nicht, um welche Ausgaben es sich handelte, sondern nur die neuen Fragestellungen, auf die mich die gelesene Literatur brachte.[7] Das ist der Grund dafür, dass gerade für die Anfangszeiten meiner Beschäftigung manche Literaturangaben fehlen oder auf den hier und da noch vorhandenen Karteikarten nur ein Hinweis auf die Autoren zu finden ist. Bis auf Robert Briffault befasste sich allerdings damals praktisch niemand mit meinem »Mutter-Kind-Thema«.

In den sechziger Jahren war meine Generation noch direkter von der Ungleichbehandlung betroffen als die heutige westliche Frauengeneration: Leichtlohngruppen, sexuelle Unerfahrenheit als Voraussetzung für die Ehe, der § 1356 BGB war bis zum 1. 7. 1977 noch fester Bestandteil des bundesrepublikanischen Zusammenlebens, und von den Rechten, die Frauen in anderen nichtchristlichen und nicht durchkapitalisierten Weltgegenden genossen oder eher nicht genossen, gab es höchstens rudimentäre Vorstellungen. Von den Ungeheuerlichkeiten der weiblichen Verstümmelungen wussten die meisten wenig oder gar nichts – sie fanden das erst mit der beginnenden Frauenbewegung heraus. Die ersten Bücher dazu besorgte ich mir Ende der sechziger Jahre aus der Bibliothek und erfuhr so, dass die Beschneidungen in Ägypten seit den fünfziger Jahren zwar verboten seien, aber kaum jemand die Gesetze beachtete.[8] Von Ehrenmorden und Zwangsheiraten gab es damals so gut wie kein Wissen und wenn, wurden diese Horrorgeschichten meist auf vergangene barbarische Zeiten bezogen und nicht auf die Gegenwart, vor allem nicht auf die Gegenwart in unseren europäischen Ländern. Auf der ganzen Welt hatten Frauen weniger Rechte oder sie konnten die Rechte nicht wahrnehmen. Es musste eine Ursachenforschung geben.

Manchmal kam ich mir vor wie der polnische Bauernjunge in einem abgelegenen Dorf im letzten Jahrhundert, der ganz für sich allein die Infinitesimalrechnung erfand – ein paar Jahrhunderte später als Leibniz. Nur dass es auf meinem Gebiet diesen Leibniz offenbar nicht gab.

Ich kann mich an die Vorstellung des Buches »Das Patriarchat« von Ernest Bornemann[9] 1975 im Audi Max der TU Berlin erinnern, das Frauen versprach, nicht nur ausdrücklich für sie geschrieben worden zu sein, sondern auch den Anspruch hatte, so etwas wie das neue und eigentliche Marx'sche »Kapital« zu bedeuten, weil es darin endlich auch um die die Abschaffung der Geschlechterherrschaft ginge. Das »Kapital« war zu der Zeit noch so etwas wie die Bibel der an einer besseren Gesellschaft interessierten 68er-Bewegung und das Versprechen, dieses Buch zu übertreffen, darum eine einzige Anmaßung, die über zweitausend Zuhörer in die Veranstaltung trieb und ungeheure Pressereaktionen hervorrief. Vor allem kamen Frauenmassen. Allerdings war das Ergebnis enttäuschend. Es gab zwar interessante Hinweise zur Griechen- und Römerzeit, zum Geschlechter- und Sexualverhalten in der Antike und ließ auf umfangreichste Studien schließen. Was aber die Vorgeschichte betraf, so bestand das Fazit aus lauter Verallgemeinerungen, was auch andere Frauen aus der Frauenbewegung zu scharfen Entgegnungen in der Presse trieb.[10]

Ich fand Bornemanns auf hundert Seiten in kleiner Schrift abgedruckte Literaturangaben zwar eindrucksvoll, allerdings störten mich seine statischen Gesellschaftsmodelle und Pauschalisierungen und seine vollkommene Fantasielosigkeit, was die Ursachen der Frauenunterdrückung betraf. Ich hatte immerhin schon damals für mich herausgefunden, dass der Kern der Fragestellung im sich verändernden Mutter-Kind-Verhältnis und den dabei neu auftauchenden Problemen liegen müsse. Die immer länger von den Müttern abhängig bleibenden Kleinkinder verlangten schon bei den Affen nach neuen Verhaltensweisen, um die Mütter nicht ins Hintertreffen geraten zu lassen. Aber das Mutter-Kind-Verhältnis spielte bei Bornemann keinerlei besondere Rolle. Ich hätte schon damals manche seiner Behauptungen widerlegen können, war aber noch zu schüchtern, um das in dem überfüllten Auditorium bei der Diskussion zu tun.[11] Die Bedeutung des Mutter-Kind-Verhältnisses zum Verständnis der Menschwerdung ist in den letzten Jahren, eigentlich erst in diesem Jahrhundert, nun auch in der wissenschaftlichen Forschung hier und da angekommen.[12]

Jedenfalls hinterließ die Vorgeschichte allmählich Spuren in der Thematik meiner Filme. Auf den ersten dieser Versuche gehe ich im Kapitel über die Menstruation ein. In späteren Arbeiten griff ich immer mal wieder einzelne Aspekte dieses Themas auf, so in dem Kurzfilm »Füttern«, der Teil des Gemeinschaftsfilms »Sieben Frauen – Sieben Sünden«[13] war und die Sünde »Völlerei« umkehrte in die Sünde »Füttern«. Statt den Apfel selber zu essen, drängt die noch vollends behaarte Eva ihren Adam, dies auch zu tun. Sie verliert durch ihre Wissbegier ihre noch äffische Ganzkörperbehaarung und wird dadurch zum Menschen. Adam, der sich nur halbherzig beteiligt, behält einen Teil seines Fells bis heute.

In dem Essayfilm »Muttertier-Muttermensch«[14] einer Auftragsproduktion für ARTE, habe ich eine Äffin das Verhalten der Menschenfrauen kommentieren lassen. Die Äffin wundert sich darüber, dass die Menschenfrauen sich zu Gebärmaschinen haben degradieren lassen, was Äffinnen nie mit sich hätten machen lassen, weil sie frühestens erst dann wieder schwanger wurden, wenn das erste Kind schon fast selbständig war. Menschenäffinnen haben selten mehr als zwei, höchstens drei Kinder in ihrem ganzen Leben, und das zweite kommt in der Regel erst, wenn das erste schon um die vier Jahre gestillt worden ist. Dagegen waren zehn und mehr Kinder für eine Frau noch Ende des 19. Jahrhunderts keine Ausnahme.

Die Frühzeit/Vorzeit kann man sich nicht als durch Frauenunterdrückung gekennzeichnet vorstellen, und die alleinige Sorge der Mütter für die Kinder hat sie weder überfordert noch in Abhängigkeit zum männlichen Affen gebracht. Das ist immerhin ein Aspekt, der auch heute noch Beachtung finden sollte, wenn über die Einbeziehung der Väter bei der Kindererziehung gestritten wird. Wie die Forschung zeigt, müssen es nicht unbedingt die biologischen Väter sein, es könnten auch sorgende Nichtväter sein, die sich liebevoll und zuverlässig um Kinder kümmern. Festzuhalten bleibt, dass die Frauen der Frühzeit keine Abhängigkeit kannten und in jeder Beziehung selbständige Entscheidungen trafen.

1981 sah ich den Film von J. J. Annaud »Am Anfang war das Feuer«[15]. Der Film war unglaublich erfolgreich, lief monatelang in den Kinos und bekam die großartigsten Kritiken. Aber was zeigte er? Die Entstehung der persönlichen Liebe, deren Folge die Geburt der Hausfrau schon in der neolithischen Höhle war. Ich hasste diesen Film. Die Menschwerdung war gewissermaßen identisch mit der gleichzeitigen Erfindung des Patriarchats. Damals beschloss ich einen Gegenfilm und fühlte mich auch bereit dazu.

Ich kam bei diesem Projekt mit dem Titel »Das Schicksal Schöner Männer« über verschiedene Anfangsfinanzierungen allerdings nie hinaus, trotz Zusagen berühmter Schauspieler, einem fast vollständig zusammengestellten Team und ausgesuchter Motive im noch alten Jugoslawien. Bis ins neue Jahrtausend hinein wurde das Projekt ungefähr so behandelt, als würde ich mich mitten im Kalten Krieg im Westen für den real existierenden Sozialismus stark machen. Der Widerstand bezog sich nicht auf die Form, sondern eindeutig immer auf die neu interpretierte weibliche Geschichte.

Mein Film sollte so etwas wie ein Märchen werden, in dessen erster Fassung Meerjungfrauen in einem Gepäcknetz der Deutschen Bahn, die auf freier Strecke in der Nähe von Mannheim lange halten musste, die reisenden Männer in Trance oder Schlaf und in weit entfernte Zeiten zurück versetzen und sie ihre Menschwerdung erleben ließen.

In diesen Vorzeiten entdeckten sie unter anderem den ersten Kuss aus Angst vor dem Gefressenwerden, begruben den ersten Menschen, weil er so stank, versuchten, jeder für sich, eine Maus oder ähnlich eindrucksvolle Tiere zu fangen, und erfanden so nebenbei das Jägerlatein, bis hin zur Erfindung der Viehzucht, die für die Frauen alles ändern sollte.

Dazu kam die Geschichte vom Tanz um die Goldene Kuh, weil der Tanz um das Goldene Kalb schon auf einem Übersetzungsfehler oder einer gezielten Falschinformation beruhte. Denn die Goldene Kuh bedeutete den Kampf zwischen der Vorherrschaft des einen männlichen Gottes über die Vielzahl der früheren und vor allem weiblichen Gottheiten in der Frühgeschichte.

Die Geschichten beschrieben Wendepunkte, die sich so abgespielt haben konnten oder auch anders. Aber sie unterschieden sich von den vielen sogenannten wissenschaftlichen Forschungsergebnissen zur Frühzeit, die sich oft genug später als fehlerhaft herausstellten, durch den Perspektivwechsel. Es war Geschichtsbetrachtung aus weiblicher Sicht mit anderen Möglichkeiten der Interpretation.

Ende der Neunziger, Anfang der Nuller Jahre gipfelte die mehrfach umgeschriebene letzte Version des Skripts in einem Ende mit Schrecken, einem Meteoriten-Einschlag (noch vor dem Film von Roland Emmerich), der das Ende für den Homo sapiens bedeutete und für mich nach 20 Jahren die Aufgabe des

Filmprojekts.[16] Aber nach wie vor verfolgte ich weiter regelmäßig, wenn auch in größeren Abständen, die Ergebnisse neuerer Forschungen, um meiner Anfangsfrage, wie eigentlich die Frauenunterdrückung entstand, die es nur bei den Menschen, nicht in der Tierwelt gibt, doch noch einer Antwort zuzuführen.

In meiner Novelle »Oh Lucy« gibt es ebenfalls einen Strang, der sich mit der Urgeschichte und dem Beitrag der Frauen befasst. In dem Buch wird nichts bewiesen, sondern gewissermaßen nur erträumt: »Wie es hätte sein können«.

So hatte die Beschäftigung mit den geschilderten Fragen normalerweise auch handfeste Folgen für mich persönlich. Darum enthält dieser Essay immer auch ein Stück Biografie. Die Frage, wann Frauen ihre Selbständigkeit verloren haben, bestimmte meine Geldausgaben, meine Reisen, mein Verständnis von Geschichte und mein Gefühl für Zeit.

Die Quantenphysiker und Astronomen, die Träumer und Verrückten, die sich mit dem Entstehen der Materie befassen, sind vermutlich noch unfähiger, sich auf die willkürlich gesetzte Zeit vor oder nach den Fixpunkten ihrer jeweils geltenden Kalender zu berufen, aber auch die paar Millionen Jahre, die mir stattdessen immer vor Augen stehen und die Entwicklung vom Affen zum Menschen umfassen, sind Masse genug, um die heutige Weltgeschichte mit vielen ihrer Konflikte in einem neuen Licht zu sehen.

Wäre der verinnerlichte Zeitrahmen der sich heute gegenseitig die Köpfe einschlagenden, nationalistisch argumentierenden und von fremden Großmächten manipulierten Menschen breiter, könnten sie vielleicht eher erkennen, wie sie von einzelnen Staaten, Oligarchen und Ideologien missbraucht werden, um ein beanspruchtes Gebiet weltpolitisch neu zu ordnen, und könnten sich dem möglicherweise verweigern. Das ist zumindest ein Wunsch, der darauf setzt, dass mehr Wissen auch zu mehr praktischem Verstand und zu Kooperation führt, obwohl dies allen Erfahrungen widerspricht. Darum soll dieser kurze Exkurs als Beleg genügen, wie die Beschäftigung mit der Vorgeschichte auch aktuelle Konflikte neu beleuchten kann.

MENSTRUATION

1972 bot ich mein Filmprojekt »Rote Tage« verschiedenen Redaktionen des damaligen SFB (Sender Freies Berlin) an und scheiterte grandios. Sowohl die Feature/Dokumentar-Abteilung, in der ich den Film zuerst unterbringen wollte, wie auch die Frauen- und zuletzt die Gesundheitsredaktion winkten angeekelt ab. Um bei anderen Sendern vorzusprechen, fehlte mir das Geld. (Damals gab es nur das Erste, Zweite und für jedes Bundesland ein 3. Programm, das auch nur dort empfangen werden konnte).

Mit diesem Film wollte ich zum ersten Mal mein Interesse an Fragen zur Körpergeschichte mit meinem Beruf verbinden, ohne zunächst zu begreifen, dass dieses Thema direkt mit meinem schon vorher vorhandenen Interesse an der Urgeschichte verbunden war.

Ich stellte mir einen 90-minütigen Dokumentarfilm vor, in dem ich die verschiedenen Riten, Verbote, Sitten und Gebräuche, die sich weltweit um die Menstruation ranken, zusammentragen wollte, um Hinweise darauf zu finden, ob die auch heute noch erzwungene Isolierung vieler Frauen in vielen Ländern während dieser Tage nicht ursprünglich auf ihrem eigenen Willen beruhte und das Gegenteil einer Diskriminierung war, sondern selbst bestimmter Rückzug, der sich erst später gegen die Frauen wenden sollte. Es könnte ja auch sein, dachte ich damals, dass dieses einschneidende Ereignis irgendwann und irgendwo auch mal gefeiert wurde und das Selbstbewusstsein der Frauen stärkte, anstatt Minderwertigkeitsgefühle zu provozieren. Ich versuchte mich in das 11-jährige Mädchen von früher hinein zu versetzen, das von Krämpfen geschüttelt nach der Schule auf dem Sofa lag und spürte, wie sich immer wieder große Schleimbrocken lösten und von den mit Unmengen von Watte verstärkten Binden aufgenommen wurden. Ab und an gab es eine halbe Aspirin oder eine Wärmflasche, aber normalerweise hieß es nur, dass Kinderkriegen schlimmer sei. Ich kann mich an das Gefühl der Scham erinnern. Es drückte sich so aus, dass möglichst keine Fremden, vor allem kein Mann von diesem sich wiederholenden Zustand etwas erfahren sollten. Gleichzeitig genoss ich aber auch diesen Aufruhr des ganzen Körpers und verfasste sogar Gedichte darüber, die das Gefühl von Eingewachsensein in der Erde beschrieben. Ich konnte mir vorstellen, wie schön es sein müsse, in diesen Tagen einfach in Ruhe gelassen zu werden, um all den neuen Empfindungen nachzugehen. Zwar sprach kaum jemand über die Menstruation, sehr selten wussten wohl auch die Mütter mehr darüber, aber es gab doch eine Reihe von Regeln, die komischerweise allen Mädchen bekannt waren und die wir uns hin und wieder leise weitergaben: In dieser Zeit sollten wir uns weder die Haare waschen noch Marmelade kochen, und Katholikinnen durften nicht zur Kommunion gehen. Da die Klassen voller Flüchtlingskinder waren, steuerten die aus verschiedenen Regionen zusammen gewürfelten Ausgebombten, A-, B- oder C-Flüchtlinge noch ihre aus der Heimat mitgebrachten Verbote bei: Frauen durften in dieser Zeit kein Brot backen, anderen nicht die Hand geben, keine Fotos entwickeln. Dagegen kann ich mich nicht daran erinnern, jemals mit anderen Mädchen über unsere Empfindungen gesprochen zu haben. Wie sich Jahrzehnte später herausstellte, als das Thema dank der Frauenbewegung angesprochen werden konnte, teilten wir die Furcht, dass es »durchblutete« und andere das vielleicht sehen könnten.

Es gab ganz typische Bewegungen über Rock und Hintern, mit denen sich die Mädchen vergewisserten, dass sie trocken sind. Die Binden waren damals hart und primitiv und schützten nur teilweise, und die noch primitiveren Befestigungen und die mangelhaften Schultoiletten taten ein Übriges, um eine latente Panik in dieser Zeit wach zu halten.

Der Werbespruch: »Camelia schenkt allen Frauen Sicherheit und Selbstvertrauen« traf gerade nicht ins Schwarze, denn Sicherheit und Selbstvertrauen waren mit Einsetzen der Menstruation praktisch dahin. Ganz schlimm war es, diese Binden auch noch selber einkaufen zu müssen. Dazu durften möglichst keine anderen Kunden in den Drogerien sein (Supermärkte gab es noch nicht), schon gar nicht Männer, wenn das Tabu-Wort geflüstert und das Paket in die mitgebrachte Tasche gestopft wurde.

Dass wieder eine »dran« war, wurde in der Turnstunde sichtbar, wenn immer mehr Mädchen auf den Bänken am Rand der Halle sitzen blieben und der Lehrerin meist ein Oktavheft zeigten, in dem die Mutter auf die »Unpässlichkeit« der Tochter hingewiesen hatte und um Befreiung vom Sport bat. Drei bis vier Wochen später wurde dann nur noch das neue Datum mit der echten oder von der Tochter gefälschten mütterlichen Unterschrift ohne den Text hinzugefügt.

In den 60er- und Anfang der 70er-Jahre waren die Recherchen zu diesem Thema in den öffentlichen Bibliotheken noch mühselig und eher unergiebig, aber immerhin konnte ich herausfinden, dass es tatsächlich irgendwo auf der Welt Leute geben sollte, die die Mädchen bei ihrer ersten Menstruation feierten und meine diesbezüglichen Gedanken darum nicht so abwegig zu sein schienen. Die Feiern zu den 15. Geburtstagen der Mädchen in Südamerika sind wohl noch ein Relikt dieser Riten, allerdings haben auch sie eine Umkehrung erfahren, weil sie heute mehr der Einführung in die traditionelle Frauenrolle dienen und häufig mit den ersten Schönheitsoperationen verbunden werden.

Menstruation war im uns bekannten Umfeld mit einem Makel verbunden. Dass Mädchen und Frauen während dieser Zeit als unrein galten, entsprach den eigenen Empfindungen. Die Krämpfe, die unreine Haut und die strähnigen Haare waren geeignet, jedes Selbstwertgefühl zu vernichten. Diese Unreinheit betraf offenbar alle Mädchen und Frauen auf der ganzen Welt – und darum musste die Minderwertigkeit wahr sein. Ein Beweis war schon die Scham, mit der ich die auch noch vielfach benutzten ausgewaschenen Stoff-Damenbinden draußen auf den Wäscheleinen betrachtete. Ich gehörte plötzlich zu denen, für die diese ekelhaften Dinger gedacht waren. Ein entsetzlich intimer Anblick, mit dem nicht nur ich nichts zu tun haben wollte. Wäre ich, wären wir doch nur Jungen geworden! Manche Mädchen versuchten das ganz wörtlich zu nehmen und banden sich die Brüste ab, bis dann Jahre später genau das Gegenteil erwünscht wurde: einen möglichst gut sichtbaren Busen vorzeigen zu können.

Die Aufklärung über die körperlichen Vorgänge war mangelhaft und beschränkte sich oft auf den Hinweis, bloß aufzupassen, um nicht schwanger zu werden, was von nun an möglich sein sollte. Wie dies geschehen könnte, blieb meist im Dunkel. Immer noch gab es in der Nachkriegszeit Mädchen, die sich während ihrer Roten Tage nicht auf einen Stuhl setzen wollten, der noch warm von einem vorher darauf sitzenden Mann war. Vor Vätern – soweit sie nach dem Krieg noch vorhanden waren – schämten sich die Mädchen meistens auch. Neben der Lehrerin war der Vater normalerweise der einzige, der eingeweiht wurde. Die Tochter sei nun »soweit«.

Dieses Filmprojekt war das erste in einer langen Reihe von Ablehnungen, die mich im Lauf der Jahrzehnte begleiteten. Wie ich irgendwann feststellte, hatte das System: Sobald ein »Perspektivwechsel« thematisiert wurde, schlug die Zensur fast automatisch oder instinkthaft zu. Mein vorgesehener Titel »Rote Tage« war schon eine Provokation. Angesagt war damals der Film »Rote Fahnen sieht man besser«[17], der eine Betriebsstilllegung in Krefeld aus Sicht der Arbeiter dokumentierte. Die Farbe ROT stand für Revolution und nicht für eklige Frauensachen. Für den Film hätte ich zudem um die Welt reisen müssen, um die unterschiedlichsten Bräuche und Verbote zu recherchieren, und das ging eindeutig zu weit, weil zu teuer. Zu teuer vor allem für eine Regisseurin. Derartige Ausgaben waren ja nicht einmal für filmende Männer vorgesehen. Aber der Hauptgrund für die Ablehnung durch die Redaktionen – Kinoförderungen wurden erst entwickelt und waren auch nur mit Männern besetzt – war der, dass das Sujet sämtlichen Redakteuren, denen das Projekt unterbreitet wurde, zu unappetitlich war. Darum war eine Beschränkung des Vorhabens auf die verschiedenen Provinzen der damaligen kleinen BRD, was ich als Kompromiss schließlich anbot, auch nicht möglich.

Wenn das Thema überhaupt außerhalb der medizinischen Literatur erwähnt wurde, dann in einem religiösen Zusammenhang: Frauen verschiedener Religionen galten während dieser Zeit als unrein und hatten sich möglichst aus ihrer jeweiligen Gruppe zu entfernen. Sie mussten sich nach Beendigung der Periode in unterschiedlicher Weise rituell reinigen, bevor sie wieder in ihren Familien aufgenommen wurden. Aber ein Makel blieb an ihnen haften, weil die Frauen ja möglicherweise die Männer auch hätten täuschen können. Deswegen geben orthodoxe Juden Frauen grundsätzlich nicht die Hand. Frauen werden sogar aus Fotos in orthodoxen Zeitungen weg retuschiert, die Politiker und Politikerinnen gemeinsam auf einem Bild zeigen. (So geschehen mit Bundeskanzlerin Merkel und anderen Frauen, die an der sogenannten Solidaritätsdemonstration in Paris anlässlich des Massakers 2015 bei »Charly Hebdo« teilgenommen hatten).

Für Salafisten sind Frauen ebenfalls grundsätzlich unrein (haram = schlecht, unrein). Menstruierenden Frauen war es im christlichen Mittelalter verboten, die Kirchen zu betreten. Ihre prinzipielle Unreinheit machte sie auch für das Priesteramt ungeeignet.

Diese Sitten und Gebräuche, deren Beschreibung endlos fortgesetzt werden könnte, zählen die schlimmen Folgen auf, die es hat, wenn menstruierende Frauen mit anderen in Kontakt kommen. Es gibt sogar die umgekehrte Furcht bei orthodoxen Männern, die sich nicht auf Stühle setzen, auf denen vor ihnen eine menstruierende Frau gesessen hat, weil sie selber dadurch unrein würden.

Die Kombination aus Furcht und Ausgrenzung begann auf mich wie ein uralter Racheakt zu wirken, dessen Ursachen zwar vergessen sind, der aber wie bei der Blutrache über Generationen immer und immer wieder ausgeführt werden muss und so fest verankert in der jeweiligen Gesellschaft ist, dass die Opfer selber an die Rechtmäßigkeit dieses Verhaltens zu glauben gelernt haben. Besonders eindringlich zeigen das die entsprechenden Riten aus dem islamischen Kulturkreis, die zwar jüngeren Datums sind, sich aber auf schon ältere Tabus aus patriarchaler Zeit stützen.

Abgesehen davon, dass die Frauen während der Menstruation zwar den Koran lesen, das Buch aber nicht berühren dürfen, gibt es eine Fülle von Regeln, die sie strengstens zu beachten haben: »Jeder (Mann, HS), der beabsichtigt, zu heiraten, soll die Regeln der Menstruation und des Wochenbetts wissen und anschließend seiner Frau lehren. Es ist eine unentbehrliche Pflicht für alle Muslime, diese Regeln zu erfahren«.[18]

Diese Regeln sagen unter anderem, dass ein Mädchen heiratsfähig ist, wenn sie die erste Monatsblutung gehabt hat, normalerweise mit neun Jahren. Diese Monatsregel wird verbindlich mit einer Dauer zwischen drei und zehn Tagen festgelegt – nach anderer Auslegung zwischen einem und fünfzehn Tagen. Idealerweise dauert die »reine« Zeit zwischen zwei Blutungen fünfzehn Tage. Es folgen Ausführungen, die auf Unregelmäßigkeiten in der Blutung hinweisen, die bei jeder Frau verschieden sein können, und den Maßnahmen, die sie daraufhin zu treffen hat, bevor sie ihre rituelle Ganzreinigung und spezielle Gebete vornehmen kann und für den Geschlechtsverkehr »sauber« ist, verbunden mit den Hinweisen für den Mann, wann er mit der Frau schlafen kann und wann nicht. »Das Gebot in dem Buch Dschewhere lautet: Jede Frau soll ihrem Mann von ihrer Menstruation berichten. Es ist eine schwere Sünde, es nicht mitzuteilen, wenn der Ehemann danach fragt. (...) Der heilige Prophet teilte mit: Eine Frau, die ihrem Mann den Anfang bzw. das Ende ihrer Menstruation verheimlicht, ist verflucht.«

Die Regeln lassen die Gründe vermuten, warum im Islam ein Mann vier Frauen haben darf: Eine wird dabei sein, mit der der Geschlechtsverkehr, der dem Mann ständig zusteht, erlaubt sein wird. Die Regeln machen aber auch darauf aufmerksam, dass Frauen in der Lage sein könnten, falsche Angaben über die Dauer der Menstruation zu machen, um vielleicht in Ruhe gelassen zu werden.

Diese massiven Ge- und Verbote, die sich zum Teil bis heute gehalten haben, verweisen auf die ungeheure Bedeutung, die der Menstruation gegeben wurde. Man muss sich einmal vorstellen, was für ein überwältigendes Erlebnis es für die werdenden Menschenfrauen gewesen sein musste, die Regelmäßigkeit dieser Blutungen zu begreifen. Außer Tag und Nacht waren dies im warmen Afrika die ersten Gliederungen von Zeit, die erkannt werden konnten. Vor allem müssen wir uns vorstellen, dass es kleine, noch affenähnliche Mädchen und junge Frauen waren, die bluteten, die abends in den Himmel starrten, um fern zu sehen und allmählich auch die Veränderungen des Mondes registrierten und sich die Wiederholungen des Ablaufs merkten.

»Das Sehen geht dem Denken voraus.« Dieses Wort von Maurice Merleau-Ponty ist gewissermaßen wie für die Vorzeit geschaffen. Ähnlich wie die heutigen Mädchen dürften auch die Vorzeitgirls zwischen neun und zwölf Jahren ihre erste Menstruation bekommen haben, waren damit geschlechtsreif, wurden aber normalerweise nicht sofort schwanger, sondern erst mit 13 oder 14 Jahren. Damit lagen sie mit den Menschenaffen gleich, deren Periode ungefähr im gleichen Alter einsetzt. Und auch die Lebenserwartung unterschied sich noch nicht von der der Menschenaffen.

Die dicken Frauenstatuetten, die in den letzten Jahrzehnten so zahlreich gefunden wurden, entsprachen sicher nicht der Körperlichkeit der vor einer Million oder vor 400 000 Jahren lebenden jungen Mädchen und Frauen. Auch nicht der viel später, vor 20 000 Jahren Geborenen, als die Lebenserwartung immer noch wie bei den Affen zwischen 20 und 40 Jahren lag. Die aus dieser Zeit gefundenen weiblichen Statuetten müssen also schon einen Gedanken auf einer abstrakten Ebene ausgedrückt haben und waren keine realistischen Nachbildungen echter Frauen.

Die Mädchen und jungen Frauen unserer Frühzeit bluteten also, ohne krank zu sein. Die Blutungen wiederholten sich. Irgendwann fiel die Regelmäßigkeit dabei auf. Und, was diese Entdeckung vollends unbegreiflich und zu einem Wunder machte – und noch in den sechziger Jahren des letzten Jahrhunderts aus abgelegenen Andendörfern berichtet wurde: Die Frauen bluteten gleichzeitig und oft sogar synchron zu den Mondphasen, zu Vollmond oder Neumond. Diese Erkenntnis war einschneidend. Ob diese Gleichzeitigkeit überall auftrat, wissen wir nicht. Es spricht jedoch einiges dafür: Im zwanzigsten Jahrhundert wurde entdeckt, dass Frauen, die ohne Männer eng zusammen leben, ihre Menstruationsphasen häufig synchronisieren und auch, dass Frauen in einer reinen Frauenumgebung oft aufhören, überhaupt zu menstruieren. Das belegen Berichte aus Frauen-Gefängnissen und KZ's.[19]

Solche Regelmäßigkeiten begründeten wahrscheinlich die erste Ahnung von der Existenz von Naturgesetzen und stellten eine Verbindung her zwischen Menschen und Kosmos. Jedenfalls war ich allmählich zu der Auffassung gelangt, dass am Anfang aller Mathematik, aller Kalender und allen Wunderns die Menstruation stand. Denn die Entdeckung von Regelmäßigkeit einerseits und ihrer Verbindung zu den Mondphasen kann man sich gar nicht dramatisch genug denken. Vor allem, wenn wir uns auch noch vorstellen, wie diese Erscheinungen auf die am Meer lebenden Menschen gewirkt haben müssen, die auch noch Ebbe und Flut – und Springfluten – in diese Regelmäßigkeit einbeziehen konnten. Allerdings wissen wir nicht, in welcher Phase der Menschwerdung die Erkenntnisse in die Mädchen und Frauen und sicher später auch in Männer einsickerten. Diese Erscheinungen zu erkennen und sich bewusst zu machen, muss Jahrhunderttausende gedauert haben.

Unsere nächsten Verwandten, die Bonobo-Affen, können ein paar Hinweise liefern, die möglicherweise auch auf die Reaktionen bei den frühen Menschenfrauen schließen lassen. Wir teilen mit den Bonobos 99 Prozent unserer Gene, mehr als mit den Schimpansen, und können auf eine gemeinsame, allerdings sehr lange zurückliegende Ursprungslinie zurückblicken. Claudine André beschreibt in ihrem Buch »Wilde Zärtlichkeit«[20], wie ein angenommenes und aus dem Urwald gerettetes Bonobo-Mädchen völlig außer sich geriet, als es zum ersten Mal menstruierte.

Das Äffchen war eine Waise, und so ist nicht bekannt, wie seine Mutter auf den Eintritt der Menstruation reagiert hätte. Wichtig ist dabei jedenfalls, dass die Menstruation als etwas Außergewöhnliches schon vom Affen erlebt wurde.

Das Nachdenken über die Menstruation zeigte mir: Frauenkörper waren mehr als nur Körper. Sie waren Erkenntnisquellen. Die Menstruation verband sie direkt mit Himmelserscheinungen, mit den Fragen, woher wir kommen und wohin wir gehen. Teil dieser Verbundenheit zu sein, muss fast zwangsläufig nicht nur zu zwischenfraulicher Kommunikation geführt haben, von der wir nicht wissen, wie sie noch vor der Sprachfähigkeit abgelaufen ist, auf jeden Fall muss sich die Erkenntnis der Regelmäßigkeit, die sich am Himmel wiederholte, auf ihren Status im Lauf der Jahrhunderttausende ausgewirkt haben. Davon zeugen die vielen gerade in den letzten Jahrzehnten zusammengetragenen Artefakte weiblicher Figuren, die das Geschlechtsteil und die Gebärfähigkeit betonen. Der bisher älteste Fund, der die Frau mit der Menstruation und dem Mond ganz direkt und heute für uns erkennbar in Verbindung bringt, ist die »Frau von Laussel«, deren Alter auf etwa 21 000 Jahren geschätzt wird. Sie hält in der Rechten die Mondsichel mit 13 Einkerbungen für das Mondjahr und zeigt mit der Linken auf ihr Geschlecht.

Aus diesen zwar frühen, aber doch menschheitsgeschichtlich schon ziemlich späten Zeiten gibt es eine Fülle von Frauenfiguren, aber keine Männernachbildungen. Die einzige mögliche bisher gefundene Ausnahme und seitdem Streitobjekt ist dabei höchstens der sogenannte Löwenmensch, ein Mischwesen aus Mensch und Löwe, dessen Geschlecht nicht eindeutig zu erkennen ist, mit einem angenommenen Alter von circa 30 000 Jahren. Bei den meisten gefundenen Löwendarstellungen handelt es sich aber eindeutig um Löwinnen, in der Literatur meist »Löwen« genannt, oft in Begleitung von Frauenfiguren.

Nun war die Menschheit auch vor 40 000 Jahren schon weit entwickelt. Sollten die Frauen schon im affenähnlichen Zustand wie die Bonobos auf ihre Periode mit Schrecken und Erstaunen reagiert haben, was wir nicht wissen, dann hatten sie bis zum Jahr 21 000 v. u. Z., in der sie befähigt waren, diese Statuette mit der Mondsichel herzustellen, und in der Lage waren, einen so komplexen Zusammenhang von Blutung und Mondjahr zu erkennen, mehr als eine Million Jahre gebraucht. Selbst wenn sie diese Erkenntnis nicht so früh gewannen wie die Bonobos, muss dennoch eine lange Zeit vergangen sein, bevor sie die Fähigkeit zur Abstraktion entwickeln konnten, die sich in den Artefakten zeigt.

Ich vermute, dass die erkannte Regelmäßigkeit der Menstruation das Gefühl einer Gemeinsamkeit erzeugte, die nur Frauen miteinander teilten. Es ist wahrscheinlich, dass die frühen Mädchen und Frauen während der Periode, die vielleicht auch bei ihnen mit Bauchschmerzen verbunden sein konnte, das Bedürfnis entwickelten, sich zu isolieren, einen ruhigen und sicheren Platz zu suchen, um die Veränderungen ihres Körpers zu beobachten, oder einfach auch, um in Ruhe gelassen zu werden.

Wenn die Affenmensch-Mädchen und Affenmensch-Frauen gleichzeitig menstruierten, hatten sie wahrscheinlich auch das gemeinsame Bedürfnis nach Rückzug. Auf diese Weise wurden Frauen zu etwas Besonderem, was im Lauf der Jahre ausgebaut und durch vielfältige Riten unterstützt werden konnte. Frauen, frühe Menschenfrauen, Mädchen, aufrecht gehend, das Fell verlierend, allmählich die Sprache findend, teilten etwas miteinander, was eine Entsprechung am Himmel hatte. Frauen *waren* die Verbindung zwischen Himmel und Erde. Dies konnte jenseits des mit Fressen und Nahrungssuche ausgefüllten Alltags so etwas wie ein gemeinsames Denken etablieren und Fakten schaffen. Es ist vorstellbar, dass Frauen aggressiv reagierten, wenn sie während dieser Rückzugszeit gestört wurden. Es ist ebenfalls vorstellbar, dass irgendwann ältere Frauen die jungen Mädchen einwiesen, sich während der Menstruation zu pflegen, das Blut mit bestimmten Pflanzen oder Moosen aufzusaugen, oder sogar wussten, welche Pflanzen gegen Krämpfe schützten, sollten sie darunter schon gelitten haben. Wir können sogar annehmen, dass die späteren ersten Initiationen überhaupt junge Mädchen betrafen. Niemand redete den Frauen rein. Nicht nur, weil sie in den Anfangszeiten noch nicht reden konnten, sondern weil die Verhältnisse nicht so waren, das ein Oben und Unten entstehen konnte. Über Millionen Jahre sorgte jede und jeder für sich, und die Frauen sorgten zusätzlich für die Kinder. Noch war man weit davon entfernt, sich etwas zu teilen. Jede und jeder musste die meist noch vegetarische Nahrung für sich selbst suchen und war vollends damit beschäftigt. Das war für die Frauen keine Unterdrückung oder »Doppelbelastung«, sondern im Gegenteil: Die zunehmenden Erschwernisse durch die schwerer und größer werdenden und länger auf Hilfe angewiesenen Kinder waren Antrieb zu immer neuen Fertigkeiten der Frauen.

Ich kann mich erinnern, dass noch vor der allgemeinen Fernsehzeit ab und an Kulturfilme in den Kinos liefen, in denen »primitive« Menschen eine Rolle spielten, die von männlichen Forschern erforscht wurden. Die Filme waren alle in schwarz/weiß und zeigten zu unserem Befremden Frauen meist mit nackten Brüsten. Aber niemals gab es irgendeinen Hinweis, wie sie mit ihrer Periode umgingen, was allen Mädchen auffiel, wenn sie diese Filme gemeinsam sahen. Filmemacher wie Forscher waren Männer, die vermutlich nicht einmal auf den Gedanken gekommen waren, dass dies eine interessante Fragestellung gewesen wäre, und die gefilmten Frauen dachten nicht daran, ihre Sitten den Forschern auf die Nase zu binden.

Aber das Thema beschäftigte mich weiter. Womit hielten sie die Blutung auf? Sie hatten ja weder Papier noch Zellstoff. Und wie reagierten die alten Affen, die frühen Männer, auf die sich entwickelnden Frauen, deren Verbindung zum Himmel so offenkundig war? Um das beantworten zu können und um noch einen Zipfel von der Wucht dieser Erkenntnisse zu begreifen, müssen wir in fast historische Zeiten einige Jahrhunderttausende vorausgehen und die hier und da noch vorhandenen Bruchstücke auflesen, die so etwas wie späte Reaktionen auf das Wunder der Menstruation und die Gebärfähigkeit der Frauen darstellen und Zeugnisse der Umwandlung des äffischen und frühmenschlichen egalitären Lebens in die patriarchale Vorherrschaft beschreiben. Auch das war ein langer Prozess, den offenbar alle unsere Vorfahren irgendwann mitmachten.

Elisabeth Grohs beschreibt in ihrem Artikel »Mädchenriten als Prozess der Sozialisierung am Beispiel der Zigua und Ngulu Osttanzanias« sehr anschaulich, wie sich Reste früherer Rückzugsriten bei den Frauen erhalten haben und warum die Initiationsriten für Mädchen weniger schmerzhaft und traumatisierend sind als für die jungen Männer.[21] Am Anfang des Übertragungsprozesses stand vermutlich die Imitation der Menstruation durch Männer. Dies ist immer nur in Ansätzen zu erahnen. Aber es gibt weltweit eine unübersehbare Häufung verschiedener überkommener Reste von Sitten und Gebräuchen, die Gemeinsamkeiten erkennen lassen. Fast an erster Stelle steht die Bedeutung der Farbe ROT und ihre Reservierung für Könige oder andere Herrscher in nahezu allen bekannten Gesellschaften. Die Grundvorstellung der prähistorischen und antiken Welt besagte, dass Menschen aus dem Blut der Frau entstehen. Daher ist es kaum gewagt, den Schluss zu ziehen, dass der biblische Adam einen Namen hat, der der alten chaldäischen Göttin Adamu nachempfunden ist. Diese Göttin, deren Namen in chaldäisch

›rot‹ bedeutet, wurde als weibliches Prinzip der Materie betrachtet und insbesondere mit dem Menstruationsblut verbunden. Die biblische Schöpfungsgeschichte, in einer Zeit aufgezeichnet, als es bereits patriarchale Systeme gab, verdrehte diese Idee und ließ die Frau aus dem Mann entstehen.[22]

Frauen konnten bluten, ohne krank zu sein. Sie taten das, wie schon beschrieben, häufig oder sogar immer, gemeinsam. Männer mussten sich verletzen, um auch zu bluten und sich dadurch an der Schöpfungskraft zu beteiligen. »Bis vor 4–6000 Jahren war Menstruations- und Geburtsblut noch nicht patriarchal als ›unrein‹ diffamiert, sondern heiliges Privileg der Frauen und das sichtbare Zeichen ihres fruchtbaren Schoßes. Es wurde offensichtlich aufgefangen, z.B. in Muschelschalen wie man sie in der Blomboshöhle in Südafrika gefunden hat. In späterer Zeit wurde es in Keramiktöpfchen gesammelt, die als Symbol der Vulva-Göttin Nut bekannt sind. (…) Das Blut wurde mit Lehm vermischt und damit die Gebär- und Menstruationshöhlen als Symbole des Uterus ausgestaltet. Es wurde offenbar auch getrocknet und pulverisiert aufbewahrt. In Lascaux fand man 80 kg von rotbraunem ›Ocker‹ zur Bemalung der Wände; allerdings wurde nie untersucht, ob es sich dabei um Blutpulver handelt, das genauso aussieht wie pulverisierter rotbrauner Ocker. Die Annahme, dass es sich bei der Deckschicht in den Höhlen von Kom el-Ahmar nicht um Ocker sondern um einen von Lehm und Blut vermischten Belag handeln könnte, musste wissenschaftlich untersucht und geklärt werden. Das war gar nicht so einfach. Bei meiner Entdeckung 1990 konnte noch kein europäisches Labor die Proben auf Jahrtausende altes Blut untersuchen. 1991 entdeckte jedoch der Urgeschichtsforscher Dr. Thomas Loy von der australischen Universität Canberra, dass die bis zu 30 000 Jahre alten Fels- und Höhlenbilder der Aborigines unter anderem mit Menschenblut gemalt wurden. Er analysierte auch

90 000 Jahre alte Blutreste auf Steinwerkzeugen aus der Tabun Höhle in Israel.«[23]

Weltweit verbreitet waren – und sind – Verletzungen bei Initiationsriten für Männer. Diese Riten machen sie zu Erwachsenen, nehmen sie in die Gemeinschaft auf, so wie Mädchen durch die Menstruation erwachsen werden. Blutsbrüderschaft schließen Männer, das heißt sie bluten gemeinsam. Sie mischen ihr eigenes Blut mit dem ihres Gegenübers und versichern sich dadurch der gegenseitigen Verbundenheit. Später geben sie ihr Blut für das Vaterland und den Boden. Davon zeugt zum Beispiel auf dem Friedhof der Märtyrer im Iran der sogenannte Blutbrunnen, aus dem rot gefärbtes Wasser zur Erinnerung an die Gefallenen im Iran-Irakkrieg läuft. Oder Männer verletzten sich in schlagenden Verbindungen mit Schmissen. Es gab und gibt in verschiedenen Ländern immer noch die unterschiedlich begründete Sitte, dass sich Männer selber auspeitschen, bis Blut kommt.

Sich der Frau ähnlich zu machen, ist vermutlich auch der Grund für die hier und da noch praktizierte Sitte, sich selbst zu verstümmeln und den Penis ganz abzuschneiden (die folgenden Zitate zu den Stichworten lassen sich in verschiedenen Versionen auch im Internet finden).

»Selbstverstümmelung wurde auch von manchen Anhängern religiöser Gruppen verübt. In der Antike waren die Priester der Göttin Kybele Eunuchen. Jedes Jahr zur Zeit des Frühlingsfestes fanden rauschhafte Festzüge der Priester und Anhänger Kybeles statt, bei denen sich Jünglinge in Frauenkleidern mit einem Zeremonienschwert oder scharfkantigen Gegenständen die Genitalien abschnitten, die sie dann in die Menge der Zuschauer warfen. Diese mussten den Eunuchen-Neuling dann mit Frauenkleidern ausstatten.«

»In Indien entmannen sich bis auf den heutigen Tag die Hijra, eine hinduistische Sekte.« »Die Angehörigen der Skopzen entfernten sich – durch Interpretation von Bibelstellen motiviert – Hoden und Penis, beziehungsweise die Brüste und die Klitoris.«

Die Begründungen für derart barbarische Gebräuche werden in der Tradition sowie in religiösen Geboten gesucht. Weil diese Traditionen schon »so alt« sind – etwa 2500 Jahre, manche Autoren sprechen auch von 4000 Jahren – sollen sie gewissermaßen bewahrt und nach wie vor geheiligt werden. Jüngste Forschungsberichte zeigen, dass die Beschneidung der männlichen Kinder sich erst im Jahre 500 n. Chr. unter den Juden etablierte und dass die Motive dafür mehr mit der Bewahrung der kulturellen Unterschiedlichkeit als mit der körperlichen Gesundheit zu tun hatten; erst zu dieser Zeit wurden die Verse über die Beschneidung nachträglich der Genesis beigefügt. Die Beschneidung männlicher Kinder bis in unsere Zeiten hinein wird als immer schon bestehende Tradition behauptet, und ist auf Abraham, für den es keinen historischen Nachweis gibt (manche Historiker legen die Geschichten um ihn in das 2. Jahrhundert v. d. Z.), zurückzuführen, also auf die bewegte Zeit im vorderen Orient, als die Kämpfe um die männliche Definitionsmacht tobten und in der die vielen weiblichen Haupt-Gottheiten zugunsten der männlichen abgeschafft wurden.

Zitat: »Und Gott sprach weiter zu Abraham: So bewahre du nun meinen Bund, du und dein Same nach dir, von Geschlecht zu Geschlecht! 10 Das ist aber mein Bund, den ihr bewahren sollt, zwischen mir und euch und deinem Samen nach dir: Alles, was männlich ist unter euch, soll beschnitten werden. 11 Und ihr sollt am Fleisch eurer Vorhaut beschnitten werden. Das soll ein Zeichen des Bundes sein zwischen mir und euch. 12 Jedes Männliche von euren Nachkommen soll bei euch beschnitten werden, wenn es acht Tage alt ist, sei es im Haus geboren oder um Geld erkauft von irgendwelchen Fremden, die nicht von deinem Samen sind. 13 Was in deinem Haus geboren oder um

Geld erkauft wird, soll unbedingt beschnitten werden. So soll mein Bund an eurem Fleisch sein, ein ewiger Bund. 14 Und ein unbeschnittener Mann, einer, der sich nicht beschneiden lässt am Fleisch seiner Vorhaut, *dessen Seele soll ausgerottet werden* aus seinem Volk, weil er meinen Bund gebrochen hat!«[24]

Darunter leiden heute noch viele männlichen Säuglinge, kleine Jungen und junge Männer, und viele sterben daran.[25] Die Befürworter der Beschneidung gehen nie darauf ein, dass diese Sitten im Grunde nur Nachahmungstaten sind, um frauenähnlicher zu werden und weibliche Verbindung zu den Himmelserscheinungen zu teilen. Die grausame weibliche Beschneidung setzt sehr viel später ein und dient schon der Frauenunterdrückung. (Ich gehe im Kapitel »Gottheiten« noch einmal auf das Problem der Entmannung und Beschneidung ein).

All diese erwähnten Riten, die hier nicht näher ausgeführt werden sollen und inzwischen dank Internet auch selber vertieft werden können, sollten Männer frauenähnlicher machen, um dadurch eine eigene und von Frauen unabhängige Verbindung zu den Gestirnen und den Göttern herzustellen. Das alles ging Hand in Hand mit Umwälzungen in den Produktionsprozessen. Das Fazit jedenfalls war ein viele Jahrtausende dauernder Prozess der Umkehrung und der Neuinterpretierung einst weiblicher Symbole in solche des Patriarchats. Damit wurde die Menstruation »unrein« und der vorher freiwillige Rückzug der Frauen während der Menstruation wurde uminterpretiert und zu ihrem Ausschluss aus der Gesellschaft in vielen Gemeinschaften bis heute begründet. Alle Begleitumstände, die auf die Verbindung Frauen-Menstruation-Himmel verwiesen, wurden entweder vollständig aus dem Bewusstsein verbannt – oder, wenn es nicht ganz gelang, negativ besetzt.

So wurde die Zahl 13, die auf die Mondmonate verwies, zur Unglückszahl uminterpretiert, und sie ist es bis heute. Es gibt nach wie vor Hotels, in denen die Zimmerzahl 13 oder Einladungen mit 13 Personen vermieden werden.

Darum ist es so wohltuend, wenn wieder mal durch Forscherinnen Türen in Vorzeiten geöffnet werden und neue Beweise dafür gebracht werden, dass es einmal anders war. Die Filmemacherin Carmen Butta hat gezeigt, wie die Frauen von Juchitan in Mexico die 15jährigen Mädchen in die Welt der Frauen aufnehmen und sie für diesen Tag wie Königinnen behandeln und reich beschenken.[26] Ein Überbleibsel aus einer Zeit, in der Frauen einer Volksgruppe ein offenbar harmonisches Zusammenleben mit Männern organisierten und bestimmten. Das war so attraktiv, dass auch viele Männer ihre Rolle wechselten und Frauenrollen übernahmen.

Noch Anfang der neunziger Jahre des letzten Jahrhunderts waren die Frauen in dieser Gegend diejenigen, die allein den Handel betrieben, über das Geld verfügten und die gesamte Wirtschaft ihrer Region in der Hand hielten. Vererbt wurde nur an die Mädchen. Noch vor zwanzig Jahren trugen die Frauen ihre langen Zöpfe und bestickten Trachten und pflegten ein sehr gutes Verhältnis zu den sogenannten Muxes, Männern, die Frauenkleider tragen und Frauenarbeit machen. »Männer, die sich als Frauen verstehen und geben, sind dort hoch angesehen und gelten als besonders fleißig. Sie tun die Frauenarbeit und das besonders gut, um sich dadurch als das Geschlecht zu etablieren, das sie sind, jenes dritte: die Muxes.«

Leider hat sich inzwischen die wirtschaftliche Situation durch die Wirtschaftsorganisation NAFTA geändert, sagt Veronika Bennholdt-Thomsen in einem Interview: »Ich war nach fünf Jahren zum ersten Mal wieder in Juchitán und war ziemlich erschrocken und traurig über das, was sich da jetzt abspielt. Unsere Studie (»Juchitán – Stadt der Frauen«, 1994; H. S.) haben wir ja von 1990 bis 1992 durchgeführt, vor dem Eintreten Mexikos in den gemeinsamen Markt mit Kanada und den USA 1994. Die Marktebene, die bislang die matriarchalen Strukturen getragen hat, wird unterhöhlt. Die schnellen Konsumgüter und Weltmarktprodukte haben in Juchitán Einzug gehalten. Man findet in der Stadt jetzt einen Ramschladen neben dem anderen.«[27]

Hier soll auch noch auf die Forschungsarbeiten von Heike Behrend hingewiesen werden, die sie in den achtziger Jahren des letzten Jahrhunderts in Kenia gemacht hat, bei Menschen, die damals noch sehr traditionell lebten – verglichen mit dem modernen Großstadtleben in der Hauptstadt. In ihrem Buch »Die Zeit des Feuers« beschreibt sie sehr eindrücklich die Konzepte, die dem Zusammenleben innerhalb der Gemeinschaft eine Struktur gaben. Sie geht besonders auf die Bedeutung der Menstruation ein – eine der wenigen Arbeiten, die sich mit diesem Aspekt überhaupt befassen.

Nun sind die von ihr geschilderten Sitten Überbleibsel beziehungsweise Variationen noch viel älterer Vorstellungen, deren Anfänge in den von mir geschilderten früheren Jahrhunderttausenden liegen. Wir können davon ausgehen, dass die vielen überlebenden Gemeinschaften aus noch älteren Zeiten jeweils eigene Vorstellungen entwickelten und sie mit anderen Phänomenen in Zusammenhang brachten, aus denen dann die gesellschaftlichen Strukturen entstanden.[28]

Ich denke, es kann gar nicht genug betont werden, welche Wucht die Erkenntnis hatte, dass es eine Regelmäßigkeit gab am Himmel und im Frauenkörper. Und wenn es stimmt, dass Menstruation und Mondphasen in weniger luftverseuchten Zeiten oft oder immer synchronisiert waren, dann muss das Gefühl, dass die Frau die Mittlerin zwischen Himmel und Erde ist, gewaltig gewesen sein. Wer die Verbindung Frau-Rhythmisierung der Zeit-Kalender für ausgemachten Blödsinn hält und auf den späteren Welterschaffungsdaten und den Erkenntnissen antiker

Philosophen besteht, der möge sich daran erinnern, dass selbst der heute noch geschätzte Aristoteles die Kometen für giftige Ausdünstungen der Erde gehalten hat. Da wusste man es in der Vorzeit offenbar schon besser.

SCHWANGERSCHAFT

Um ein genaueres Bild über die Probleme früher Frauen zu gewinnen, muss die Schwangerschaft näher betrachtet werden. Unsere Vorfahrinnen hatten wie die meisten Säugetiere Geschlechtsverkehr von hinten, kamen aber irgendwann darauf, dass es wie bei den Bonobos auch von vorne ging. Es mag auch sein, dass eine fremde Gruppe es den Mitgliedern einer anderen beibrachte oder die Menschen es sich von den Tieren abguckten. Die Neugier und Aufnahmefähigkeit bei allen war groß. Wie die Menschenaffen wurden die jungen Frauen mit circa zehn Jahren geschlechtsreif und mit ungefähr 13, 14 Jahren schwanger. Das hat die Forschung inzwischen als mehr oder weniger gesichert herausgefunden. Äffinnen und Frauen säugten ihre Kinder lange und wurden frühestens nach vier, fünf Jahren wieder schwanger. Die lange Stillzeit war bei der zunächst noch vorwiegend vegetarischen Nahrung notwendig und wurde vom Instinkt diktiert, weil nur die Muttermilch die Kinder mit allem Lebensnotwendigem versorgen konnte.

Das Leben war für die meisten Frühmenschen allerdings mit 30 Jahren schon zu Ende: durch Krankheiten, Unfälle, als Beuteopfer oder durch Naturkatastrophen, wie aus hier und da gefundenen Knochenresten festgestellt werden konnte. Mehr als ein bis höchstens drei Kinder wird damals kaum eine Frau bekommen haben, und wie viele davon ihre frühe Kindheit überhaupt überlebten, wissen wir nicht. Die geringe Lebenserwartung wird meist vergessen, wenn Filme über diese frühen Zeiten gedreht werden, in denen alte bärtige Männer die Keulen schwingen. Bis die Menschen 30 waren, hatten sie normalerweise Enkel und galten als alt – sobald solche Überlegungen überhaupt angestellt werden konnten. Sie wurden als Autoritäten verehrt, weil sie bis dahin überlebt hatten und mehr wussten als die Jüngeren: Sie kannten die Gefahren, sie kannten die Futterplätze, sie kannten gefährliche und ungefährliche Pflanzen und Tiere, sie wussten irgendwann etwas über das Feuer – alles Merkmale, die später die Ahnen- und Altersverehrung verständlich machen und begründen konnten.

Robert Briffault schreibt über die Entwicklung des mütterlichen Instinktes, dass er ein Produkt der Entwicklung sei und kein primärer Lebensimpuls, was auch andere Forscher inzwischen belegen. Es dauere eine gewisse Zeit, bevor er sich in der individuellen Mutter entwickelt. Bei Tieren werden Neugeborene immer mal wieder von den Müttern gefressen, während sie sie später mit ihrem Leben verteidigen. Der Kindesmord durch Mütter geschehe »gewöhnlich gleich nach der Geburt und sei später so gut wie ausgeschlossen«.

Bis zur Einführung der Pille hatte sich das Gebäralter der Frauen bis zum ersten Kind, gemessen an Affenzeiten, schon um etwa zehn Jahre nach hinten verlegt. Noch in den sechziger Jahren des 20. Jahrhunderts bekamen die meisten Frauen in den westlichen Ländern mit Anfang bis Mitte zwanzig das erste Kind, oft ungewollt, weil Geschlechtsverkehr eben häufig mit Schwangerschaft einherging und ganze Frauengenerationen bis zur nächsten Blutung vor Furcht zitterten. Die sexuellen Sitten hatten sich allmählich zwar gelockert, hatten aber dennoch zu oft eine Schwangerschaft zur Folge und die bedeutete für unverheiratete Frauen lange Zeit immer noch Armut und soziale Ausgrenzung.[29]

Heute gibt es vielfach das umgekehrte Problem, nämlich den Wunsch nach Schwangerschaft: In den westlichen Industrienationen ist die durchschnittliche Spermienzahl bei den Männern in den letzten Jahrzehnten um fast die Hälfte gesunken, und es hat sich eine ganze Industrie entwickelt, um den Menschen zu Kindern zu verhelfen – mit oder ohne Trauschein. »Mittlerweile sollen 20 Prozent der Männer zwischen 18 und 25 Jahren nur noch über eine unnatürlich niedrige Spermienanzahl verfügen. In den 40er Jahren war der Durchschnittsmann noch mit 100 Millionen (m) Spermien pro Milliliter (ml) Samenflüssigkeit ausgestattet. Heute kann sich ein Mann glücklich schätzen, wenn sein Sperma 60 m/ml Samenzellen enthält. (...) Und selbst diese wenigen Samenzellen sind oft noch von miserabler Qualität. In vielen Fällen sind davon nur 5 bis 15 Prozent in der Lage, es überhaupt bis zur Eizelle zu schaffen. Der Rest bricht schon auf halber Strecke leblos in sich zusammen. Und so ist es kein Wunder, wenn die Ursache für die Unfruchtbarkeit eines Paares immer häufiger beim Mann zu finden ist.«[30]

Die Beschleunigung der technischen Entwicklung macht es heute möglich, die Eier der Frauen einzufrieren und später zu besamen. Sie können theoretisch – wie es vereinzelt immer wieder auch praktisch geschieht – noch mit über 65 Jahren Mutter werden (oder als Leihmütter die Kinder ihrer Töchter austragen) – um dann anfällige Mehrlinge zu entbinden, die monatelang in Brutkästen um das Überleben kämpfen und häufig bleibende Schäden behalten. Die vielen Zwillinge und Drillinge, ganz zu schweigen von den selteneren Sechs- und Achtlingsgeburten sind häufig die ungeliebten Folgen langer, körperlich unangenehmer und kostspieliger Versuche, auf technischem Weg nicht nur in höherem Alter, sondern überhaupt schwanger zu werden. Wie die nachlassende Energie einer älteren Frau dann das Verhältnis zum Kind bestimmt und verändert, mag man sich gar nicht ausmalen. Während es offenbar in aller Welt akzeptiert ist, dass nicht jeder Millionär sein kann, wird nicht akzeptiert, dass irgendwann die Zeit für eine natürliche Geburt überschritten ist.

Die Menstruation tritt wie eh und je in vorgeschichtlichen Zeiten auch heute bei Mädchen zwischen neun und zwölf Jahren ein. In den entwickelten Industrieländern werden die meisten Frauen auf natürliche Weise schwanger, allerdings immer öfter zu einer Zeit, als ihre Vorfahrinnen längst tot waren, 20 bis 30 Jahre nach der Geschlechtsreife. Unsere Vormütter dürften die Menopause überhaupt nicht kennengelernt haben. Entwicklungstechnisch gesehen würde es heute genügen, die Menstruation mit 25 bis 30 Jahren zu bekommen und sie mit 45 enden zu lassen. Enkel wären dann bald eine gänzlich unbekannte Spezies, da vermutlich diese neuen, von späten Eltern gezeugten Kinder ihre eigene Reproduktion noch weiter nach hinten schieben würden. Biologisch stecken wir also immer noch in der Vorgeschichte, technisch aber hat sich alles verändert.

Insofern sollte auch der berühmte Satz von Simone de Beauvoir neu betrachtet werden: »Man wird nicht als Frau geboren, man wird es« (On ne naît pas femme, on le devient). Sie bezog sich mit diesem Spruch schon auf die durch Jahrtausende verkümmerte Frau, die sie aufforderte, ihren Masochismus abzuschütteln und sich nicht mehr willfährig dem Patriarchat zu unterwerfen. Allerdings hatte Beauvoir keine Vorstellung von einer Zeit, in der Frauen über Autonomie verfügten. Daher spielt die Mutterschaft für sie auch keine Rolle. Sie wird als lediglich körperlicher Vorgang abgehandelt und bleibt für sie ohne weitere Bedeutung.

Inzwischen scheint auch gesichert, dass unsere Verdauungssysteme ebenfalls noch vor-neolithisch arbeiten. Daher soll die weit verbreitete Milch- und Getreideunverträglichkeit stammen, die es erst seit Einführung des Ackerbaus geben soll, wozu inzwischen eine umfangreiche – zudem heftig umstrittene – Literatur entstanden ist. In der Zeit vor dieser neolithischen Umwälzung (die je nach geographischer Lage in unterschiedlichen Jahrtausenden begann) ernährten sich die Menschen offenbar vielseitiger, wenn auch unregelmäßiger. Als Allesfresser überfraßen sie sich bei Nahrungsüberangebot, sie konnten aber auch Hungerzeiten aushalten – nur eben die kleinen Kinder konnten das nicht, darum die lange Stillzeit. Über Jahrhunderttausende beschaffte jede und jeder das Essen für sich alleine, was nicht oft genug betont werden kann. Daran ändern auch gelegentlich beobachtete Verhaltensweisen schon bei Affen nichts, die freiwillig Nahrung an andere abgeben.

Grundsätzlich und über lange währende Zwischenschritte änderte sich dies erst mit dem Neolithikum. Darum ist es so wichtig, die Anfänge einer Arbeitsteilung beziehungsweise des Produktentauschs (ein Begriff, den ich vorziehe) zeitlich zu fixieren, um meiner Fragestellung, wann und wodurch setzte die Unterdrückung der Frauen ein, näher zu kommen. Unsere Vormenschen lebten wahrscheinlich ziemlich gesund, proteinreich, bewegten sich viel, starben aber trotzdem früh.

Wir machen nicht nur als Fötus die ganze Entwicklung vom Einzeller bis zum Menschen durch, sondern wir sind als Erwachsene heute noch biologisch geformt wie in Zeiten des Homo Heidelbergensis, obwohl unsere technisch bestimmte und sitzende Lebensweise eigentlich andere Körper verlangen würde, Der Forscher Prof. Dr. Detlef Ganten hat mal in einer Skizze dargestellt, wie wir aussähen, wären wir schon an die großstädtische Lebensweise angepasst: Wir hätten riesige Ohren, ein gekrümmtes Rückgrat und zurück gebildete Beine.[31]

Wir wissen, dass der Geschlechtsverkehr bei den Affen häufig und mit unterschiedlichen Partnern stattfindet, wobei der einzelne Akt meist nur um die zwölf Sekunden dauert. Zum

»HwGV«, das heißt dem häufig wechselnden Geschlechtsverkehr bei den Bonoboweibchen gibt es eine interessante Theorie: »Die Bonobo-Affen im Kongo waren jahrelang mit ihrem Sexleben für die Wissenschaftler ein Rätsel. Denn die Affen treiben es bis zu 50 Mal am Tag. Dabei wechseln sie immer wieder ihre Partner. Die Wissenschaftler haben bei der Forschung besonders das Verhalten der Bonobo-Weibchen beobachtet und ihr Geheimnis gelüftet. Unter den Affen kommt es oft vor, dass die Babys getötet werden. Doch die Weibchen haben einen Schutzinstinkt entwickelt. Da das Weibchen mit vielen Männchen Sex hat, gibt sie ihnen das Gefühl, dass sie der Vater ihrer Babys sein könnten. Und ihren eigenen Nachwuchs töten die Bonobo-Affen nicht.«[32]

Ich kann den Wahrheitsgehalt dieser These, wie die Affenmütter ihre Kinder vor der Gewalt der Väter schützen, nicht überprüfen. Das Zitat gibt eher zum Wundern Anlass. Der Anteil der Männer an der Zeugung war nach allgemeiner Erkenntnis bei den Menschen sehr lange Zeit unbekannt. Dagegen sieht es so aus, als wüssten die Affen und – wie schon früher erwähnt – auch andere Säugetiere, wie Löwen, von der Vaterschaft.

Die kleinen Äffchen gehen, wenn sie anfangen, sich selbständig zu machen, eher zu ihren Tanten als zu den Vätern. Oft hocken auch die Äffinnen zusammen, beobachten die Kinder gemeinsam und scheinen ihr Verhalten zu kommentieren. Jedenfalls gibt es zumindest bei den Primatenweibchen so etwas wie eine regelmäßige Kommunikation über die Kinder. Immer wieder kommt es vor, dass sie fremden Nachwuchs stillen, sollte dessen Mutter tot sein.

Menschenaffen können sich, wie die späteren Menschen, das ganze Jahr über paaren. Hier entsteht auch die Frage, mit wem dies geschah. Wie wir heute wissen, hatten sich in Afrika verschiedenartige menschenähnliche Wesen entwickelt, deren

Überreste immer wieder gefunden werden. Einige dieser menschenartigen Zweige, die wieder ausstarben, lebten offenbar gleichzeitig in den gleichen Gebieten. Es war also nicht so, dass sich aus einem Zweig kontinuierlich und über Jahrmillionen hinweg eine einzige Spezies entwickelte, aus der dann der Homo sapiens hervorging, sondern es gab gleichzeitig mehrere Entwicklungsstränge, von denen die meisten à la long auf der Strecke blieben, die aber doch hin und wieder ihre Gene auch bei dem sich schließlich durchsetzenden Homo sapiens hinterließen. Da die Neugierde, wie ich behaupten möchte, meist größer war, als die Aggressivität, ist es gut vorstellbar, dass sich diese begegnenden menschenähnlichen Gruppen immer wieder untereinander vermischten, so wie auch inzwischen nachgewiesen ist, dass wir Europäer – Homo sapiens sapiens – ein paar Prozente Neandertalergene in uns tragen.[33]

Möglicherweise tragen wir aber noch ganz andere Gene in uns herum. Es gibt unendlich viele Legenden, die von Riesen und Zwergen und ihren Begegnungen mit Menschen handeln, die sich auf reale Wesen aus der Vorgeschichte beziehen könnten. Immerhin gab es die ausgestorbene Riesenaffenart Gigantopithecus; in Nordamerika wird immer noch nach »Bigfoot« gesucht und im Himalaja nach dem Yetimenschen, dessen Fußabdrücke immer wieder gefunden worden sein sollen; und die Einwohner der Salomoneninseln sind davon überzeugt, dass Riesen heute noch unterirdische, in den Wäldern versteckte Höhlen bewohnen, ab und an einen Menschen entführen, ihn aber nach einer Weile wieder frei lassen. Auch Zwerge haben Vorbilder. Es sind die Hobbits, kleinwüchsige Menschen, die dem indonesischen Homo floresiensis nachempfunden wurden, dessen Überreste 2003 entdeckt wurden.

Das Zusammentreffen zwischen Arten muss jeweils neue Erkenntnisse und Erfahrungen gebracht haben, die übernommen werden konnten, und es wird dabei immer wieder zu sexuellen Kontakten gekommen sein.

Die noch bei manchen Affenarten erkennbaren äußerlichen Merkmale für die Paarungsbereitschaft, die identisch war mit der Empfängnisbereitschaft, verloren sich bei den Menschen. Beides, Paarungs- und Empfängnisbereitschaft, war nicht mehr identisch. Die Bonobo- und Schimpansenweibchen, also unsere nächsten Verwandten, haben zum Beispiel noch die Regelschwellung, um ihre Empfängnisbereitschaft anzuzeigen. Bei uns Menschenfrauen ist dies äußerlich sichtbar verschwunden. Darüber, wann das geschah, lässt sich nur spekulieren, weil hierzu keine brauchbaren Informationen vorliegen. Offenbar hat sich die Wissenschaft damit bisher auch nicht befasst. Es ist vorstellbar, dass die sichtbare Schwellung mit der allgemeinen Entwicklung der Intelligenz verlorenen ging: Schon die Affen trieben es das ganze Jahr und nicht, wie andere Tiere, nur zu bestimmten eingegrenzten Zeiten.

Jede konnte mit jedem und jeder, der/die es an sie ranschaffte, gewissermaßen ohne Ansehen der Person, nur dem Trieb folgend. In meinem Filmprojekt »Das Schicksal Schöner Männer« entstand das Küssen aus der Angst vor dem Gefressenwerden und aus der Lust heraus, alles Mögliche miteinander auszuprobieren, was ja besonders Kinder und Jugendliche geradezu auszeichnet. Vielleicht ist daraus zu schließen, dass es auch schon den Affen gelegentlich mit dem oder der einen mehr Spaß machte als mit einem/einer anderen. Vorlieben für eine bestimmte Person konnten sich vor allem dann entwickeln, als sich die Fähigkeiten differenzierten und dadurch die einzelnen Personen individuell unterscheidbar wurden. Mit der Individualisierung und der bewussteren Wahl eines Geschlechtspartners – nach Jahrhunderttausenden – hat sich vermutlich die Schwellung verloren, weil sie nicht mehr nötig war und es schon andere Kommunikationsformen gab. Andererseits aber muss sie noch Spuren im Gedächtnis hinterlassen haben, was an den ausgeprägten Geschlechtsteilen der viel späteren Frauenstatuetten noch ablesbar ist. Möglicherweise hatten aber auch die realen Frauen vor 40 000 Jahren noch äußerlich sichtbare Zeichen ihrer Empfängnisbereitschaft. Die Frauen heute haben das nicht mehr. Vielen fehlt überhaupt jegliches Wissen oder Bezug zu ihren Geschlechtsorganen.[34]

Der Geschlechtsverkehr dauert bei heutigen Menschen normalerweise länger als die paar Sekunden, die die Affen dafür übrig haben, ist aber weniger häufig als bei Schimpansen.

(Nachdem ich diese letzte Seite über die Schwellung geschrieben hatte, machte ich für diesen Tag Schluss und las abends einen zufällig gefundenen alten Krimi »Der eine ist stumm, der andere ein Blinder«[35] In diesem Buch spielt ein begnadeter Parfumeur eine mörderische Rolle: Er kann den Oestrus der Frauen riechen und schwängert darum in dieser Zeit mehrere Frauen mehr oder weniger gleichzeitig. Sein Ziel sind viele eigene und möglichst gleichaltrige Nachkommen von vielen Frauen. Ganz verschwunden scheinen daher unsere Schwellungen mit entsprechenden Gerüchen offenbar also nicht, wenn es auch nur wenigen Männern vergönnt zu sein scheint, sie noch wahr zunehmen).

Bisher dürfte klargeworden sein, dass unsere Vorfahrinnen eine Menge Probleme hatten, die Männer nicht hatten. Sie befanden sich gewissermaßen in einer ungleichen Konkurrenzsituation zum Mann oder zu Kinderlosen. Ein über drei, vier Jahre gestilltes und ständig mitgeschlepptes Kind konnte Frauen bei der Nahrungssuche ins Hintertreffen bringen.

Während der Menschwerdung verlängerte sich die Schwangerschaft, und das Kind – und damit die Geburt – wurde schwerer. So haben im Schnitt moderne Säuglinge sechs Prozent des Körpergewichts ihrer Mutter, Affenkinder dagegen nur drei Prozent. Obwohl bei der Geburt schwerer und der Kopf des Säuglings größer als zu Affenzeiten, kam das Kind dennoch unfertiger auf die Welt als noch die Affenkinder. Deren Gehirn war bei der Geburt fast ausgebildet, das Gehirn des Menschenkindes hatte nur etwa 25 Prozent des Erwachsenenvolumens und wuchs noch zehn Jahre weiter. Die bisher ungehinderte Beweglichkeit der Frau wurde nun erschwert. Umso mehr, je älter, schwerer und eigenständiger das Kind wurde. Die frühen Frauen, die nach wie vor so lebten wie in Affenzeiten, also selber für sich die Nahrung suchten und in allen Lebenslagen unabhängige Entscheidungen trafen, mussten also für die neuen Beschwernisse Lösungen finden. Was machten sie also? Sie wurden noch intelligenter, um die Nachteile umzuwandeln in Vorteile. Und diese Intelligenz entwickelte sich, einmal angekurbelt, sprunghaft und nicht linear weiter – und wurde natürlich auch an die männlichen Kinder weiter gegeben.

In diesem Zusammenhang möchte ich Alice Rühle-Gerstel erwähnen, die nicht nur schon Anfang der dreißiger Jahre des letzten Jahrhunderts ebenfalls nahe dran war, die natürliche Arbeitsteilung zwischen den Geschlechtern zu bezweifeln, sondern auch einen interessanten Hinweis auf die Veränderung der Geburtstätigkeit gibt: »Die körperliche Artung der primitiven Frauen und die Einstellung der Gesamtheit ermöglicht es, dass die Mutterschaftsleistung als Nebenarbeit oder Surplusarbeit geleistet wird. Ploß, in seinem Werk ›Das Weib in der Natur- und Völkerkunde‹, bringt über 22 Seiten Beispiele von Völkern, bei denen die Geburt ohne jede Schwierigkeit vonstattengeht, und zehn Seiten mit Beispielen von Völkern, die ein Wochenbett überhaupt nicht kennen (cit. nach Jäckel).«[36]

Die werdenden Menschenmütter mussten also die für sie selbst lebensbedrohenden Einschränkungen, die ein so lange unselbständiges Kind mit sich brachte, auf vielfältige Weise kompensieren. Das ungebärdige, schwerer werdende und dazu lange Zeit unselbständige Kleinkind musste geschützt und genährt werden, unabhängig davon, ob die Protagonisten noch auf Bäumen, am Wasser oder in der Steppe lebten. Man stelle sich vor, wie die frühen und zunächst hauptsächlich vegetarisch lebenden Urfrauen mit so einem zappelnden Kleinkind auf Arm oder Rücken Früchte auch noch von fragilen Ästen zu pflücken versuchen und dabei genauso effektiv sein müssen wie die konkurrierenden Kinderlosen. Und mit Säuglingen sind die Schwierigkeiten noch leichter zu handhaben als mit einem 2-, 3- oder 4-jährigen, an der Mutter klebenden Kleinkind.

Dazu kam eine weitere Veränderung: Äffinnen sind behaart, darum können sich Kinder in deren Fell festklammern, und die Mutter hat kaum Probleme, sich auch in schwierigem Gelände oder auf dünnen Ästen zu bewegen. Ihre Arme sind beide frei. (Bei den modernen Säuglingen hat sich der aus der Affenzeit stammende Klammergriff sowie die »Andock-Haltung« noch in den ersten Lebenstagen gehalten). Ist das Kind klein genug, kommt die Mutter praktisch überall hin. Die australopicine Lucy lief schon aufrecht, war aber noch behaart.

Dass die Menschen ihr ursprünglich vorhandenes Fell verloren, ist belegt, aber noch gibt es keine genaueren Daten dazu. Die damit befassten Forscher legen den Fellverlust in die Zeit vor 1,6 bis 1,2 Millionen Jahren. Die nun blanke Haut bot viele Vorteile: Die Frühmenschen entwickelten die Fähigkeit zum Schwitzen, steigerten ihre Ausdauer, was sie zum Jagen auf größere Tiere befähigte und die Hetzjagd ermöglichte, und sie waren vermutlich besser vor Parasiten geschützt. Die Kehrseite für die Frauen aber war, dass das Kind sich nicht mehr im Fell festklammern konnte. Das war ein schwerwiegendes Handicap und kam noch zu den anderen körperlichen Veränderungen hinzu. Auf diese Kehrseite der Entwicklung geht die Wissenschaft bisher nicht ein.

Die Menschen entwickelten also Lösungen für die jeweils dringlichsten neuen Probleme. Und solche dringlichen Probleme hatten über lange Zeiträume hinweg hauptsächlich Frauen. Die männlichen Affen hätten lange noch wie in Vorzeiten so weitermachen können, hätten sie nicht auch von der Entwicklung der Frauen profitiert. Das Problem des Fellverlusts lösten die Frauen, indem sie lernten, elastische Zweige oder Gräser so zu flechten, dass sie dem Kind auf Rücken oder Bauch einen Halt geben konnten und so weiterhin beide Arme frei hatten. Einen bezaubernden Hinweis darauf, wie möglicherweise die frühe Menschheit mit ihrer Nacktheit umzugehen lernte, zeigen Fotos von Hans Silvester, der junge Menschen aus dem OMO-Gebiet in Afrika aufgenommen hat, die eine lange Tradition in Körperbemalung und der Herstellung unglaublich fantasievoller Sonnenschutz-Kopfbedeckungen aus Naturmaterialien haben.[37]

Die felllosen Frauen lernten allmählich ebenfalls, bestimmte Naturalien als Gefäße zu benutzen, um mehr gefundene Nahrung zum Kleinkind transportieren zu können, das sie hin und wieder mal alleine lassen mussten. Auf diese Weise sind viele der überlebenswichtigen neuen Erfindungen zu erklären: Gefäße, in denen Nahrung für das Kind transportiert werden konnte, Schlafplätze, die sich später zu Hütten entwickelten. In manchen traditionellen Gesellschaften sind heute noch sowohl die Keramik wie die Architektur Sache der Frauen. Sie hatten eine Menge zu denken, waren damit aber nicht überfordert.

KLEINER EXKURS ZUR SPRACHE

Und noch etwas änderte sich durch den aufrechten Gang: Der Rachenraum der werdenden Menschen formte sich allmählich um, was überhaupt erst die anatomischen Voraussetzungen schuf, sprechen zu lernen. Vorher benutzten die Frauen wahrscheinlich Laute, Schreie oder Klopfzeichen, um sich den

Kindern verständlich zu machen, wenn sie für kurze Zeit auf Baum oder Boden zurückgelassen werden mussten, damit die Mutter alleine an schwer zugänglichen Stellen Nahrung suchen konnte. Das weltweit ziemlich verbreitete »ma-ma« ist ein leicht formbarer und früh erlernbarer Laut. Selbst wenn die frühen Mütter noch nicht darauf gekommen sein sollten oder die anatomische Sprachfähigkeit noch nicht entwickelt war, werden sie doch charakteristische und wiedererkennbare Laute oder Geräusche erzeugt haben. Vögel und andere Tiere machten es ihnen ja vor, und Archäologen haben aus frühen Zungenbeinfunden die Möglichkeit einer Sprachentwicklung schon bei den Australopithecinen in Erwägung gezogen.

In der Natur gibt es vielerlei Möglichkeiten der Verständigung. Brüllaffen verständigen sich durch verschiedenartiges Brüllen, Vögel durch Singen, Hunde durch Bellen, Knurren, Heulen. Die vielen unterschiedlichen Zweige der Menschheit haben im Lauf der Zeit ebenfalls verschiedenartige Systeme entwickelt, um sich etwas mitzuteilen: Sie entwickelten Laute, um sich – noch im Urwald – bemerkbar zu machen und zu Artgenossen durchzudringen, und sie erfanden verschiedenartige Klangkörper, die für präzise Mitteilungen benutzt werden konnten. Vermutlich bestanden verschiedene Lautsysteme lange gleichberechtigt nebeneinander, bevor die Sprache sich durchsetzen konnte.

Die ersten nachweislich als Musikinstrumente genutzten Objekte sind um die 35 000 Jahre alt, und möglicherweise hatten auch sie nicht nur musikalische Funktionen, sondern dienten auch der Übermittlung von Nachrichten. Etwa 18 000 Jahre alt sind in der Ukraine gefundene, aus Knochen gefertigte Instrumente, sowie die an anderen Orten entdeckten sogenannte Litophone, Steine mit natürlichen Resonanzen.

In Afrika lernten die Menschen später, sich über weite Entfernungen durch Trommeln zu verständigen, was noch ihre

»Entdecker« zu fortwährendem Wundern veranlasste, weil sie, wenn sie durch undurchdringliches Gelände, Dschungel, Flüsse oder Steppe, endlich in irgendeiner kleinen und isoliert lebenden Gemeinschaft angekommen waren, diese längst alles über die Ankömmlinge wusste. Die Trommeln wurden als Sprache benutzt, in der präzise Mitteilungen gemacht werden konnten. In Papua-Neuguinea gibt es die Schlitztrommeln, die ähnlichen Zwecken dienten.

Die Pfeifsprache ist vermutlich ebenfalls eine sehr alte Form der menschlichen Kommunikation, die es in vielen Teilen der Welt gegeben hat. Heute sollen noch 60 unterschiedliche Arten bekannt sein. Auf Gomera wird die Pfeifsprache »El Silbo« neuerdings wieder in der Schule gelehrt. Es lassen sich in dieser Sprache richtige Unterhaltungen führen und dies über große Entfernungen, von Berg zu Berg, über acht bis zehn Kilometer hinweg. Auch das Jodeln, das ebenfalls in vielen Erdteilen verbreitet war, diente früh der Verständigung.

Kurz, die »ersten« Sprachen müssen nicht Sprachen in unserem Sinn gewesen sein. Vor allem wurden die Verständigungsmöglichkeiten ja in kleinen und kleinsten Gruppen gebildet, die sich erst im Kontakt mit ebensolchen kleinen Gruppen allmählich gegenseitig angleichen konnten.

Die Sprachfähigkeit der Menschen im heutigen Sinn ist eine verhältnismäßig neue Entwicklung. Nach wie vor weiß man nichts Genaues über die Anfänge. Man schätzt, dass sie sich vor circa 100 000 Jahren gebildet hat, mit Vorformen, die weiter zurück gehen. »Den Schimpansen, Bonobos und Gorillas fehlen neben neuronalen Verschaltungen im Hirn sowohl die anatomischen Voraussetzungen im Rachenraum als auch die für das Sprechen unerlässliche Kontrolle der Atmung.«[38]

Mit der Entwicklung und dem Kennenlernen neuer Werkzeuge, unbekannter Tiere und Pflanzen ergab sich die Notwendigkeit, Bezeichnungen zu finden, die in der jeweiligen Gruppe verstanden werden mussten. Aus diesem Grund stehe ich der verbreiteten Theorie von der Annahme einer Ursprache, die die Linguisten immer noch spaltet, sehr skeptisch gegenüber.[39]

Die größte Notwendigkeit, wiedererkennbare Laute zu Gehör zu bringen, hatten wieder einmal Mütter. Es ist schon erstaunlich, in wie vielen Sprachen die leicht auszusprechende Silbe »MA« das Wort für Mutter geworden ist, was in letzter Zeit tatsächlich Sprachforscher zum Nachdenken gebracht hat, die inzwischen die Möglichkeit in Erwägung (!) ziehen, dass die Sprachentwicklung etwas mit der Mutter zu tun haben könnte![40]

Der auch noch nach Jahrzehnten Frauenbewegung sich immer wieder durch seine Männerfixiertheit auszeichnende SPIEGEL schreibt in einer Ausgabe von 2003, in der es um die Sprachentwicklung beim Kleinkind geht, dass »die 8-wöchige Sophie auf den Armen des Vaters liegt, als die ersten Experimente mit ihr durchgeführt werden und mit BaBa-Lauten auf das Kind eingewirkt wird und die Reaktionen darauf gemessen werden.« Das Kind liegt also auf den Armen des Vaters – es wird ja ein wissenschaftliches Experiment durchgeführt – wo es, auch nicht erstaunlich, mit BaBa-Lauten gefüttert wird, die schon an den Papa denken lassen, und nicht mit MaMa-Lauten, mit denen weltweit am häufigsten die Mutter bezeichnet wird. Ich gehe hier etwas penetrant darauf ein, weil dies ein gutes Beispiel dafür ist, um noch einmal darauf hinzuweisen, auf welche Weise die Bedeutung der Frauen für jede Entwicklung immer wieder weg gebeamt wird.

Zu den Fähigkeiten, die sich, wechselweise befruchtend, immer schneller entwickelt haben, kommt also die Sprachentwicklung allmählich hinzu, die sich in jeder einzelnen Menschengruppe mit eigenen Bezeichnungen entwickelt haben muss. So wurden in Australien bis zur Ankunft und Herrschaft der Europäer noch etwa 600 Sprachen gesprochen. In dem Sepik-Gebiet in Papua-Neuguinea gibt es heute noch viele unterschiedliche Sprachen auf kleinstem Raum. Manche werden nur in einem Dorf von 400 Leuten gesprochen, die sich sogar heute noch mit dem Nachbardorf schon nicht mehr verständigen können. Dieser Mangel wird durch Heiratspolitik ausgeglichen, indem Heiraten zwischen verschiedensprachigen Dörfern arrangiert werden. Normalerweise verlassen dann Frauen ihre Dörfer und müssen lernen, sich im neuen Dorf zurecht zu finden. Die dadurch allmählich entstehende Zweisprachigkeit oder auch eine Angleichung hin zu einer gemeinsamen Sprache ermöglicht dann neue ökonomische Verbindungen zwischen den Dörfern.[41]

Aus der gleichen Quelle in Papua-Neuguinea stammt auch der interessante Hinweis, dass kleine Gemeinschaften, die sich untereinander schon verständigen konnten, jeweils für sich die *Urheberrechte* für Melodien und Liedtexte besaßen, die aber an andere vergeben oder getauscht werden konnten, entweder durch immaterielle Erwerbungen aus der anderen Gruppe oder auch gegen Lebensmittel. Das wirft einen Blick auf die Aufregung und Beachtung, die jedem neu gefundenen Wort offenbar in den Anfangszeiten geschuldet waren. So wie ein scharf behauener Stein sicherlich allgemeine Aufmerksamkeit und Bewunderung erfuhr, war es vielleicht auch mit einem neuen Wort, das geformt und gelernt werden musste und zum Gruppeneigentum wurde. Ein Wort wurde als etwas durchaus Materielles empfunden, es konnte wie ein Werkzeug benutzt werden und wird es bis heute. Immer noch gibt es sogar in hoch entwickelten Gesellschaften Menschen, die »besprechen« können, die mit Worten Wunden heilen.[42] In dem finnischen Kalevala-Epos fehlen dem schon als Sänger geborenen Väinämöinen drei Worte, um sein Boot vollends fertig zu stellen und wassertauglich zu machen, die er auf sehr komplizierte Weise zu finden sucht.[43]

Zurzeit erleben wir in rasendem Tempo die Umkehrung der einstigen Vielsprachigkeit und die Reduzierung der vielen Nationalsprachen, ihrer Untergruppen und Dialekte durch wenige Sprachen, die sich international durchsetzen, mit dem Ergebnis, dass beispielsweise durch die Regeln des Bologna-Systems wissenschaftliche Arbeiten nur noch international anerkannt werden, wenn sie in Englisch verfasst sind. Auch ein Verweis auf eine in Deutsch verfasste Literatur-Quelle wird vielfach nicht mehr akzeptiert. Daraus folgt dann der Irrsinn, dass von deutschen Forschern auf Deutsch geschriebene Arbeiten in – meist – schlechtes Englisch übersetzt werden müssen, um anerkannt zu werden.[44]

ZURÜCK ZUR SCHWANGERSCHAFT

Festzuhalten bleibt, dass die Frühzeit der Menschen bis weit ins Neolithikum hinein keine Veranlassung für Frauenunterdrückung hatte. Die alleinige Sorge für das Kind, eine Selbstverständlichkeit bei der üblichen Selbstversorgung, hat die Mütter weder überfordert noch in Abhängigkeit zu ihren Affen oder frühen Männern gebracht, sondern war sogar der Grund für immer neue Erfindungen und Entwicklungsschübe.

Der Übergang vom Kind zum selbständigen Erwachsenen war sowohl für die Affen wie auch noch bis in historische Zeiten für steinzeitlich lebende Menschen abrupt: Die Kleinkindphase, die das Kind mit der Mutter zusammen verbrachte, war länger als heute. War diese aber vorbei, mussten die Kinder viel schneller als heute selbständig werden. So verließen in Nigeria, bei den Habbe, die Kinder mit sechs bis acht Jahren die elterlichen Hütten, bauten ihre eigenen und sorgten für sich selbst durch Fischen und Jagen.[45] Bei den Aleuten sind Kinder von zehn Jahren an Jäger »und halten sich nicht selten eine Frau« (hier sieht man wieder, wie der allgemeine Ausdruck »Kind« für das männliche Geschlecht gedacht wird[46]). Bei den Kirgisen kann ein Kind von drei Jahren reiten und mit sechs eine Kamelherde hüten.[47]

Irgendwann muss es das weibliche Beieinander-Hocken, das gemeinsame Beobachten, das Erkennen der Menstruation und der Schwangerschaft als etwas, was nur die Frauen betraf, ins Bewusstsein geschafft und eine Erkenntnis der Differenz erzeugt haben. Die Gebärfähigkeit, deren Ende ja bei der niedrigen Lebenserwartung nicht durch die Menopause gesetzt war, ließ auf eine besondere Kraft der Frauen und der weiblichen Tiere schließen, was sich noch in vielen späteren Skulpturen und Bildwerken zeigt, in denen Frauen mit Löwinnen, Säuen und anderen starken Tieren abgebildet oder aber als Mischwesen gezeigt werden. Hier seien nur die Schlangengöttinnen erwähnt, die in manchen Volksmythologien eine große – positive – Rolle spielen.

Was sich über lange Zeitphasen erkennen lässt, ist das große Wundern über das Wunder der Schwangerschaft. Neue Kinder hoben ja nicht nur die Wertschätzung der Frauen. Kinder bedeuteten eben vor allem auch, dass die Gruppe überleben konnte – und dieses Überleben garantierten Frauen.

Wie schon die Menstruation war auch die Geburt mit der Vorstellung von Blut verbunden – kein Wunder also, dass auch in der Verarbeitung dieser Ereignisse wieder die Farbe Rot eine Hauptrolle spielt. Außerdem ist anzunehmen, dass die Kooperation unter Frauen, die es ja schon ansatzweise im Tierreich gibt, sich auch bei den Geburtsvorbereitungen entwickelte. Zwar wurde in früheren Zeiten von den Ethnologen und Anthropologen nicht danach gefragt, aber hier und da lassen sich doch ältere Darstellungen finden, die zeigen, wie Frauen den Schwangeren während der Geburt behilflich sind.[48] Nebenbei erwähnt gibt dies auch einen Hinweis auf den meiner Meinung nach wirklich ältesten Beruf der Welt: den der Hebamme.

Immer wieder wurden und werden Gräber gefunden, in denen noch Spuren von rotem oder rötlichem Ocker zu finden sind, womit entweder die Leichen oder auch ganze Grabgruben gefärbt wurden. Ocker ist eine in der Natur vorkommende Erdfarbe, besteht hauptsächlich aus Eisenoxyd und ist sehr lange haltbar. Seit der Mittelsteinzeit, also vor rund 120 000 Jahren, wurden diese Ausschmückungen zahlreicher, wenn sie auch nicht bei allen Begräbnisstätten gefunden wurden.

»Aus Krems-Wachtberg (Österreich) sind 2005 und 2006 drei Homo-sapiens-Kleinstkinderbestattungen im Block geborgen worden, die ca. 27 000 Jahre alt sind. Es handelt sich dabei um eine pränatale Doppelbestattung (Fehlgeburten?) und einen ca. 3 Monate alten Säugling. Alle drei Neugeborenen waren vollständig mit rotem Ockerpulver bedeckt. Die (...) Doppelbestattung wurde zusätzlich mit einem Mammutschulterblatt abgedeckt, während der 3 Monate alte Säugling ursprünglich in eine Art Tuch eingewickelt wurde. So genannte ›Rötelgräber‹ des sich über den Globus ausbreitenden Homo sapiens kommen immer wieder im Jungpaläolithikum (43–10 000 BP) in Europa, Asien und Australien vor.«[49] Die Toten werden symbolisch mit Blut ausgestattet und der Erde, Mutter Erde, zurückgegeben.

Menstruation und Schwangerschaft sind beide geeignet, die Bewegungsfähigkeit einzuschränken. Anstatt viel hin und her zu laufen, sitzen oder ruhen Schwangere lieber, beobachten ihre nahe Umgebung und registrieren dort Veränderungen, die ihnen als nicht Schwangere, nicht Menstruierende entgehen würden. Auf diese Weise kann sich die Vorliebe für einen Ort entwickeln, einen Ort, der besonders weich, besonders geschützt, besonders schattig oder sonnig oder aus anderen Gründen bevorzugt werden mag. So lernen Frauen allmählich die Möglichkeiten dieses Ortes erkennen, wie zum Beispiel dass sich aus den Kernen einer Frucht ein neuer Trieb entwickelt. Aber auch diese Erkenntnis bis hin zu dem Wissen, dass diese Tatsache auch genutzt werden kann, dauert wieder Jahrhunderttausende. Die Bedürfnisse der sich unterschiedlich entwickelnden Körper und der daraus folgenden Handlungen differenzieren mehr und mehr das Zusammenleben und machen neue und individuelle Erfahrungen möglich. Die noch bei den Affen mehr oder weniger undifferenziert miteinander lebenden Geschlechter werden in ihrer Lebensführung langsam unterscheidbar: Beharren an einem Ort: Tendenz bei Frauen, und Verlassen des Ortes: Tendenz bei Männern.[50]

Es bilden sich also unterschiedliche Fähigkeiten bei Frauen und Männern heraus, die sich primär ableiten lassen aus der Schwangerschaft mit ihren Folgen. Jede dieser Entwicklungsstufen hat auch eine soziale Seite, die erkannt werden kann und mit deren Folgen umgegangen werden muss.

Wenn Frauen eine Tendenz entwickeln, länger an einem Ort zu bleiben, muss dieser Ort für sie auch Nahrung bieten, und ihre Neugierde lässt sie möglicherweise auf vorher unbekannte Quellen stoßen. Männer ohne Kinder auf Rücken oder Bauch können weiter laufen, neue Gebiete erschließen und von den Löwinnen lernen, zusammen zu jagen, was erfolgreicher ist, als es dem allein jagenden Löwen gleich zu tun. Nach der Jagd kann das Gefühl entstehen, an den Ort zurückkehren zu wollen, an dem sich die Frauen aufhalten.

Die einmal angeregte Neugierde, die das Denken beschleunigte, lässt sich nicht mehr zurückdrehen und befördert ununterbrochen neue Entdeckungen und Erfindungen, die im Lauf der Jahrtausende zu unterschiedlichen Ergebnissen der Tätigkeiten von Männern und Frauen führen und den Wunsch entstehen lassen, gegenseitig voneinander zu profitieren, und dadurch dann langsam das Zusammenleben verändern.

Zusätzlich müssen wir bedenken, in welch klimatisch bewegten Zeiten unsere Vorfahren agierten, die sie zu neuen Erfindungen zwangen, wollten sie überleben. Wir wissen nicht, wie vielen Menschen das gelang, wie viele auf der Strecke blieben und wie sehr die täglich neuen Herausforderungen zu gegenseitiger Hilfe und zu Kooperation beitrugen sowie durch immer differenzierter werdende Tätigkeiten auch die gegenseitige Abhängigkeit förderten. So entfernten sie sich allmählich und unmerklich von der Affenzeit, in der jede und jeder im Prinzip auch alleine überleben konnte.

FEUER

Einige der bedeutendsten Menschheitskatastrophen sind mit Feuer verbunden. Wer nur irgend konnte, rannte sicher einige Millionen Jahre lang weg, wenn es brannte. Nach einer vielfach gestützten Theorie wurde die gesamte existierende Menschheit vor circa 73 000 Jahren von der Toba-Katastrophe erschüttert. Der Vulkan Toba auf der Insel Sumatra brach mit ungeheurer Wucht aus, seine Aschewolken legten sich vor die Sonne und senkten fast weltweit die Temperaturen. Ein großer Teil der bis dahin lebenden Menschen soll das nicht überlebt haben. Der Theorie zufolge sollen weltweit nur etwa 2000 Menschen die Katastrophe überstanden haben, was durch die enge genetische Verwandtschaft aller heutigen Menschen bewiesen werden soll.

Sollte sich das bewahrheiten, dann ist mit diesem Ereignis sicher auch ein Großteil der bis dahin schon entwickelten Produktionsweisen und verschiedenen Formen des Zusammenlebens verschwunden, und viele der Überlebenden sind vielleicht wieder in primitivere Zeiten zurückgefallen. Erfahrungen gingen verloren oder erhielten sich nur in vereinzelten Gruppen, was allein schon große Unterschiede in der Entwicklung der übrig gebliebenen Menschen zur Folge haben musste.

Eine weitere durch Feuer ausgelöste Katastrophe vor etwa 37 000 Jahren hat anderen Untersuchungen zufolge massiv dazu beigetragen, die Neandertaler, von denen es insgesamt nur rund 10 000 gegeben haben soll, zu vernichten. Die Ursache war der Ausbruch der Phlegräischen Felder, einem riesigen, über gemeinsame Magmakammern mit dem Vesuv verbundenen vulkanischen Gebiet im und rund um den Golf von Neapel. Der Ausbruch soll sich verheerend bis Nordeuropa ausgewirkt und die Lebensgrundlage der dort siedelnden Neandertaler zerstört haben. Die Katastrophe brachte ebenfalls viele Tiere um, deren »Überjagung« und dadurch Reduzierung auch schon den Neandertalern zugeschrieben wurde. Die wenigen schon im Norden lebenden Homines Sapientes sollen dieses Ereignis besser überlebt haben, weil sie sich schon vielseitiger ernährten. In den folgenden Jahrtausenden gab es immer wieder katastrophale Ausbrüche in diesem Gebiet, die viele Menschen umbrachten; nicht zuletzt ist heute wieder eine zunehmende Aktivität in dieser Gegend festzustellen, die viele Erdbebenforscher beunruhigt, weil sie mit plötzlichen Eruptionen rechnen, die keine Zeit für Vorwarnungen lassen.

Feuer nicht nur fürchten zu müssen, sondern auch nutzen zu können, war ein bedeutender Schritt in der Menschheitsgeschichte. Und ganz besonders bedeutend war er für Frauen. Feuer entsteht durch Selbstentzündung bei gewissen Ölen oder Heu, durch Brenngläser, Blitze und bei Vulkanausbrüchen. Vermutlich waren nicht alle frühen Menschen Zeugen solcher Ereignisse. Nicht alle haben Feuer im Laufe ihres Lebens überhaupt kennen gelernt.

Bevor Feuer gezähmt, geschweige denn selbst entzündet werden konnte, war es besser, vor ihm davon zu laufen. Es erweckte Furcht und Neugierde. So wie die Menstruation für Frauen eine Verbindung zum Himmel herstellte und zu Ereignissen außerhalb der Menschen, tat dies auch das Feuer. Die Sonnenkraft selbst kam auf die Erde, gütig oder vernichtend und in den meisten Gegenden sicher äußerst selten. Es wird lange gedauert haben, bevor die Furcht vor dem Feuer seine ruhige

Beobachtung zugelassen hat, seine verschiedenen Wirkungsweisen erkannt wurden und die frühen Menschen damit leben lernten.

Es gibt ein paar weit auseinanderliegende und eher ungesicherte Hinweise auf die Benutzung von natürlich entstandenem Feuer. So wurde ein Fund von Feuerresten mit dem Australopithecus robustus vor circa vier Millionen Jahren in Verbindung gebracht, ein anderer Fund mit dem Homo habilis vor etwa zwei Millionen Jahren, und es gibt eine berühmte Fundstelle in Israel, die dem Homo erectus vor circa 780 000 Jahren zugeschrieben wird. Zumindest im letzten Fall weiß man sicher, dass an dieser Feuerstelle von Menschen verzehrte Lebensmittelreste gefunden wurden: Knochen von Wildpferden. Das heißt aber noch nicht, dass die Menschen dieses Feuer über längere Zeit hätten erhalten können oder dass andere in der Nähe herumschweifende Gruppen schon ebenso darüber verfügten. Feuer erhalten konnten offenbar erst die Gemeinschaften des Homo Heidelbergensis – aus denen sich später die Neandertaler entwickelten – vor etwa 400 000 Jahren.

Als sicher wird angenommen, dass die Neandertaler an ihren Wohnplätzen regelmäßig Feuer benutzten und vor rund 40 000 Jahren, kurz vor ihrem Verschwinden, auch in der Lage waren, es selber zu entfachen. (Die Angaben darüber, wann das geschah, schwanken. Manche Wissenschaftler vermuten, dass die Menschheit schon vor 100 000 Jahren Feuer selber herstellen konnte, andere halten das für verfrüht). Jedenfalls kochten einige Menschengruppen seit einigen Jahrhunderttausenden über offener oder schwelender Flamme, umgeben von Qualm und Ruß – bis zur Erfindung des Castrolherdes 1735, der diese unangenehmen Nebenwirkungen erstmals reduzierte. 1887 wurde der erste Gaskochherd vorgestellt und 1893 auf der Weltausstellung in Chicago ein Elektroherd.[51]

Vor 400 000 Jahren hatten Menschen gelernt, verschiedene Zustände und Eigenschaften des Feuers zu erkennen: Wann es loderte, was es fraß, wodurch es ausging und was es bewirkte. Die langsam glimmenden Reste eines größeren Feuers waren nicht mehr bedrohlich, sondern hatten bemerkenswert nützliche Eigenschaften: Nach Feuer wurden manche Böden fruchtbarer, verkohlte Hölzer wurden gehärtet, angebrannte Tiere konnten gegessen werden, wenn sie nicht mitten im Feuer gelegen hatten, sie schmeckten sogar besser als rohe und waren bekömmlicher. Feuer war gefährlich in der Nähe, aber es wärmte auch. Es gab nachts Licht und vertrieb wilde Tiere.

Die Wärme des Feuers tat allen gut, besonders den menstruierenden wie den schwangeren Frauen – zumindest am Abend und in der Nacht. Das Feuer schützte sie, weil es Tiere abhielt in Situationen, in denen sie sich nicht wehren konnten, wie bei der Geburt. Und mit Feuer war es möglich, in neue und kältere Gebiete vorzudringen.

Um solche Vorteile ständig nutzen zu können, mussten die Menschen lernen, das Feuer zu erhalten. Wer einmal daran gewöhnt war, mochte es nicht mehr missen. Es veränderte für alle das ganze Leben und förderte immer neue Erfindungen und Anwendungsmöglichkeiten. Eine Katastrophe war es, das Feuer wieder zu verlieren durch Unachtsamkeit oder Regengüsse. Es hätte bedeutet, auf eine frühere Lebensweise zurückzufallen. Ein erloschenes Feuer hatte die gleichen schwerwiegenden Auswirkungen wie ein längerer Stromausfall heute und war möglicherweise auch ein Grund, ein in der eigenen Gruppe erloschenes Feuer sich durch Raub bei einer anderen Gruppe wieder anzueignen – vorausgesetzt, man traf überhaupt auf eine solche. Wer sich daran gewöhnt hatte, Fleisch zu garen, war nach gewisser Zeit – immer in Jahrtausenden gerechnet – vermutlich nicht mehr in der Lage, es wieder roh zu essen, weil sich der Aufbau der Zähne und der Verdauungstrakt allmählich auf gekochte Nahrung umgestellt hatten.

Es ist nur zu wahrscheinlich, dass viele Gruppen genau das erlebten: das Feuer ging aus und die Menschen starben, weil eine Rückkehr zu einer früheren Lebensweise sowohl durch die Veränderungen der Biologie wie auch durch neue geographische Gegebenheiten nicht mehr möglich war. Am Beispiel Feuer lässt sich ganz drastisch die Wirkungsweise einer neuen, allseits begrüßten Erfindung erkennen: Der dadurch erlangte Fortschritt hat Veränderungen zur Folge, die nicht mehr rückgängig gemacht werden konnten. Steht diese Erfindung aus irgendeinem Grund plötzlich nicht mehr zur Verfügung, kann man nicht einfach auf alte Verhaltensweisen und Fähigkeiten zurückgreifen, sondern es kommt zu einer Katastrophe oder zumindest zu Desorganisation. Das ist zu vergleichen mit Vorkommnissen bei der Bundesbahn: Fällt der Computer aus, kann keine Fahrkarte mehr mit der Hand ausgestellt werden, so wie es über Jahrzehnte üblich war (und sehr viel weniger Papier verbrauchte als heute). Dieses hier deutlich erkennbare Muster von der Kehrseite des Fortschritts wird sich nun laufend wiederholen, erkennbarer und immer gefräßiger werden und eines Tages eben auch zur Unterdrückung der Frauen und noch später zur Ausbildung von Klassengesellschaften wesentlich beitragen. Aber zunächst bedeuteten die neuen Erfindungen bzw. Entdeckungen ungeheure Entwicklungssprünge, und sie erleichterten allen das Leben. Die negativen Folgen brauchen oft lange Zeit bevor sie sichtbar werden.

Die Verwendung von natürlich entstandenem Feuer verlangte die Entwicklung neuer Fähigkeiten: Brennmaterialien mussten herbeigeschafft werden, zuerst aus der Nähe, irgendwann von weiter her. Und da die Menschen der Nahrung meist noch hinterher zogen, entstand auch der Wunsch, das Feuer mitzunehmen.

Das verlangte außer Gerätschaften Vorausschau und Planung – Eigenschaften, die vollkommen neu entstanden und langsam die frühe Menschheit von den Tieren unterscheidbar machte.

Wie immer wieder ins Gedächtnis gerufen werden muss, suchte seit der Affenzeit jede und jeder immer noch für den Eigenbedarf die Nahrung und benutzte selbst hergestellte und laufend verbesserte Werkzeuge. Zwischen der Feuerstelle vor 780 000 Jahren und den im Kapitel Jagd genauer beschriebenen *Schöninger Speeren* vor knapp 400 000 Jahren lagen für uns weitgehend unbekannte aber äußerst produktive Jahrhunderttausende der menschlichen Entwicklung, die gleichzeitig mit der Erfindung immer neuer Produktionsmittel auch nach ersten sozialen Strukturen verlangten und diese auch hervorbrachten.

Ab wann können wir überhaupt von Arbeit sprechen? Durch die Literatur entsteht immer noch durchgängig der Eindruck, als seien Arbeit und Arbeitsteilung eines Tages da gewesen, fast von selbst, nachdem sich je nach Theorie Veränderungen im Körperbau noch affenähnlicher Wesen entwickelt hatten. Bei Engels war es die Hand, die zur Menschwerdung entscheidend beitrug.[52] Die »natürliche Arbeitsteilung« zwischen Männern und Frauen entstand der gängigen Literatur zufolge gewissermaßen über Nacht wie die Erfüllung eines Naturgesetzes: Ziehen nicht seit Menschengedenken in aller Welt Frauen die Kinder groß, sind sie nicht Haus-Frauen, und schweifen nicht die Männer herum und bringen Beute nach Hause?

Heute haben Frauen gelernt, auch herum zu schweifen, was ihnen in vielen Weltgegenden verübelt wird, und darum schwelen überall Konflikte, um entweder diesen vermeintlich ältesten und natürlichen Gesetzen wieder zu ihrem Recht zu verhelfen oder, im Gegenteil, um sie aufzuheben. Die Vorstellung von der natürlichen Arbeitsteilung ist nahezu vollkommen verinnerlicht. Sie sichert das patriarchale Geschichtsverständnis, das in der bekannten Historie immer von der Vorherrschaft der Männer über die Frauen ausging und dies wie gültige physikalische Gesetze behandelte und vielfach noch heute behandelt. Zu großen Teilen beruht dieses Geschichtsbild darauf, dass die Vorgeschichte zwar in irgendeiner Form erwähnt, aber nicht wirklich in die Geschichtswissenschaft und Philosophie und das allgemeine Denken als ein noch heute wirksames Phänomen einbezogen wird. Die Geschichtswissenschaft beginnt selten früher als mit den ersten, zeitlich relativ genau eingrenzbaren Städtegründungen sowie mit Ackerbau und Viehzucht im Nahen Osten, zu einer Zeit, als sich die Gesellschaft schon differenziert hatte und das Patriarchat schon weitgehend durchgesetzt war, wie an anderer Stelle beschrieben wird.

Wenn Tiere für ihre Bedürfnisse sorgen, Nahrung suchen, Plätze für die Ei-Ablage oder Schlafhöhlen, sprechen wir nicht von Arbeit. Das ist einfach das Leben. Ähnlich war es in der Menschheitsentwicklung. Unsere frühen Vorfahren arbeiteten noch nicht, auch wenn sie mehr oder weniger den ganzen Tag tätig waren und verwertbare Nahrung suchten, sondern sie lebten und überlebten in der Gegenwart, beobachteten ihr Umfeld genau, lernten daraus, kopierten, wandelten ab und strengten ihren Verstand an, um für alle neu auftauchenden Probleme Lösungen zu finden.

Die Menschheitsentwicklung ist eine Geschichte von Problemlösungen. Die Menschen entwickelten das fort, was hauptsächlich Affen, aber auch andere Säugetiere schon eingeleitet hatten: Weibliche Tiere konnten fremde Kinder annehmen, stillen und pflegen, männliche Tiere überwanden hier und da ihre sexuelle Konkurrenz und lernten, gemeinsam zu jagen, woraus sich ebenfalls allmählich ihnen eigene Sitten und Verhaltensweisen entwickelten. Und dies, es kann nicht oft genug wiederholt werden: in hunderttausenden von Jahren.

Menschwerdung hieß vor allem, dass die Probleme zunehmend geschlechtsspezifisch wurden. Wie schon erwähnt, dauerte die Schwangerschaft bei den werdenden Menschen länger, das Kind wurde schwerer, die Behaarung weniger, und durch den aufrechten Gang wurde auch die Geburt erschwert. Frauen waren einfach gezwungen, ihre Hirne zu entwickeln, um zu überleben. Davon profitierten auch die Männer. Sie erbten gewissermaßen die Intelligenz von ihren Müttern.

Der Kontakt zum anderen Geschlecht bestand hauptsächlich im Sex, nicht in gegenseitiger Verantwortung. Immer noch verließen alle ihren Ort, wenn keine Nahrung mehr zu finden war. Waren sie satt, dösten sie vor sich hin, schauten, was die anderen machten, spielten mit den Kindern oder hatten Geschlechtsverkehr mit dem nächstbesten – immer mit einem Ohr auf mögliche Gefahren achtend. Die Gruppe bot einen gewissen Schutz, sie konnte gemeinsam wilde Tiere vertreiben, und sie schuf sicher auch emotionale gegenseitige Bindungen hauptsächlich über die Mütter. Auch wenn die Gruppe nicht stabil war – geschlechtsreife Weibchen oder Männchen verließen sie häufig, wie wir heute wissen –, war sie doch wichtiger als die spätere Verengung auf die Kleinfamilie. Der Kern der Gruppe bestand aus Frauen mit Kindern.

So ging das ein paar Millionen Jahre. Jede Menschenart lernte irgendwann, aufrecht zu gehen, nicht nur mit gefundenen Steinen oder Kokosnüssen auf ihre Objekte der Begierde zu hauen, sondern nach passenden Gegenständen zu suchen oder sie passend zu machen. Das machten Frauen wie Männer. Hier und da kamen sie schon bis Europa und Asien, die meisten starben wohl auf ihren Wanderungen, aber einige wenige kamen durch im Lauf der Zeiten und Generationen. In tausenden von Jahren lernten sie, auf neue Wetterverhältnisse zu reagieren, machten sich Kleidung, fingen an, wiederholbare und allen verständliche

Laute zu formen und relativ ausdauernd aufrecht zu laufen, stellten Werkzeuge her aus Steinen und Knochen und Holz, bewahrten Feuer und lernten kochen und braten. Sie trafen Vorkehrungen, sichere Verweilorte zu finden, um – schon in Europa – nicht von einem Säbelzahntiger oder Wollnashorn gefressen oder von einem Mammut zerdrückt zu werden.

Wer satt war, ruhte sich aus, ahmte Stimmen von Tieren nach, erfasste deren Bedeutungen, zerteilte Pflanzen, beschmierte sich mit den aus ihnen hier und da austretenden Farben, steckte sich als Schmuck Blätter oder Blumen ins verbliebene Haar, lernte Felle zu verwerten, begrub die Toten und hier und da auch tote Tiere, was später die Ägypter vervollkommnen sollten, indem sie auch Tiere mumifizierten oder wie die Inuits für Wale Friedhöfe einrichteten. Offenbar behandelten sie Tiere als Gleichwertige. So ist vielleicht auch der wahrscheinlich verbreitete Kannibalismus zu erklären. Wer Tiere frisst, kann auch Menschen fressen. Darauf deuten einige Funde von ausgesaugten menschlichen Markknochen hin. Es gab keine Wesensunterschiede zwischen Tieren und Menschen. Nachts sahen sie fern und erkannten bald bestimmte Sterne und Sternbahnen. Ausgehend von den besonderen Problemen, die Frauen hatten, um ihr Überleben zu sichern, entwickelten sich auf dieser Basis verschiedene geschlechtsspezifische Fähigkeiten bei allen. Faule Leute wird es nicht gegeben haben, sie hätten nicht überlebt. Und vermutlich war auch die Intelligenz bei allen gut entwickelt. Jeder Mensch war eigenverantwortlich, sobald er aus der mütterlichen Obhut entlassen war. Ob das sexuelle Leben so vielfältig war wie bei den Bonobos, wissen wir nicht. Auch nicht, ob es Sex zwischen Menschen und Tieren gab (ein nicht so abwegiger Gedanke, wenn man sich die vielen Mischwesen vor Augen führt, die es sowohl in Mythen wie in gefundenen späteren Skulpturen gibt). Jedenfalls führte hauptsächlich der Sex Frauen und Männer zusammen und vermutlich auch größere und seltene Beute, über die alle herfielen.

Aber dies alles war nicht Arbeit, sondern mit zunehmenden geschlechtsspezifischen Unterschieden war es das tägliche Leben und Überleben in eigener Verantwortung. Die Veränderungen waren schleichend und wahrscheinlich für die Betroffenen auch nicht erkennbar. Jede neue Erfindung veränderte ein bisschen die Art des Zusammenlebens. Waren die anderen Primaten und die ganz frühen menschenähnlichen Wesen überwiegend vom Instinkt geleitet, so entstand allmählich ein durch Verstand geprägtes Sozialgefüge. Die Möglichkeit, Feuer zu erhalten, war ein Quantensprung in der Entwicklung.

Sowohl die Benutzung von Feuer wie die Benutzung der im Jagdkapitel beschriebenen langen, mehrfach benutzbaren Schöninger Speere verlangten wenigstens ansatzweise eine Organisation, ein paar Regeln. Regeln, die nicht nötig waren, so lange jeder Mensch nur für sich allein zu sorgen hatte. Für solche Regeln gab es also keine Vorbilder. Sie mussten neu erfunden werden: Feuer, das so viele Vorteile bot, verlangte die ganze Aufmerksamkeit, um erhalten zu werden. Diejenigen, die es hüteten, konnten kaum gleichzeitig sammeln oder jagen. Aber auch sie wollten essen. Wir wissen nach wie vor nicht, wann und wie, aber irgendwann in diesen Jahrhunderttausenden entstand der Tausch. Die Notwendigkeit, das Feuer zu erhalten, spielte dabei sicher eine entscheidende Rolle.

Etwas abzugeben, um dafür etwas anderes zu bekommen, hat als systematische Handlung vorher nicht existiert. Bei genügend Nahrung konnten schon Affen bisweilen die Reste für andere übriglassen. Aber das war spontan und nicht selbstverständlich und beruhte nicht auf einer Gegenleistung. Den Tausch zu erfinden und daraus Regeln für das Sozialverhalten zu entwickeln, war etwas absolut Neues und geradezu Überwältigendes.

Wir wissen nicht, wie genau diese Menschen zu einer Form fanden, die nicht mehr vom Instinkt, sondern vom Verstand diktiert wurde. Wir wissen nur, dass die frühen Menschen es irgendwann schafften, die Notwendigkeit der Feuererhaltung mit ihren eigenen Sammel- und Jagdtechniken zu vereinbaren. Wir können nur vermuten, dass es unglaublich lange dauerte und von vielen Fehlschlägen begleitet war, bevor sich überhaupt so etwas wie ein Verfahren dabei entwickeln konnte, das ja Vertrauen voraussetzte.

Es war ein Quantensprung in der menschlichen Entwicklung. Es bedeutete, vorausschauend abzuwägen, dass der Vorteil für alle groß sein würde, wenn eine Person das Feuer hütete und ihr dafür alle anderen etwas von ihrer eigenen Nahrung abgeben würden. Und von dieser Person aus gesehen bedeutete es, darauf vertrauen zu müssen, dass es tatsächlich zu diesem Tausch kommen würde. Spätestens zu dieser Zeit war das Ende für die Jahrmillionen alte Selbstverständlichkeit gekommen, selber vollständig für die eigene Nahrungsbeschaffung verantwortlich zu sein. Die Regeln, nach denen der Tausch funktionierte, waren sicher dem Klima und der Geographie angepasst und höchst vielfältig. Wichtig allein ist, dass die Nutzung und Beherrschung natürlich entstandenen Feuers zum ersten Mal eine Organisation erforderte, die ein Leben in einem sozialen Gefüge langfristig begründete.

Für die Frauen war es ein Akt der Neugier, wenn sie in ihren Roten Tagen an einem Ort herumlungerten und ausprobierten, was brannte und was nicht. Irgendwann musste es sich ergeben haben, eine Frau beim Feuer kurzzeitig allein zu lassen, während die anderen Nahrung sammelten und dafür der Bewacherin etwas abgaben. Jemanden allein zu lassen bei einem Feuer, das für alle Mitglieder lebenswichtig war, hieß Misstrauen zu überwinden. Man stelle sich nur vor, was geschehen wäre, wenn der

Hüterin des Feuers plötzlich eingefallen wäre, doch lieber etwas zu essen zu suchen als trockene Stöckchen für das Feuer und es dadurch ausgegangen wäre! Die Interessen mussten ausgeglichen werden, und es musste sichergestellt werden, dass die Person beim Feuer auch tatsächlich von den anderen dafür Nahrung erhielt. Darum musste die mit dem Feuer allein gelassene Frau eine ganz besondere Autorität genießen. Wahrscheinlich war es die Älteste. Die älteste Frau bei einer Lebenserwartung von 30 Jahren, vermutlich umgeben von kleinen Kindern auch der anderen Frauen, einer Angewohnheit, die schon bei Affen vorkam.

Natürlich war, dass menstruierende, schwangere und Frauen mit kleineren Kindern sich nicht so gerne bewegten wie Männer und lieber an einem Ort blieben – und deswegen eher Nahrung um sich herum sammelten als zu jagen und sich dabei auch weit entfernen zu müssen. Darum ist zwar nicht zu beweisen, aber anzunehmen, dass es Frauen waren, die anfingen, natürlich entstandenes Feuer zu hüten. Das muss nicht heißen, dass Männer sich nicht um das Feuer scharten und Kenntnisse erwarben, es zu erhalten. (Nach einigen Jahrzehntausenden waren es vermutlich sie, die für Brandrodungen zuständig waren). Sie teilten und brieten ihre Beute dort auch und entwickelten Systeme, die festlegten, wer Anrecht auf welche Stücke hatte. Diese Ansätze, erlegte und gesammelte Nahrung nach gewissen Regeln miteinander zu teilen, kann man sich gar nicht dramatisch genug vorstellen. Denn wir gehen aus von Menschen, die es gewohnt sind, alles, was sie zum Leben brauchen, sich selber zu beschaffen. Nun verlagern sich die Schwerpunkte. Die neu entstehenden Gefühle von Vorsicht, Konkurrenz und der Furcht, zu kurz zu kommen, mussten abgewogen werden durch die Vorteile, die die einzelnen gewannen, wenn sie das, was sie hatten, mit Dingen tauschten, die sie begehrten, die aber im Besitz von anderen waren.

In meinem schon erwähnten Filmprojekt »Das Schicksal Schöner Männer« gab es eine Szene, in der einzelne Männer versteckt hinter Zweigen Frauen beim Feuer beobachteten, die merkwürdige Dinge betrieben, so etwas taten, wie das Feuer zu beschwören. Die ganze Sehnsucht der Männer geht dahin, auch einen Ort zu haben, wo sie gemeinsam in der Wärme, geschützt und entspannt sitzen können. Aus dieser Sehnsucht entstanden dann tatsächlich in einigen Gegenden Papua-Neuguineas die Männerhäuser – und bei beiden Geschlechtern später die Sehnsucht nach eigener Datsche mit Grill.

So ist vielleicht die enge Verbindung zwischen Feuer und Frau zu erklären, die bis in historische Zeiten hinein nachweisbar ist. Das Haus, der Herd, der Altar waren eins. Hestia (griechisch = Herd) war die Göttin des Herd- und Opferfeuers. Das Feuer selbst war bis in historische Zeiten hinein das leibhaftig Göttliche und der Mittelpunkt einer Gruppe oder Gesellschaft. Der häusliche Herd bot Schutz. Die Frauen wurden dadurch fast automatisch noch mehr zum natürlichen Mittelpunkt einer Gruppe, weil die Zähmung des Feuers ihre anderen, schon bekannten und mit dem Transzendenten verbundenen Eigenschaften unterstützte. Die Assoziation der Frau nicht nur mit dem Mond, sondern auch mit Sonne und Feuer und schließlich mit dem Haus lässt sich nahezu auf der ganzen Welt belegen. Die Verehrung des Feuers gab es sowohl in der Südsee, im alten Persien, in Griechenland, auf Hawaii und in Nordeuropa. Die wenigsten kennen heute noch die Gründe für die Verehrung des Feuers, aber die »ewige Flamme« hat sich als Zeichen für besondere Feierlichkeit, für Erhabenheit und Ewigkeit erhalten und zeigt sich immer wieder bei Großereignissen, denen eine besondere emotionale Bedeutung zuerkannt werden soll: Man denke nur an Weihnachten, das Oster- oder Mai- und Sonnenwendfeuer, die olympische Flamme, an Lichterketten, an Denkmäler für Opfer von Gewalttaten und an religiöse Gebräuche, wie das Entzünden von Kerzen zu Allerheiligen auf katholischen Gräbern.

Wer nicht in der Nähe von Lavaströmen wohnte oder ständig mit Gewittern, Blitzeinschlägen und Feuer zu rechnen hatte, kam möglicherweise selten oder nie mit Feuer in Berührung und hinkte so der menschlichen Entwicklung bald hinterher. Andererseits haben rund um den pazifischen Feuergürtel die Einheimischen gelernt, die Vulkane zu ehren und nicht nur zu fürchten. Sie werden verehrt, weil sie den Boden fruchtbar machen. In einer Version der vielen um die Vulkane herum entstandenen Mythen gebiert die Vulkangöttin eine Tochter, die Erde.[53]

Hinzu kommt, dass sich mit der regelmäßigen Benutzung von Feuer die Ernährung umstellte. Gekochte Fleischnahrung lieferte mehr Energie, und die Wissenschaft ist ziemlich sicher, dass sich erst mit der regelmäßigen gekochten Nahrung auch das menschliche Gehirn vergrößerte, da durch gekochte Nahrung mehr Energie aufgenommen werden konnte als durch rohe Pflanzennahrung oder rohes Fleisch.

Erst sehr viel später wurde die Benutzung von Feuer zu einer ausgesprochen männlichen Tätigkeit etwa durch den Schmied, dem in den Mythen der Völker immer außergewöhnliche Zauberkräfte zugesprochen werden, denn mit Feuer ließen sich Bronze und Eisen bearbeiten, Produktionsmittel, die ihrerseits wieder die Verhältnisse verändern sollten.

Aber wie konnte es zu dieser sensationellen Leistung, jemanden abzustellen, um das Feuer zu hüten, überhaupt kommen? Und warum war das höchst wahrscheinlich eine Sache, die Frauen unter sich ausmachten? Das hatte vermutlich mehrere Gründe: Frauen hockten sowieso mehr zusammen und hatten über die Kinder schon eine gewisse verlässliche nonverbale Kommunikation gelernt. Sie hatten durch ihre tendenziell ruhigere Lebensweise mehr Gelegenheiten, ihre nahe Umgebung zu beobachten und konnten auch die Verhaltensweisen von Feuer besser studieren. Darum ist meine These: Der erste Tausch und damit die erste soziale Organisation überhaupt entwickelte sich zwischen Frauen – und nicht zwischen Männern und Frauen. Es spricht viel dafür, dass bei dieser Erfindung das Feuer eine Rolle spielte. Das war noch keine Arbeitsteilung, weil das, was sie taten, nicht mit unserem Begriff von Arbeit abgedeckt wird. Die einen machten etwas Nützliches für die ganze Gruppe, und andere gaben etwas dafür. Das konnte auf dem schon aus Affenzeiten überkommenen besseren kommunikativen Verhalten unter Frauen aufbauen. Anders ist nicht zu erklären, warum sich irgendein bisher vollkommen auf eigenen Füßen stehendes Individuum auf diese wirklich gefährliche und unsichere neue Möglichkeit hätte einlassen sollen. Bevor das durchzusetzen war, mussten unsere Vormütter schon andere Fähigkeiten entwickelt haben, zum Beispiel die Herstellung immer komplizierterer und ihren eigenen geschlechtsspezifischen Bedürfnissen angepasster Werkzeuge oder Hilfsmittel, wie die schon erwähnten Tragegestelle für Kinder – die später die Modelle für Fischernetze abgeben konnten.

Erst sehr viel später und nachdem sich diese Regeln unter Frauen schon erfolgreich durchgesetzt hatten, wurden meiner Erkenntnis nach auch Männer in diesen gegenseitigen Handel einbezogen – und zwar, nachdem sie mit ihren Tätigkeiten auch für Frauen attraktive Ergebnisse erzielen konnten. Hier kommen die circa 300 000 bis 400 000 Jahre alten Schöninger Speere ins Spiel, mit deren Hilfe Männer, wenn sie Glück hatten, *große* Tiere erlegen konnten, die das Begehren von allen entfachten und alle über Tage ernähren und satt machen konnten. (Die verbesserten Jagdwerkzeuge und Jagdtechniken sollen, wie schon erwähnt, schon zu den späteren Neandertalerzeiten Anlass zur Ausrottung des europäischen Großwilds gewesen sein).

Es werden dramatische Zeiten gewesen sein, voller Experimente, voller Rückschläge, voller neuer Einfälle, die auch die Sprachfähigkeit vorangetrieben haben dürften. Für alle neuen Erfindungen mussten nicht nur Worte und Begriffe gefunden werden, sondern auch Regeln dafür, wer unter welchen Voraussetzungen bestimmte Tätigkeiten ausübt und dafür bestimmte Dinge erhält. Ein ausgeweidetes Tier hinterließ ein Fell. In den kälteren Gebieten, in die die Menschen allmählich vordrangen, wurde Kleidung benötigt. Die eher stationäre Lebensweise der Frauen ließ sie das Nähen erfinden und zu ihrer Sache werden.

Die ersten Riten, die die Menschen sich schufen, sollten die neuen Regeln absichern und bekräftigen. Denn, wie gesagt, einer anderen Person eine Aufgabe anzuvertrauen, von deren Erfüllung das eigene Leben abhing, war etwas vollkommen Neues und Fragiles. Es erweckte vermutlich ungeheures Misstrauen und das Bedürfnis nach Kontrolle, Eigenschaften, die vorher unbekannt waren und sich überhaupt erst mit den neuen Erfindungen herausbilden konnten. Die Gruppe handelte gewissermaßen als ein Körper. So sind auch die strengen Bestrafungen zu erklären, die die meisten alten Völker kannten, wenn jemand gegen Regeln verstieß. Abgeschwächt hat sich der soziale Druck, sich als konform zu erweisen, noch in bäuerlichen Gemeinschaften bis heute erhalten. Die neuen Erfindungen entwickelten ein Eigenleben und erforderten von allen Anpassung.

Wir wissen nicht, wie und wann genau sich dieser gewaltige Schritt hin zur Entwicklung sozialer Organisation durchsetzte. Wir können die Zeiten nur in etwa eingrenzen und eine Spanne zwischen 800 000 und 400 000 Jahren annehmen, in denen eine Form des Zusammenlebens entwickelt wurde, die sich klar von der Lebensweise nicht nur der Affen, sondern auch von der Zeit der davor lebenden Menschen unterschied und die ausgelöst wurde durch neue Produktionsmittel wie gezähmtes Feuer und wirkungsvolle Speere. Und im Mittelpunkt der sozialen Neuerungen standen Frauen als Verursacherinnen.

Um diese gewaltige Veränderung, die allmähliche Etablierung von Tausch, auch nur einigermaßen verständlich zu machen, möchte ich ein Beispiel aus der Jetztzeit anführen, in dem die beteiligten Leute mit großem anfänglichen Widerstand lernten, gemeinsam aufgestellte, aber für alle absolut neue Regeln auch zu befolgen, deren allmähliche Durchsetzung hauptsächlich den Frauen zu verdanken war.

EXKURS

Ich gehörte zu denen, die während der Studentenbewegung nach der Kommune 1 und 2 eine der folgenden Wohngemeinschaften in Berlin mitbegründeten. Alle bei uns daran Beteiligten hatten anfänglich keinerlei Ambitionen, neue Wohnformen einzuführen, sondern wir wollten ein Dach über dem Kopf. Die Wohnung lag günstig und war bezahlbar. Für mich war es damals die einzige Möglichkeit, überhaupt irgendwo unterzukommen, weil normalerweise alleinstehende Frauen mit Kind keine Mietverträge bekamen. Studenten lebten in Untermietverhältnissen mit meist strengen Wirtinnen und strengen Verhaltensregeln. Der Vater eines der Mitbegründer unserer – späteren – Kommune, Alexander Mitscherlich, bürgte dem Hausbesitzer gegenüber für die von den einzelnen Bewohnern zu zahlende Miete, und so zogen in die riesengroße Wohnung mit zehn Zimmern auch zehn Personen ein, die sich alle anfangs nur flüchtig kannten, die meisten davon Studenten der neugegründeten dffb (Deutsche Film-und Fernsehakademie Berlin). [54] Alle hatten Freundinnen oder Freunde, die normalerweise nicht dort wohnten, aber doch ständig auch dort herumwuselten. Alle waren jung, und die meisten hatten bis dahin noch bei ihren Eltern gewohnt. Alle jungen Frauen hatten gelernt, im Haushalt zu helfen, alle jungen Männer nicht. Bei einer so zahlreichen gemischten Gruppe bedeutete das in der neuen Wohnung: Dreck.

Nach Überwindung gewisser Schüchternheiten wurden sogenannte »Vollversammlungen« einberufen, in denen festgelegt wurde, wer abwechselnd für die Reinigung der Gemeinschaftsräume, Küche, Flur und Bad, verantwortlich war. Das Ergebnis war zunächst, dass die Frauen sich an die Vereinbarungen hielten, die Männer nicht. Die Vorstellung, selber ein Klo zu reinigen, schien ihnen unvorstellbar. In der Küche standen drei Kühlschränke mit Zetteln an den jeweiligen Fächern, die die Besitzer der dort gelagerten Lebensmittel anzeigten. Aber so richtig wurde dieser Vereinbarung nicht getraut. Denn immer wieder kam es vor, dass Bewohner oder deren Freunde, die nicht eingekauft hatten, sich einfach bei den anderen bedienten. Waren die Essensdiebe höflich, schrieben sie einen Zettel, dass sie es wieder gut machen wollten, waren sie nicht höflich, was die Regel war, fehlte jeder Hinweis und vergiftete die Atmosphäre.

Wenn sich jemand etwas »Besonderes« gegönnt hatte, dann wurde das nicht im eigenen Kühlschrankfach deponiert, sondern landete zumindest im Winter zwischen den damals noch üblichen Doppelfenstern im eigenen Zimmer. Es dauerte oft Wochen, die Unzufriedenheit überhaupt zur Sprache zu bringen, und weitere Zeiten, Abhilfe zu schaffen und die immer neu diskutierten Regeln auch einzuhalten. Es bedeute einen riesigen Schritt – der in unserem Fall von Jan Carl Raspe ausging, dem späteren RAF-Mittglied, der aus der K2 (Kommune 2) zu uns kam – als die ersten drei von zehn Bewohnern beschlossen, einen gemeinsamen Kühlschrank zu benutzen, abwechselnd zu einer bestimmten Zeit am Abend zu kochen und dafür eine bestimmte Summe für jeden Tag in eine gemeinsame Kasse zu legen. Für mich war es eine ungeheure Erleichterung, nur noch jeden dritten Tag kochen zu müssen. Es dauerte weitere Wochen, bis dieses System auch die übrigen Bewohner nacheinander überzeugte und am Ende die Wohngemeinschaft jeden Abend beim gemeinsamen Essen saß. Das sprach sich herum und war so attraktiv, dass auch die woanders wohnenden Freundinnen und Freunde davon angezogen wurden und dadurch neue Probleme entstanden.

Das Putzproblem war schwerer zu lösen und es wurde durch ein paar spektakuläre Maßnahmen der Frauen bei den Männern durchgesetzt, bei dem der Zufall zu Hilfe kam und alle Männer in einer Kammer zusammen über Nacht eingesperrt wurden und erst rausgelassen wurden, nachdem Besserung versprochen war. Die meisten kamen aus Familien, die normalerweise den noch üblichen väterlichen Regeln folgten und in denen es eine anerkannte Hierarchie gab, bei denen die Kinder an unterster Stufe standen. Diese Kinder waren nun die Studentinnen und Studenten, die zusammen in einer Gruppe oder Horde lebten. Es gab keine Hierarchie. Sie traten gleichberechtigt an, und vor allem die Frauen mussten ihre eigenen Interessen erkennen, verteidigen und mit anderen abstimmen. Das war ein langer und oft schmerzhafter Prozess: Die einen wollten andauernde Kommunikation, andere wollten in Ruhe gelassen werden und über die akzeptierten Regeln hinaus keine weiteren Gemeinsamkeiten. Es wurden regelmäßige und ermüdende Treffen angesetzt, um die Probleme zur Sprache zu bringen und zu lösen. Immerhin führte das im Lauf der Jahre dazu, dass die Ansprüche auf neue Arten des Zusammenlebens weniger drastisch wurden.

Heute, Jahrzehnte später, sind Wohngemeinschaften akzeptierte Wohnformen, bestimmte Regeln haben sich durchgesetzt und werden nicht mehr als etwas Besonderes empfunden. Die Zeit der Experimente ist vorbei. Konflikte entstehen immer dann wieder neu, wenn Menschen aus anderen Ländern oder Schichten, die diese Erfahrungen noch nicht gemacht haben, neu hinzu kommen und so die alten Konflikte in neuer Gestalt wieder neue Lösungen fordern.

Das scheint auch ein Problem zwischen Einheimischen und sich integrierenden Flüchtlingen zu sein. Meistens sind es Männer, die aus Gegenden kommen, in denen Frauen keine oder weniger Rechte haben, verachtet und bevormundet werden und für Haushalt und Reinigung ganz allein zuständig sind. Diese meist jungen Männer sind einerseits verfolgt und andererseits Verfolgende, was verschlimmert wird, wenn die Alteingesessenen konfliktscheu sind, auf political correctness bestehen und lieber selber ausziehen, als sich den Problemen zu stellen.

ZURÜCK ZUM FEUER

Im Lauf der Jahrtausende lernten die Menschen nicht nur immer besser, das Feuer bei jeder Witterung zu erhalten, sondern es auch auf ihren Wanderungen mitzunehmen und Behältnisse dafür zu erfinden, die nicht selber verbrannten. Es musste ein wenig Feuer am Glimmen erhalten werden, ohne die Menschen, die es trugen, zu verletzen, und es musste schnell wieder großgemacht werden können, wenn sie an einem beliebigen Ort angekommen waren. Diese unglaublichen Lernschritte beförderten die Intelligenz aller Mitglieder auf allen Gebieten. Sicher aber war dieser Prozess auch immer wieder von enormen Rückschritten begleitet. Selbst bei Ötzi, »dem Mann im Eis«, der vor 5000 Jahren lebte, wurde noch ein Gefäß gefunden, das Feuer transportieren konnte. Er schleppte also lieber ein solches Gefäß mit sich herum, als mühselig mit Feuerstein, Feuerquirl oder -bohrer ein Feuer zu entfachen, was zu seiner Zeit schon bekannte Praxis war.

Die Geschichte des Feuers verknüpft sich womöglich auch mit den ersten Anlässen zum Krieg. Beweisbar ist dies nicht, aber es ist vorstellbar und muss jedenfalls mitgedacht werden, wenn über Feuernutzung nachgedacht wird. Es ist denkbar, dass die ersten Auseinandersetzungen zwischen sich begegnenden Menschengruppen um den Besitz des Feuers gingen. Hier sind viele Möglichkeiten vorstellbar: Es konnte Gruppen geben, denen die Handhabung von Feuer vollends unbekannt war, die es bei anderen sahen und es auch haben wollten. Anderen Gruppen konnte es ausgegangen sein, und sie wollten es wiederhaben. Wie schon beschrieben, weiß man nach wie vor nicht genau, wann diese Fähigkeit, Feuer selbst zu entzünden, dauerhaft entstand. Es musste auch nicht bei allen Gruppen gleichzeitig entstanden sein. Jedenfalls bot ein Zusammentreffen verschiedener Gruppen Konfliktpotential, und in den meisten Büchern und Filmen über solche Begegnungen wird sofort die Keule geschwungen.

Es kann aber ebenso sein, dass solche Begegnungen friedlich gelöst wurden, das Feuer geteilt und abgegeben wurde, sicher unter vielen Ritualen. Das Zusammentreffen mit neuen Menschen muss nicht per se bedrohlich gewesen sein, sondern kann genauso gut auch auf wohlmeinende Neugierde gestoßen sein. Immerhin haben sich die wahrscheinlich noch dunkelhäutigen aus Afrika kommenden Homines sapientes mit den schon hellen Neandertalern gepaart und Kinder gezeugt. Da Frauen durchaus wehrhaft sein mussten und sowieso große Autorität besaßen, ist auch nicht von Vergewaltigungen auszugehen.

Wahrscheinlicher scheint mir – nach allem, was wir heute über die Entstehung und Lösung von Konflikten wissen –, dass es ungewiss oder zumindest ambivalent war, wie diese Zusammentreffen ausgingen. Die Menschheit hatte zu den geschilderten Zeiten schon angefangen, sich zu spezialisieren. Darum ist feindlicher Feuerraub, der über Kämpfe ausgetragen wurde, möglich (was sich viel später noch im Mythos von Prometheus zeigt, der den Göttern das Feuer stahl und bestraft wurde). Ebenso ist aber friedlicher Tausch denkbar, vor allem, wenn die begehrende Gruppe ihrerseits über Fähigkeiten oder Kenntnisse verfügte, die die anderen auch erwerben wollten.

In den Jahren vom Australopithecus bis zur Nutzung des Feuers und den Speeren von Schöningen haben die Menschen eine Zeitspanne von über drei Millionen Jahren zurück gelegt, sich sehr langsam vom Affen fortentwickelt und auf jeder Stufe versucht, Lösungen für neue Probleme zu finden, Probleme, die ab einem gewissen Stand die Folgen ihrer eigenen Erfindungen waren.

Seitdem folgt eine Erfindung der nächsten mit zunehmender Beschleunigung. Die vielfältigen Entdeckungen haben unsere Lebenserwartung verdreifacht, die Furcht davor genommen, von wilden Tieren gefressen zu werden, und die Umwelt von Grund auf verwandelt. Die neuen Probleme, die durch diese Schnelligkeit entstehen, werden heute auch schneller wahrgenommen, ohne aber unbedingt Lösungen zu bieten. Sehr eindrucksvoll wird dies an folgendem Text von Schirrmacher klar: »Der Explosion der Datenmenge entspricht der Kollaps der Zeit. Innerhalb von vier Jahren hat sich in den USA die durchschnittliche Haltefrist von Aktien von zwei Monaten auf zweiundzwanzig Sekunden reduziert (In den fünfziger Jahren betrug sie noch durchschnittlich vier Jahre). Physikalisch bewegt sich das ökonomische Universum gleichsam rückwärts auf den Urknall zu.«[55]

Um es noch einmal auf andere Weise zusammen zu fassen: Die Folgen der Beherrschung des Feuers und der Erfindung von Speeren zur Großwildjagd führten zum ersten Mal in der Menschheitsgeschichte dazu, dass das Zusammenleben nun der Produktentwicklung angepasst und zugleich von ihr abhängig wurde. Die langfristige Folge dieser Entdeckungen war, dass beide Geschlechter jeweils spezifische Tätigkeiten entwickelten, die von gegenseitigem Nutzen waren. In dieser Zeit endete nicht abrupt, sondern allmählich die bis dahin geltende Selbstverständlichkeit, dass jeder Mensch selber für seine Nahrungssuche verantwortlich war. Was entstand, war keine Arbeitsteilung, sondern der von vielen Absicherungen und Regeln begleitete Tausch. Frauen und später auch Männer tauschten, was sie jeweils hatten oder konnten und von den anderen brauchten. Die oft brutalen Regeln und Rituale sollten diese neuen Abmachungen sichern. Hier wird klar, warum das Wort Arbeitsteilung in die Irre führt. Abgesehen davon, dass wir in den behandelten Zeiten noch kaum von Arbeit sprechen können, geht das Wort doch davon aus, als seien die verschiedenen Tätigkeiten, die sich allmählich heraus kristallisierten zwischen den Geschlechtern, von Anfang an da gewesen und die »Teilung« sollte sie nur effektiver machen. Eine gegenseitige Hilfe war aber nicht selbstverständlich, ja nicht einmal denkbar. Es kann davon keine Rede sein, weil, wie schon oft genug gesagt, über Millionen Jahre jede und jeder für die Nahrungsbeschaffung selber verantwortlich war.

Die biologische Verschiedenheit wurde erst zu einem späteren Zeitpunkt zu einem sozialen Faktor und begründete eine gleichberechtigte Handelsbeziehung zwischen Frauen und Männern, eine Beziehung, die sich vorher im Wesentlichen auf Sex beschränkte.

Um diese »Zeitexplosion« zu erfassen, sollen hier noch einmal die Entwicklungsstufen der Menschen im Groben zusammengefasst werden:

Australopithecus, z.B. Ardi: circa 4,4 Mill. Jahre, Ernährung vor allem vegetarisch, Lebenserwartung etwa 22 Jahre.
Lucy: circa 3 Mill. Jahre, 1 m groß, Gewicht etwa 30 kg; Männer: 1,50, circa 45 kg, schon aufrecht gehend, noch weitgehend behaart.
Homo habilis: 2,1 bis 1,6 Mill. Jahre, Ernährung auch tierisch, größeres Gehirn, allmählicher Wegfall der Behaarung, Schweißdrüsen, größere Nase; weibliches Gewicht: circa 30 bis 39 kg, männliches: etwa 50 kg, 1,40 groß.
Autralopithecus robustus: 2,0 bis 1,0 Mill. Jahre, Ernährung hauptsächlich vegetarisch. Vermutlich zeitweiliger Gebrauch und Herstellung von Werkzeugen.
Homo erectus: 2,1 Mill. bis 40 000 Jahre, ausgestorben, Allesfresser, z.T. auch Aas, lief wie ein moderner Mensch; systematisches Jagen, später Benutzung von Feuer, Ernährung: viel Fleisch, kurzer Darm, Gewicht (unterschiedlich angegeben) Männer: circa 77 kg, Größe: 1,85; über Afrika hinaus verbreitet. Steinwerkzeuge, Faustkeile.
Homo heidelbergensis: circa 600 000 bis 200 000 Jahre, vermutlich schon Entwicklung von Sprache, größere Jagdgeräte.
Neandertaler: Gebrauch von Feuer und Sprache seit 100 000 Jahren sicher.
Homo sapiens

JAGD

Zu Zeiten von Ardi (vor etwa 4,4 Mill. Jahren), Lucy (vor circa 3,2 Mill. Jahren), über Homo Ergaster, Homo Heidelbergensis bis hin zum Neandertaler und Homo sapiens hatten die frühen Menschen eher Probleme mit wilden Tieren als mit anderen Menschengruppen und -arten. Sie jagten und wurden gejagt. Lange Zeit waren die werdenden Menschen dabei zahlenmäßig den Tieren und vor allem größeren Tieren unterlegen. Ihre Jagdbeute bestand aus wesentlich kleineren Arten, und selbst diese zu fangen, war keine Selbstverständlichkeit und schon Ergebnis einer langen Entwicklungsgeschichte. Es folgten viele Jahrhunderttausende, in denen die Menschen lernten, es auch mit größeren Tieren aufzunehmen, was glücken, aber auch schiefgehen konnte und über lange Zeit keine verlässliche Nahrungsbeschaffung war. Darum ernährten sich die Frühmenschen von allem anderen, was nur irgendwie roh essbar war, seien es Pflanzen, Würmer, Insekten und kleinere Tiere, denn zufällig entstandenes Feuer zu erhalten und nutzbringend anzuwenden, musste erst gelernt werden.

Heute hat sich die Situation umgedreht. Heute sind wir Menschen es, die den Lebensraum nicht nur der Affen zerstören. Affenfleisch wird auf afrikanischen Märkten als Buschfleisch verkauft, lebend werden sie als Trophäen gesammelt oder zu diversen Versuchszwecken an Labore gegeben. Dagegen steht inzwischen die 1993 von Peter Singer und Paola Cavalieri angestoßene Initiative, Menschenrechte auch Menschenaffen zu gewähren.[56]

In den frühen Tagen der Menschheit konnten sich in den endlosen Räumen die einzelnen kleinen Gruppen aus dem Weg gehen oder zu Paarungszwecken auch finden. Noch gab es kaum Gründe für aggressives Verhalten anderen gegenüber, es sei denn, ein einzelnes Männchen suchte Anschluss in einer neuen Gruppe, in der sein Status unter anderen Männchen geklärt werden musste. Dass ein dominanter Affe Zugang zu allen Frauen hat und andere Männer weg beißt, kommt bei manchen Arten vor und bei anderen, wie den mit uns verwandten Bonobos, nicht. Die Bonobo-Männer bleiben, wie die Quellen belegen, offenbar in freier Wildbahn ihr Leben lang bei den Müttern und werden im Allgemeinen als eher friedlich bezeichnet. Bei den ebenfalls verwandten Schimpansen sind die Männchen in Freiheit aggressiver, töten bisweilen andere konkurrierende Männchen und führen ausgesprochene Rangkämpfe aus.

Gorillas und Orang-Utans in Freiheit regeln ihre Hierarchie ebenfalls unter Männern. Frauen erfahren das Ergebnis in der Form, dass der Schönste und Kräftigste für sie übrigbleibt. Und mehr wollen sie vermutlich auch nicht von ihm, mehr hatten auch die anderen Männer anderer Arten lange Zeit noch nicht zu bieten. Ähnlich vielfältig dürfte es auch bei den frühen und vielfach untergegangenen Menschenarten zugegangen sein.

Mit der Geschlechtsreife verließen nach neueren Erkenntnissen vor allem viele Affen-Weibchen ihre ursprüngliche Gruppe und suchten Anschluss bei neuen Gruppen in den damals noch hauptsächlich den Tieren gehörenden Wäldern und Steppen. Insofern waren dem »ranghöchsten« Affen doch Grenzen gesetzt, denn wer es nicht mit ihm aushielt, konnte die Gruppe verlassen. Und das taten offenbar hauptsächlich Weibchen. Das wirft nebenbei auch ein neues Licht auf die sogenannten späteren matri- oder patrilokalen Heiratssitten. Man darf sich also auch schon bei den Affen die Gruppen nicht als gleichbleibende Einheit vorstellen. Die Forschung betont ihre vielfältige und immerfort wandelbare Zusammensetzung. Es konnten und können Männchen mit Männchen leben, es kann gemischte Gruppen geben oder nur Weibchen mit ihren Kindern, was sicher abhängig ist von den jeweiligen Lebensumständen, Unfällen oder Krankheiten.

Für die Wanderungen der Weibchen gibt es nicht nur bei den Affen, sondern auch bei den Vormenschenarten Belege, die beweisen, dass ihr Zusammentreffen mit Fremden nicht zu Aggressionen führen musste – ebenso wenig wie das bei der Begegnung ganzer Gruppen der Fall sein musste, obwohl genau das in nahezu allen entsprechenden Filmen oder Bildbänden über die Vorzeit als selbstverständlich angenommen wird und heute in Fantasy-Filmen fortgeführt wird, in denen Außerirdische normalerweise mit bösen Absichten auf die Erde kommen.

Ein internationales Forscherteam unter Leitung von Sandi Copeland von der Universität von Colorado in Boulder hat circa 2,7 bis 1,7 Millionen Jahre alte Zähne von Männern und Frauen aus zwei südafrikanischen Höhlen untersucht und dabei herausgefunden, das mehr als die Hälfte der weiblichen Zähne Strontium-Signaturen enthielten, die nicht aus der Umgebung der Höhle stammten, während nur zehn Prozent der männlichen Zähne dieses Merkmal aufwiesen. Daraus wurde geschlossen, dass die Vormenschenfrauen sehr viel häufiger als ihre männlichen Artgenossen ihr Kindheitsumfeld verließen und sich einer neuen sozialen Gruppe anschlossen.[57]

Allgemein aber ist die Anschauung noch sehr verbreitet, dass innerhalb der Gruppe ein Alphamännchen in unserem Sinne »herrscht« und dafür der Gruppe Schutz bietet. Die Aggression der Männchen wird als Schutzhandlung für die ganze Gruppe interpretiert (heute würde man sagen: sie übernehmen Verantwortung), während die Neigung vieler Weibchen, sich möglichst unauffällig zurückzuziehen und auf Bäumen oder im Dickicht Schutz zu suchen, nicht als eigenständige und vom männlichen Affen unabhängige – und womöglich vernünftigere – Handlung wahrgenommen oder interpretiert wird.

Aus einer Abschrift, dessen Quelle ich verloren habe, war über das affenmännliche Schutzverhalten folgendes zu erfahren: »Neben dem Menschen sind ihre (der Affen, Anm. HS) natürlichen Feinde Raubkatzen. Aber auch kleinen Parasiten wie Würmern fallen sie häufiger zum Opfer. Werden sie z. B. von Leoparden angegriffen, verteidigt sich die ganze Gruppe gemeinsam. Sie schreien, werfen mit Stöcken und laufen auf den Feind zu, um ihn zu vertreiben, was ihnen auch oft gelingt.

Wenn sich eine Gorillagruppe bedroht fühlt, strömen Silberrückenmänner einen besonders intensiven Geruch aus und äußern charakteristische Laute. Die übrigen Tiere scharen sich eng zusammen und umarmen sich oder versammeln sich um den Mann. Es gehört zu den Aufgaben erwachsener Männer, ihre Gruppe gegen Angreifer zu verteidigen und sich zwischen den möglichen Feind und die Gruppe zu stellen. Häufig übernehmen jüngere Männer diese Tätigkeit.«

Dass die sogenannten dominanten Männchen bei den Menschenaffen die übrigen Gruppenmitglieder, also hauptsächlich Frauen und Kinder, bei Gefahr schützen, ist kaum hinterfragter Erkenntnisstand und steht auch so auf den Schildern der Menschenaffen-Gehege im Berliner Zoo. Aber ist diese Aussage richtig?

Feinde der heutigen noch in Freiheit lebenden Affen sind dem Zitat nach Menschen, Würmer und Raubkatzen. Andere gibt es nicht, es sei denn herumschweifende andere Affengruppen, die sich gegenseitig zu vertreiben suchen, was eher heute als in den

Vorzeiten eine Rolle spielen dürfte, weil die Lebensräume sich so stark verkleinert haben.

Nun kann aber ein dominantes Männchen mit noch so viel Gebrüll allein nicht seine Gruppe vor einem Leoparden schützen, auch sein schlechter Geruch wird den Leoparden kaum beeindrucken. Das dominante Männchen kann die Gefahr bemerken und die anderen darauf aufmerksam machen, und das geschieht auch. Allerdings bemerken normalerweise die anderen Affen die Gefahr gleichzeitig. Gegen den Menschenfeind hilft kein Gebrüll, auch nicht gegen Parasiten und Würmer (gegen die, wie man inzwischen weiß, die Affen zur Selbstmedikation greifen und bestimmte Pflanzen mit wirksamen Bestandteilen gegen Parasiten einsetzen).

Die sogenannte männliche Dominanz schon bei den Affen war eine fast selbstverständliche Behauptung der bisher meist männlichen Forscher. Der dominante Affe erinnert an den späteren Pater familias, der die absolute Macht über Frauen und Kinder ausübte und dafür Schutz bot. Die Entwicklung der Menschheit stellt sich so als ununterbrochene Kette immer neuer Fähigkeiten bei gleichbleibendem Grundmuster heraus. Dabei wird vergessen, dass wir mehr Menschenarten überlebt haben als nur den Neandertaler oder den Denisova-Menschen. Die vergangenen Jahrmillionen waren auch immer geprägt vom Untergang ganzer Gruppen und Arten, über deren beginnende Sozialstrukturen wir gar nichts wissen, und das, was wir wissen, zeigt sehr viel vielfältigere Möglichkeiten als die Anlage der Kleinfamilie schon beim Frühmenschen. Dazu kommt, dass schon erlangte Fähigkeiten vielfach wieder verloren gehen konnten. Die Überlebenden vieler Katastrophen mussten immer wieder neu ansetzen, und es schafften vermutlich immer nur einige wenige, den neu auftauchenden Widrigkeiten, wie wilden Tieren, Giften oder Naturkatastrophen jeder Art zu entkommen. Das heißt aber auch, dass beide Geschlechter gewappnet und für das Überleben gerüstet sein mussten und eine Aufteilung in Schutz gebenden Mann und bei ihm Schutz suchender Frau kaum vorstellbar ist.

Wodurch also differenzierten sich die werdenden Menschen? Wann und wodurch entwickelten sie ein Sozialverhalten? Welche Rolle spielte dabei die Jagd? Sind diese ihre Tätigkeiten schon als Arbeit in unserem Sinn zu verstehen? Arbeiteten Löwen oder Säbelzahntiger, wenn sie ein Zebra jagten? Und arbeiteten die frühen Menschen, wenn sie Nahrung suchten? Oder war das einfach das Leben?

In dem Zusammenhang ist es interessant, auf den Größenunterschied zwischen Männern und Frauen einzugehen. Nicht immer lässt sich beim gegenwärtigen Stand der Technik aus Knochenfunden das Geschlecht ablesen. Möglicherweise machen das bald neue Forschungen möglich. Im Allgemeinen sind Frauen kleiner als Männer. Ob das auch in den Frühzeiten bei allen Menschenarten schon so war, wissen wir nicht. Vermutlich hing es von der Geographie und dem schon erreichten Entwicklungsstand ab, das heißt der jeweils üblichen Art der Nahrungsbeschaffung. Je differenzierter eine Gruppe lebt, desto eher sind Größenunterschiede wahrscheinlich. Traditionelle Bauern waren zum Beispiel auch in unseren Breiten häufig kleiner als städtische Angestellte. Diese Unterschiede konnten sich entwickeln, weil es weit weniger Mobilität gab. Die Körpergröße hängt unter anderem mit den ständigen und über Generationen hinweg ausgeübten Tätigkeiten der Leute zusammen und sicher auch mit Vorstellungen, die sich an die Größe knüpfen und sich in der entsprechenden Partnerwahl ausdrücken. Noch heute ziehen die meisten Männer kleinere Frauen vor, wie auch Frauen normalerweise lieber einen größeren Mann haben. Das hatte sicher mal einen praktischen Sinn, der allerdings heute verloren gegangen ist, auch wenn immer noch viele kleine Männer ihre Kleinheit mit Reichtum oder anderen Merkmalen zu kompensieren suchen und große Frauen sich oft ihrer Größe einfach nur schämen.

Es ist denkbar, dass immer wieder ein bestimmter Typ bevorzugt wurde, weil er Stärke und Durchsetzungskraft gegenüber der feindlichen Umwelt versprach. Möglicherweise gab es irgendwo auf der Welt auch Gemeinschaften, in denen beide Geschlechter gleich groß oder sogar die Frauen größer waren. Körperlich unterscheiden sich Schimpansenmännchen von den Weibchen deutlicher als bei den Bonobos. Die Männer haben größere Zähne und ein deutlich größeres Gewicht als die Weibchen und sind insgesamt aggressiver. Wie die späteren Menschen sind sie Allesfresser, aber hauptsächlich ernähren sie sich von Pflanzen, Blättern, Früchten, Beeren und Nüssen, dazu kommen Insekten und kleinere Säugetiere. Sie gehen in kleinen, meist geschlechtlich getrennten Gruppen auf die Jagd kleinerer Tiere, wobei das Jagdverhalten und der Fleischkonsum bei den Männchen ausgeprägter sind. Schon Affen können sich auf bestimmte Aufgaben bei der Jagd spezialisieren. Männer können von ihrer Beute abgeben oder überlassen anderen die Reste, wenn sie selber genug haben. Ob umgekehrt die jagenden Weibchen von ihrer Beute den Männchen etwas abgaben, habe ich nicht herausfinden können. Möglicherweise war es auch nie Gegenstand der Beobachtung.

Festzuhalten bleibt jedenfalls, dass beide Geschlechter bei Affen wie bei den Frühmenschen jagten, da ja alle noch lange Zeit für ihre eigene Nahrung sorgen mussten. Dass dies einmal anders werden konnte, gehört zu den großen Revolutionen in der Menschheitsgeschichte und benötigte Jahrhunderttausende.

Normalerweise stellen sich bei dem Ausdruck »Jäger-und Sammlergesellschaften« für unsere frühen Vorfahren Bilder von jagenden Männern und sammelnden Frauen ein. Das stimmt so aber nicht, weil beide Geschlechter lange Zeit beides taten und erst im Lauf der Entwicklung, als schon große Beute erlegt werden konnte, die Jagd zu einer vorwiegenden Tätigkeit von Männern wurde. Über eine lange Zeit machten es unsere Vorfahren noch ähnlich wie die Affen.

Nach einem Bericht über das Jagdverhalten von Schimpansenweibchen im Senegal[58], waren es interessanterweise hauptsächlich sie, die Äste von den Bäumen brachen, sie von Seitentrieben befreiten, mit ihren Zähnen die Äste anspitzten und sie in die Schlafnester der kleineren Galagos senegalensis (eine Affenart) stießen, um sie zu töten und dann zu fressen. Das sei eine verbreitete, wenn auch selten erfolgreiche Gewohnheit der Schimpansenweibchen dieser Gegenden.

Wurfhölzer wurden ebenfalls schon von Affen und Äffinnen zur Jagdbenutzt und sollen sogar effektiver als Speere gewesen sein. Mit diesen Wurfhölzern, Steinen oder entsprechend dicken und schweren Früchten konnten beispielsweise gefährliche Tiere beworfen oder Früchte aus schwer zugänglichen Zweigen heruntergeholt werden.

Es ist offensichtlich, dass die frühen Menschen nicht bei null anfingen, sondern die schon bei Affen bekannten Techniken benutzten und weiter entwickelten, und zwar Männer wie Frauen. Auf diesen Tatbestand hat auch Robert Briffault immer wieder aufmerksam gemacht, der in vielen Beispielen darauf hinwies, dass die Spezialisierung der Männer als Jäger in vielen »primitiven« Gesellschaften nur unvollkommen ausgebildet war, ebenso wie physische Differenzierungen zwischen Männern und Frauen.[59] Oder anders: Je ursprünglicher die Gesellschaften, desto weniger ausgeprägt sind die körperlichen Unterschiede und das Sozialverhalten. Bei manchen Völkern jagen die Frauen, solange sie nicht verheiratet sind.[60] »Bei den Feuerländern gehen nur die Frauen fischen, und auch nur sie können schwimmen.«[61]

Diese Liste ließe sich mühelos erweitern mit zum Teil uns irrsinnig erscheinenden Sitten und Gebräuchen in verschiedenen Völkern, zu denen die sich spezialisierenden Tätigkeiten von Männern und Frauen den Anlass gaben. Das beweist einmal mehr die Erkenntnis von R. Briffault, dass keine Epoche der Menschheit vorbeigeht, ohne ihre Spuren in allen nachfolgenden Generationen zu hinterlassen. Wie grotesk eine primitive Institution uns heute auch erscheinen mag, wir finden sie irgendwie modifiziert in unserer eigenen Gegenwart.

Der in Europa lebende Homo Heidelbergensis-Mann hatte sich vor etwa 300 000 Jahren offenbar schon so spezialisiert, dass wir die ersten erhalten gebliebenen, in Schöningen gefundenen, über zwei Meter langen Holzspeere den Männern zuordnen müssen. Sie konnten sie offenbar zum Jagen von Pferden benutzen, da viele entsprechende Knochen in der Nähe gefunden wurden.

Wenn die Affen primitiver hergestellte Speere und Wurfhölzer auch schon vor einer Million Jahre benutzen konnten und deren menschliche Nachfahren nachweisbar seit über 300 000 Jahren bessere und mehrfach benutzbare Speere meist aus Kiefernholz hatten, dann kriegt man eine ungefähre Vorstellung davon, wie lange so eine Entwicklung brauchte, bis vom Menschen so ein gut angespitzter Speer aus Hartholz hergestellt und nicht nur einmal, sondern öfter verwendet werden konnte.

Dieser Fund ist darum so etwas wie ein Fixpunkt, ein Anhaltspunkt in einer als formlos empfundenen Zeit. Vor über 300 000 Jahren war etwas Wesentliches geschehen: Die Speere deuten auf etwas hin, was offenbar nur Männer produzierten und für etwas verwandten, was sie als Männer gemeinsam machten. Etwas absolut Neues war wieder eingetreten und sollte viele Folgen haben: Die Affen- und Frühmenschenzeit, in der beide Geschlechter mehr oder weniger mit den gleichen, immer von den Nutzern selbst hergestellten Werkzeugen dasselbe machten (auch wenn die Bilder dazu normalerweise etwas anderes suggerieren), ging irgendwann vor 300 000 Jahren ihrem Ende entgegen. Ob es eine kurze oder eine lange Zeit davor war, müssen neue Funde erweisen. Jedenfalls werden dem Homo Heidelbergensis verschiedenartige Steinwerkzeuge zugeschrieben, die er zum Zerlegen von Fleisch wie zur Bearbeitung von Tierhäuten benutzen konnte. Das heißt aber auch, dass Frauen die gleichen Werkzeuge benutzten und möglicherweise von anderen oder kleineren Tieren ebenfalls Felle gewannen, die sie bei ihren Wanderungen in kältere Gegenden brauchten. Es kann ebenfalls sein, dass sich auch auf diesem Gebiet die ersten Tauschhandlungen zwischen Männern und Frauen etablierten und das, was später geschlechtsspezifische Arbeitsteilung genannt werden sollte, in den Zeiten des Homo Heidelbergensis die ersten Anfänge nahm – und wir so erste Anhaltspunkte gewinnen, diese Fähigkeiten zeitlich zuzuordnen.

Die berühmt gewordenen Schöninger Speere stammen aus einer Zeit vor den Neandertalern, die solche langen Speere später offenbar nicht (mehr) benutzten oder herstellten. Deswegen bleiben diese Funde auch ein wenig rätselhaft. Über die Größe der Männer des Homo Heidelbergensis gibt es verschiedene Angaben. Dem Neandertaler wird nachgesagt, dass er noch nicht ausdauernd laufen konnte. Konnte das der – ausgestorbene – Homo Heidelbergensis? Wie benutzten die Männer diese langen Speere, ohne darunter zusammen zu brechen? Sie mussten sie oft lange tragen, bevor sie einem Tier nahe genug kamen. Vor dieser Erfindung konnten sie schon größere Tiere, wie zum Beispiel Hirsche oder Rentiere, durch Hetzjagd erlegen. Die Tiere brachen nach einer gewissen Zeit an Herzversagen zusammen, Menschen nicht. Durch die ebenfalls in den vergangenen Jahrhunderttausenden erworbene Haarlosigkeit konnten Menschen länger laufen und dabei schwitzen. Diese Fähigkeit, zu schwitzen, sicherte das Überleben. Und die Speere ermöglichten, trotz ihres Gewichts, ein erleichtertes Jagen, und vielleicht konnten damit auch größere und gefährlichere Tiere als Pferde erlegt werden.

Wegen der schon geschilderten Tendenz, eher an einem Ort zu bleiben, ist es wahrscheinlich, dass diese großen Werkzeuge nicht Frauen zugeschrieben werden können. Die Speere erbringen gewissermaßen den ersten Beweis dafür, dass Männer etwas gemeinsam machten, was vom Verstand und nicht mehr vom Instinkt geleitet war und das übliche sexuelle Konkurrenzverhalten unter Männern überwand. Das gemeinsame Jagen der Männer schuf langfristig untereinander Verbindungen und auch Regeln, die aus anderen Gründen Frauen schon früher hatten – was im Feuerkapitel schon erzählt wurde. Die größere Beute durch bessere Werkzeuge machte nun auch die Männer als Gruppe mit speziellen Fähigkeiten für Frauen außerhalb der sexuellen Begegnungen interessant.

Eine Maus konnte jede und jeder selber fangen und essen. Von einem größeren Tier wollten alle etwas haben. Fleischnahrung hielt länger satt als Pflanzennahrung und ist nach neuen Erkenntnissen wohl auch verantwortlich für die Entwicklung des Gehirns. Vermutlich stürzten sich erstmal alle gemeinsam auf die Beute – und alle bekamen dann auch etwas ab, weil genügend da war, sicher aber doch mit dem Unterschied, dass die Schnellsten und Kräftigsten sich die besten Stücke einverleiben konnten. Bei einem Tier gab es besonders begehrte und weniger begehrte Teile. Wie regelte sich das? Und wie regelte sich das zwischen Menschen, die an der Jagd teilnahmen und solchen, die das nicht taten?

Denn die Jagd blieb anstrengend und ihr Erfolg war nicht sicher. Aber war der Erfolg da, dann war das Leben einer Gruppe für längere Zeit gesichert. Damit einher konnte das Gefühl entstehen, zu kurz zu kommen, wenn alle gleichzeitig ihre Mäuler in das Fleisch hacken wollten. Eine vorher unbekannte Gier und Futterneid konnten die Menschen ergreifen. Was sich später auf anderen Gebieten immer wiederholen sollte, wurde hier auch schon deutlich: Die Erfindung, mit besserem Werkzeug größere Beute zu erlegen, führte zur Entwicklung von Konkurrenz um das beste Stück. Das brachte Unruhe in die Gruppe und gleichzeitig eine Sehnsucht nach Ordnung und Regeln – die sich nun in weiteren Jahrtausenden entwickeln sollten.

Wer hatte das betreffende Tier erlegt, welche Stücke wurden für die besten gehalten, in welcher Reihenfolge durfte gegessen werden? Erfolgreiche Jäger konnten nun zum ersten Mal Frauen auf neue Art beeindrucken und eine völlig neue Attraktivität gewinnen. Die Großwildjagd ließ Männer aufsteigen. Die bisher allein durch ihre Gebärfähigkeit ausgezeichneten Frauen, die schon eine gewisse Kommunikation untereinander entwickelt hatten, erhielten peu à peu ein soziales Gegengewicht.

Aber, wie gesagt, nicht jeden Tag gab es reichlich Beute. Möglicherweise konnten Wochen vergehen. Man konnte nicht darauf vertrauen und musste die Probleme lösen, die entstanden, wenn die Jagd erfolglos blieb oder die Jäger zu müde waren, um für sich noch pflanzliche Nahrung zu suchen. Hier kamen die Frauen ins Spiel, die weniger spektakuläre Nahrung suchten, aber diese offenbar regelmäßiger fanden. Es konnte sich ein Bewusstsein dafür entwickeln, dass gegenseitige Hilfeleistung nicht immer sofort erfolgen konnte, sondern zeitversetzt – ebenfalls ein neuer Entwicklungsschritt. Es entstanden so erste, nicht mehr über Sex vermittelte Beziehungen zwischen Frauen und Männern, die Anfänge gegenseitiger Handelsbeziehungen. Neue Produktionsweisen, die Erfindung neuer Produktionsmittel veränderten das innere Gefüge zusammenlebender Gruppen, ja, sie revolutionierten das bisher bekannte Leben.

Vielleicht entwickelten die Menschen in diesen noch nicht genauer bestimmbaren Jahrhunderttausenden, die den Schöninger Speeren vorausgegangen sind, zum ersten Mal das Gespür dafür, einer besonderen Spezies anzugehören. Bis dahin waren andere Lebewesen und Pflanzen für sie zwar anders, aber nicht hierarchisch unterlegen. Die Natur war ausgezeichnet durch verschiedenartige Kräfte. Vermutlich wurden sie eingeteilt in solche, vor denen man sich hüten musste, weil sie einen fressen oder vergiften wollten, und solchen, die man selber fraß und deren Kräfte man sich einverleiben wollte.
Die Umgebung war voll von Tieren und Pflanzen, denen sich die Menschen verbunden fühlten, weil sie frühe Hinweise auf eventuelle Gefahren geben konnten, wie zum Beispiel Vögel mit ihren Warnrufen, die dadurch so etwas wie unangreifbare Verbündete wurden. Das zeigte sich vielleicht ein paar tausend Jahre später in vielfältigen Riten, in Masken, die eine Identifikation mit diesen Tieren herstellten, in komplizierten Gebräuchen, die die Nahrungsverteilung regelten und das Gefressene besänftigen sollten und später auch bestimmen konnte, wer mit wem sexuell verkehren durfte und wer nicht.

Ich kann mich an den Film eines australischen indigenen Filmemachers erinnern, der eine Bürgerinitiative gegründet hatte, um die Abholzung eines bestimmten uralten und riesigen Baumes zu verhindern. Dieser mächtige Baum wurde als sein Urgroßvater bezeichnet, beziehungsweise als ein Lebewesen, das den Geist seines Urgroßvaters bewahrte und daher nicht getötet werden durfte. Reste solcher Verehrung haben sich noch in der sogenannten internationalen Furry-Bewegung bis heute erhalten. Das sind Leute, die sich, als Tiere in selbstgebastelten Kostümen verkleidet, zu Festivals treffen und über Internet-Foren miteinander kommunizieren und so ihren Respekt Tieren gegenüber ausdrücken.

Solcher Austausch hielt sich bis in unsere Zeiten bei vielen indigenen Völkern und konnte sich auch auf Pflanzen beziehen: So müssen heute noch Bauern aus Papua-Neuguinea nüchtern sein, bevor sie Sago ernten[62], bei verschiedenen Indianervölkern wurden bestimmte Riten abgehalten, um die Pflanze zu besänftigen, bevor sie ausgegraben oder geschnitten wurde oder ihr im Gegenzug dafür etwas gegeben wurde. Daraus hat sich vielleicht das Opfer entwickelt. (Möglicherweise ist die Sitte des Kula-Ringes auf den Trobriand-Inseln ein Relikt weit früherer Zeiten. Diese Sitte besteht aus einem rituellen Gabentausch, der im Uhrzeigersinn den Bewohnern der anderen Inseln gemacht wird und mit der Verpflichtung der Beschenkten verbunden ist, sich ihrerseits wieder erkenntlich zeigen zu müssen).

Die Fähigkeit, zu beobachten, aus den Beobachtungen Schlüsse zu ziehen, Neugierde zu entwickeln, andere nachzuäffen, trug vermutlich wesentlich zur Menschwerdung bei.

Die Kinder meiner Generation lasen alle die Bücher von Karl-May. Und alle waren wir davon beeindruckt, dass die Indianer aus einem umgeknickten Zweig erkennen konnten, ob dieser Knick von einem bestimmten Tier oder einem Artgenossen stammte, der dadurch eine für die anderen Indianer verständliche Nachricht übermittelte. Wir versuchten ebenso, solche Spuren zu legen, sei es in Wäldern oder auf Trümmergrundstücken. Heute sind die meisten Kinder in den Großstädten derart fern von anderen Pflanzen oder Tieren, dass sie nicht einmal mehr das Wundern darüber verstehen könnten. Die frühen Menschen aber mussten hellwach ununterbrochen auf ihre Umgebung reagieren, ihr Wissen speichern und interpretieren.

Ich spreche immer wieder über riesige Zeiträume, die sich über hunderttausende, ja, Millionen von Jahren erstrecken und in denen sich allmählich die Äffin, die alleine ihr Kind gebiert, die alleine für ihr Essen sorgt, die sich alleine ihr Schlafbett baut und alleine auf Gefahren achtet, unmerklich zum Menschen verändert.

Lebten sie am Meer, konnten sie durch den Wechsel der Gezeiten alle möglichen Muscheln bei Ebbe finden, lebten sie am See oder Fluss, konnten sie versuchen, sich ufernah auf ein angeschwemmtes Stück Holz zu setzen und feststellen, dass sie nicht untergehen, was ihre Nachfahren viele tausend Jahre später dazu bringen sollte, Einbäume zu schnitzen und an ferne Ufer zu kommen.

Nach letzten Forschungserkenntnissen gab es tatsächlich so etwas wie eine »goldene Zeit« bei den frühen Menschen: Sie hatten vielfältige Nahrung aus Pflanzen und Tieren, die sie sich täglich neu besorgen mussten. Sie ernährten sich relativ ausgeglichen, bewegten sich viel, indem sie der Nahrung hinterherliefen oder umgekehrt, wegliefen, um nicht selber Nahrung zu werden. Es gab keine Unterdrückung durch Artgenossen. Jede Tätigkeit war eine selbstbestimmte. In ihrer kurzen Lebenszeit entwickelten sie sicher Gefühle für die Mitglieder ihrer Gruppe – auch bei den Affen gibt es solche, die sich miteinander gut verstehen und andere, die sich oft zanken –, sie lernten gemeinsam, vielfältigen Gefahren zu widerstehen und neue Möglichkeiten für sich zu erschließen.

Sie hatten viele Fähigkeiten, die wir inzwischen verloren haben. Von uns wäre wohl kaum noch jemand in der Lage, allein und nur mit einem Stein oder Stock bewaffnet im Urwald voller gefährlicher Tiere auch nur eine Nacht zu überleben. Insofern sollten wir das Wort »primitiv« für die Frühmenschen lieber streichen. Sie benutzten ihre Hirne äußerst effektiv, und zwar jedes Mitglied jeder Gemeinschaft.

Zusammenfassend lässt sich sagen, dass anfangs beide Geschlechter jagten, und zwar bei allen verschiedenen und bisher bekannten ausgestorbenen Menschenarten. Sie stellten dafür ihre eigenen Werkzeuge her. Frauen bevorzugten wegen Menstruation, Schwangerschaft, Stillzeit und Pflege der Kinder kürzere Wege beziehungsweise Orte, an denen sie länger verweilen konnten. Männer entwickelten allmählich Werkzeuge, mit denen sie sicherer und effektiver jagen konnten und die uns heute erkennen lassen, dass es vor etwa 300 000 zu Unterschieden in den Tätigkeiten der Geschlechter kam, was die ersten Tauschgeschäfte zwischen Männern und Frauen möglich und erstrebenswert machte. Wie sich das auf die gesellschaftliche Organisation auswirkte, wird in den nächsten Kapiteln das Thema sein.

GOTTHEITEN

Die Anfänge von Religionen, so wie sie aus einzelnen Artefakten oder Gräbern zu uns sprechen, interessieren mich hier nur insoweit sie ein Geschlechterverhalten thematisieren. Wie gezeigt, bildeten sich vor rund 300 000 Jahren – der Zeit der Schöninger Speere – nach Geschlechtern differenzierte Tätigkeiten heraus. Die Entwicklung der Handelsbeziehungen, die jenseits vom Sex erste soziale Verbindungen zwischen den Geschlechtern entstehen ließ, entfernte gleichzeitig die Menschen immer weiter vom autonomen tierischen Leben und unterwarf immer mehr Aspekte ihres Daseins den neu geschaffenen Regeln. Ob sich damals schon hier und da Widerstand gegen Einschränkungen bilden konnte und gewissermaßen instinktive Sehnsüchte nach »Freiheit«, können wir nicht wissen. Ausbruchsversuche aus Verhältnissen, in die Menschen hineingeboren wurden, sind erst später belegbar. Von den insgesamt weltweit 2000 Überlebenden der erwähnten Toba-Katastrophe vor 73 000 Jahren sind wir heute bei etwa siebeneinhalb Milliarden Menschen angekommen, von denen ein Großteil in Armut, Unkenntnis und Rechtlosigkeit leben muss. Selbst wenn mehr Menschen und Menschenarten die Katastrophe überlebt haben sollten, war die Menschheit insgesamt lange Zeit sehr überschaubar.

Nach einer Untersuchung vom Januar 2016 besitzen heute die 62 reichsten Menschen so viel wie die ärmere Hälfte der Weltbevölkerung. Die Menschen haben inzwischen nicht nur große

Gebiete der Erde umgestaltet, sondern mussten sich auch immer größeren »globalisierten« Einheiten zuordnen und mehr und mehr ihrer Eigenständigkeit aufgeben – als zwangsläufige Folge des Fortschritts.

Die Erfindung von Religionen als Ordnungsmächten ist gewissermaßen vorprogrammiert von dem Augenblick an, als erkannt werden konnte, dass der Fortschritt auch Probleme schuf, die vorher unbekannt waren. Das konnten Auseinandersetzungen um Feuer oder um Wasserlöcher oder sehr viel später um Weideland sein. Wie schon beschrieben, wird schon den Neandertalern eine solche Geschicklichkeit in der Jagdtechnik nachgesagt, dass die Vernichtung des Großwilds in Europa auf ihre Kappe gehen soll. Diesen Zusammenhang dürften sie selber noch nicht gemerkt haben, weil immer noch genügend für die kleinen Gruppen übrigblieb. Sehr viel später holzten die Wikinger ganze Wälder für den Schiffsbau und die Eroberung neuer Welten ab (was erst heute wieder durch Anpflanzungen in Island repariert wird). Jedenfalls fing die Ausbeutung und Umgestaltung der Natur schon damals an, wenn wir das »Damals« in die Zeit von vor rund 100 000 Jahren verlegen, in der sich langsam die Fragen nach dem Warum und Woher herauszubilden begannen. An diesen Beispielen lässt sich erkennen, dass die Entwicklung der Intelligenz nicht nur neue großartige Erfindungen hervorbrachte, sondern immer auch Kehrseiten hatte, deren Ausmaße meist erst von späteren Generationen erkannt werden konnten.

Das Leben in der Vorzeit blieb für alle kurz und gefährlich. Es unterschied sich von unseren heutigen Erfahrungen vor allem dadurch, dass die Menschen als »regionale« Wesen lebten. Sehen, Erfahren und Ort waren gewissermaßen noch eins. Vielleicht können wir uns diese Ahnen vorstellen, wenn wir kleine Kinder beobachten, die in den ersten Jahren vollkommen in der Gegenwart leben, ohne Bewusstsein für die Vergangenheit und die Zukunft. Die Welt war da, wo sie sich aufhielten. Wo sie nicht waren, davon wussten sie auch nichts. Zurückgelegte Wege blieben allmählich bruchstückhaft als Erinnerung haften und legten erste Spuren in die eigene Vergangenheit. Die Wirkungsweise eines besonders gut gearbeiteten Steines oder Speeres konnte mit der Zeit erkannt werden. Durch Wiederholung prägten sich die Schritte zur Herstellung ein. Ebenso konnte eine zufällig gefundene Höhle mit anderen verglichen und als brauchbar oder unbrauchbar erkannt werden.

Das unterscheidet sich vollkommen von unserer Lebensweise heute. Die verschiedenen Wissensgebiete haben sich dermaßen differenziert, dass kaum jemand über sein eigenes Areal hinaus ein anderes noch beurteilen kann. Wir fliegen in Flugzeugen und benutzen Computer, deren Wirkungsweise wir nicht verstehen. Neue Erfindungen können das Leben aller vollkommen verändern. Die Tatsache, dass es heute in einigen Ländern Waffen gibt, die mehrfach die ganze Weltbevölkerung auslöschen können, wird verdrängt. Dass uns das, was ein paar tausend Kilometer weiter passiert, wenn ein Diktator sein eigenes Volk bombardiert, plötzlich auch betreffen kann, weil eigene Soldaten mit unklaren und undurchsichtigen Aufgaben mobilisiert werden, wird mit zunehmender Hilflosigkeit meist nur noch resigniert beobachtet, ebenso wie die Aufstellung von merkwürdigen Personen als zukünftige Präsidenten in einem fernen Wahlkampf.

Die Intelligenz hat das Leben erleichtert, andererseits aber dazu geführt, stückchenweise den einzelnen Menschen immer mehr Freiheiten zu entziehen. Je mehr wir uns von der Tierzeit entfernten, desto mehr beeinflussten unsere Entdeckungen immer neue Bereiche nicht nur des sozialen Lebens, sondern auch der uns umgebenden Natur und veränderten diese in einem bis heute nicht abgeschlossenen Prozess.

Aber noch sind wir in der Vorzeit, in der jede und jeder einzelne gefragt ist, das Einzelschicksal mit der Gruppe verbunden bleibt und in der es über lange Jahrhunderttausende keine hierarchischen Unterschiede gegeben haben dürfte, weil die Herausforderungen für alle mehr oder weniger gleich waren. Immer wieder ging es darum, sich vor unbegreiflichen Naturereignissen zu schützen. Das war ein Grund, sich die Kräfte der umgebenden Tiere und Pflanzen anzueignen oder sie zumindest günstig stimmen zu wollen, was im Lauf der Geschichte die vielfältigsten miteinander verbundenen Kollektive geschaffen und schamanistische Praktiken hervorgebracht hat.

Dazu schreibt E. O. Wilson: »Für den gesamten Verlauf der Evolution von unseren primitiven Säuger-Vorfahren von vor 100 Millionen Jahren bis zu der einzigen Linie, die ihren Weg bis zum Aufkommen des ersten Homo sapiens weiterging, mögen vielleicht 100 Milliarden Individuen nötig gewesen sein. Ohne es zu wissen, lebten und starben sie alle für uns.«[63]

So wie die frühen Menschen angefangen hatten, sich über die Menstruation zu wundern und deren Regelmäßigkeit erkannten, so wunderten sie sich auch über die Geschehnisse am Himmel, die unendliche Abwechslung boten. Dieser Himmel, dem alle ausgesetzt waren, bot nicht nur Abwechslung für Schlaflose, sondern er war auch bedrohlich, weil in seiner Weite unendlich, und so wurde er zum Gegenstand immerwährenden Nachdenkens. Wenn unsere Vorfahren den Sternenbewegungen Abend für Abend über hunderttausende von Jahren hinweg folgten, dann blieben Erkenntnisse irgendwann auch hängen: Sternhaufen formten sich zu Sternbildern in- und außerhalb der Milchstraße, und diese Bilder wiederum wurden zu Wörtern und zu Geschichten, sobald die Menschen anfingen, sprechen zu können. Auf diese Weise entstanden Mutmaßungen über Himmelsmächte, Mythen über die Herkunft der Menschen und sicher auch Vorstellungen darüber, wie die Angst vor den unendlichen Weiten des Sternenzelts verringert werden könnte. Was da nachts am Himmel hin und her wandert, ab und zu als Komet vorüberzieht, sich zu manchen Zeiten als herabfallender Sternhaufen manifestiert und sich vollkommen dem menschlichen Zugriff entzieht, muss die Fantasie und das Denken aller Menschen von Anfang an umgetrieben haben, weit mehr, als das heute geschieht, allein schon deshalb, weil wir nur noch selten den klaren Sternenhimmel überhaupt zu sehen kriegen. In der Mehrheit leben wir inzwischen alle unter einer schützenden undurchlässigen Glocke, unter Dächern, mit künstlichem Licht und mit unserem Fern-Sehen, was uns daran hindert und vielleicht auch hindern soll, uns zu fürchten und ständig mit der Größe des Alls und der Unendlichkeit konfrontiert zu sein.

Darum ist die Hypothese der französischen Ethno-Astronomin Chantal Jègues-Wolkiewiez im Grunde nicht erstaunlich, die im Jahr 2000 die nach wie vor umstrittene Theorie aufgestellt hat, dass die vor etwa 15 000 Jahren gemalten Tiere in der Höhle von Lascaux, die Auerochsen, Pferde und Hirsche, sich zu heute noch verwendeten Tierkreiszeichen verbinden lassen und ein damals schon vorhandenes erstaunliches astronomisches Wissen zeigen – obwohl die ersten Kalender noch ein paar tausend Jahre auf sich warten lassen.[64]

Vulkane bringen wir heute mit Naturgewalten in Verbindung, aber wir sind weit entfernt davon, in ihnen Gottheiten zu sehen, wie das noch einzelne Menschengruppen rund um den pazifischen Feuergürtel tun. Blitz und Donner enthielten Botschaften, die entschlüsselt werden wollten, Sturmfluten zeugten von unbekannten Mächten, Nebelschwaden von geheimnisvollen, aber belebten Wesen. Der Wind hatte verschiedene Sprachen, erzählte von kommendem Regen, schickte Gerüche und warnte vor Gefahren. Pflanzen ernährten die Menschen, sie hatten aber auch eine dunkle Seite, konnten zu Rauschzuständen führen, vergiften, töten oder, je nach Dosis, auch heilen. Unsere Vorfahren behängten sich mit dem Fell erlegter Löwen oder anderer Tiere, um deren Stärke über komplizierte Riten in sich übergehen zu lassen. Ein Überlegenheitsgefühl gegenüber anderen Lebewesen und Pflanzen dürfte lange vollkommen unvorstellbar gewesen sein. Alles war belebt und voller Wunder. Es ist vielleicht so, dass die altsteinzeitlichen Menschen einer Einsicht folgten, die Lukrez wie in einer späten Würdigung so formuliert hat: »Das Universum ist aus zweierlei zusammengesetzt: Aus Körpern und Leere.«

Das wurde geschrieben rund um das Jahr 60 u. Z., also zu einer Zeit, als die Hinweise auf weit frühere Denkstrukturen noch viel deutlicher gewesen sein mussten, die monotheistischen Religionen noch nicht die volle Vorherrschaft erlangt hatten und Äußerungen wie diese die Menschen noch nicht auf die Scheiterhaufen bringen konnten.[65]

Der Verstand wurde bei den frühen Völkern, die sich die Welt erklärten, niemals ausgeschaltet, sondern arbeitete im Gegenteil auf Hochtouren und war zu keinem Zeitpunkt »primitiv«. Sicher ist es dabei auch immer wieder zu schrecklichen Fehlhandlungen gekommen. Man denke nur an die vielen Menschen, die für gute Ernten, Jagden, Nachkommen in Ritualen schon in historisch belegbaren Zeiten ihr Leben lassen mussten.

Vorstellungen von Sünde und Erlösung, Paradies und Hölle sind Erfindungen sehr viel späterer Generationen und schon auf Hierarchien aufgebauter Gesellschaften. Die Frühzeit war geprägt von Respekt gegenüber anderen Lebensformen – auch wenn sie sich gegenseitig umbrachten. Es hat lange gedauert, bevor ein gewisses Gleichgewicht zwischen Bezwingen und Bezwungenwerden hergestellt werden konnte. Diese Balance zu erhalten, erforderte das Zusammenwirken aller. Darum beteiligt sich auch in heute noch steinzeitlich lebenden Gemeinschaften immer die ganze Gemeinschaft an den Riten, und deswegen waren die Menschen auch in Vorzeiten bereit, die in anderen Gruppen entstandenen Geschichten und Mythen in ihre eigenen zu integrieren, weil sie den schon bestehenden Formen des Wissens neue hinzufügten.

Nach den oben geschilderten Errungenschaften des Homo Heidelbergensis, dessen Vorkommen ungefähr zwischen 600 000 und 200 000 Jahren angesetzt wird, entwickelten sich über weite Gebiete Europas und Asiens – von Spanien bis Westsibirien – die Neandertaler (120 000 bis höchstens 10 000 v. u. Z., einige Forscher setzen die Lebenszeit der Neandertaler weit früher an). Über sie, ihre Fähigkeiten und die damit verbundenen Umweltprobleme gibt es inzwischen eine Unzahl von neueren Forschungen mit nach wie vor vielen offenen Fragen, zu denen zum Beispiel gehört, ob sie schon so etwas wie eine religiöse Vorstellung entwickelt haben konnten, weil sie ihre Toten regelmäßig bestatteten. Wir wissen nicht, ob die allerersten Begräbnisse entstanden, weil die Leichen stanken, andere Tiere und Insekten anzogen und deswegen vergraben werden mussten oder ob diese Beisetzungen schon mit Jenseitsvorstellungen verbunden wurden.

Mitte der neunziger Jahre des 20. Jahrhunderts wurde in Spanien in einer Höhle in der Gegend von Sierra de Atapuerca eine Grabstätte mit menschlichen Knochen entdeckt, deren Alter auf 800 000 Jahre datiert wurde. Diese Knochen wiesen Spuren von »rituellem Kannibalismus« auf. Damit ist gemeint, dass die Röhrenknochen aufgebrochen und das Mark heraus gesaugt wurde. Ob dies schon mit der Vorstellung verbunden war, sich die Kraft der Vorfahren einzuverleiben, indem man sie verspeiste, wissen wir nicht. Wahrscheinlich wurden noch keine Unterschiede in der Wertigkeit zwischen Tier und Mensch gemacht. Die späteren Ägypter mumifizierten und begruben ja nicht nur Menschen, sondern auch Tiere.

Immer wieder wurden und werden Gräber aus der Mittelsteinzeit gefunden, in denen noch Spuren von rotem oder rötlichem Ocker zu finden sind, womit entweder die Leichen oder auch ganze Grabgruben gefärbt wurden. Sie verweisen wieder auf Frauen und auf das Blut, von dem man annahm, dass aus ihm die Kinder entstehen. Es gibt einen Fund, der die sich für die Anfänge religiöser Vorstellungen interessierende Welt in Aufregung versetzt hat: Eine Entdeckung der Archäologin Sheila Coulson in den Tsodila-Höhlen in der Kalahari-Wüste. Der Fund zeigt eine sechs Meter lange und zwei Meter hohe Steinformation, die einer Python-Schlange ähnelt. Nachgewiesen ist, dass der Felsen von Menschen bearbeitet wurde, um die Schlangengestalt herauszuarbeiten. Es sollen hunderte von Vertiefungen in den Stein gehauen worden sein, um so den Eindruck von Schlangenhaut zu erwecken. Das Alter dieser Bearbeitung wurde auf sensationelle 70 000 Jahre geschätzt und erregte weltweit Aufsehen. Allerdings ist es um diese Figur zurzeit still geworden. Die weiteren Untersuchungen zur Entstehungszeit haben offenbar bisher nicht das erhoffte Ergebnis gebracht, wie mir vom Max-Planck-Institut für evolutionäre Anthropologie in Leipzig, das mit der Altersbestimmung beauftragt war, etwas kryptisch mitgeteilt wurde, und es gibt von anderen Wissenschaftlern einigen begründeten Widerstand gegen das behauptete Alter. Dennoch kann man nicht ausschließen, dass sich irgendwo und irgendwann ältere als bisher bekannte Relikte finden, die Hinweise auf die Gedankenwelt früher Gemeinschaften und ihrer ersten Gottesvorstellungen geben könnten.

Ein weiterer Fund lässt darauf schließen, dass die Neandertaler für ihre Schwerkranken sorgten und sie mit auf ihre Wanderungen nahmen. Es wurde ein Skelett gefunden, das alte, längst verheilte schwerwiegende Knochenbrüche hatte. Der Tote hätte seine verschiedenen Krankheiten nicht bis ins Alter überleben können, wäre ihm nicht über längere Zeit geholfen worden.[66]

Daran lässt sich eine ungeheure Beschleunigung der Entwicklung und ein differenziertes Sozialverhalten erkennen. Männer bestritten offenbar inzwischen weitgehend die Großwildjagd. Frauen setzten ihre schon aus früheren Zeiten bekannten Tätigkeiten auf einem höheren Niveau fort: Kochen, Felle gerben, Feuer machen und erhalten, Werkzeuge herstellen, Kleidung nähen, die auch größten Kältezeiten standhielt, Unterstände oder Hütten winddicht machen und vieles mehr. Vielleicht lässt sich bei den Neandertalern sogar schon von Arbeitsteilung sprechen, also von einer üblich gewordenen und schon automatisierten Form des täglichen Lebens, die zwischen Frauen- und Männertätigkeiten unterschied, weil es schon über lange Zeit eingeübt und gewissermaßen »natürlich« geworden war und beide Geschlechter, anders als noch in den Jahrhunderttausenden davor, nun einander zum Überleben brauchten. Wir sind unserer eigenen Zeit inzwischen schon sehr nahe.

Möglicherweise gibt es auch schon Beeinflussungen vom Homo sapiens, der allmählich in Erscheinung trat. Die Angaben, wann genau das geschah, schwanken. Die frühesten setzen sein Erscheinen in Europa mit einer Zeit vor circa 100 000 Jahren an. Vor 40 000 Jahren ist seine Anwesenheit gesichert. Aus verstreuten Beweismaterialien können wir einiges schließen: In irgendeiner Form haben die verschiedenen, noch gleichzeitig lebenden Menschenzweige (Neandertaler, Denisova-Mensch, Homo sapiens) sich alle ständig weiterentwickelt und waren imstande, in immer unwirtlichere Gegenden vorzudringen und da zu überleben. Wenn die noch dunklen, aus Afrika kommenden Homines sapientes den wahrscheinlich schon hellhäutigen Neandertalern begegneten, hatten sie miteinander Geschlechtsverkehr, was sich noch an unseren Genen feststellen lässt. Wir wissen nicht, ob das sexuelle Leben beider Gruppen schon Teil einer sozialen Ordnung war. Zwar hat man in einer spanischen Höhle die etwa 50 000 Jahre alten Überreste von mehreren Kindern, drei Männern und drei Frauen, gefunden und daraus geschlossen, dass die Neandertaler schon in Kleinfamilien miteinander lebten. Ob dieser eine Fund aber derartig verallgemeinert werden kann und eine Aussage über ihr sexuelles Verhalten erlaubt, sei dahingestellt. Interessant an diesem Fund ist jedoch, dass alle Frauen aus verschiedenen Gegenden stammten, die Männer dagegen aus der gleichen, so dass hier der Nachweis gelang, dass die Frauen ihre eigene Gruppe verlassen hatten. Solches Wanderverhalten von Frauen ist schon von geschlechtsreifen Affenmädchen überliefert und scheint auch heute noch dem gleichen Muster zu folgen: So verließen nach der Wende 1989 mehr Frauen die neuen Bundesländer als Männer. Was die Neandertaler betrifft, ist allerdings nach wie vor unklar, ob das Zusammentreffen herumschweifender Frauen mit ansässigen Männern auf Zufall beruhte, auf überkommenen Instinkten oder schon Folge einer sozialen Regelung war und hier schon die Theorien über überkommene matri- und patrilokale Sitten und Gebräuche greifen, über die Wissenschaftler aus unterschiedlichen Weltgegenden berichtet haben.

Wie aber kam es zu Göttern? Und wann? Bis zu den Neandertalern sind sie eher nicht zu erwarten. Wenn Kinder mit Puppen spielen, sie füttern, ankleiden, verhauen oder untersuchen, ihnen bei Krankheiten Spritzen verpassen oder Verbände umlegen, dann machen sie sich begreiflich, was um sie herum vorgeht, und eignen sich die Wirklichkeit an. Diese Aneignung von Welt dürfen wir uns auch vorstellen, wenn vor 40 000 Jahren die ersten (soweit wir bisher wissen) weiblichen Figuren entstehen mit Betonung des Loches, aus dem die Kinder kommen. Vielleicht sind diese »Venusstatuetten« aus ähnlichen Beweggründen entstanden, wie die Puppen, denen wir Mädchen zu meiner Jugendzeit noch mit einem gewissen Schrecken und heimlich zwischen die Beine mit dem Lippenstift der Mutter rote Farbe gemalt haben. Was es mit diesem Lippenstift-Blutrot auf sich hatte, wussten wir nicht. Wir wussten nur, dass es um ein großes Geheimnis ging, mit Blut und Kindern in Verbindung stand und etwas war, was nur die Erwachsenen erfahren durften und alles in allem auf einige Schrecknisse hinwies, durch die wir eines Tages auch durchmussten.

In irgendeiner Form kreisten offenbar alle Formen früher Göttervorstellungen um Frauen und um die Geburt und scheinen mit dem Auftreten des Homo sapiens sichtbar verbunden. Die Archäologen, die die vielen vorzeitlichen Frauenfiguren gefunden haben, gaben ihnen Namen, die Sexualität assoziieren. Sie heißen etwa »Venus von Willendorf«, »Venus von Laussel« oder »Venus vom Hohle Fels«. Möglicherweise war das anfangs ein ironischer Einfall, da diese Statuetten mit ihren meist unförmigen Bäuchen, Hintern und Brüsten ja nicht wirklich erotisch anmuten. Vielleicht nimmt der Ausdruck »Venus« den Figuren aber auch den Schrecken, indem sie von vornherein ins Verhältnis zum Mann gesetzt werden. Mit einer Venus wird er fertig. Eine Mutterfigur, bei der der Mann noch keinerlei Rolle spielt, da Vaterschaft nicht bekannt ist, wird ausgeblendet. Der Sexualität dürfte aber auch noch zur Entstehungszeit dieser Figuren keine besondere Aufmerksamkeit zuteil geworden sein, ebenso wenig wie der Tatsache, dass Menschen aßen oder schissen. Ich nehme an, Sex fand einfach statt, vielleicht sogar beiläufig, das heißt ohne dem Dominanzverhalten eines besonderen Mannes unterworfen zu sein. Sex war noch kaum in soziale Verhältnisse eingebunden, denn es waren noch keine Vor- oder Nachteile damit verbunden, wer mit wem Geschlechtsverkehr hatte. Das ergab sich erst mit der weiteren Entwicklung der Produktionsmittel und wird im nächsten Kapitel zum Thema.

Die weiblichen Figuren verwiesen vielmehr darauf, dass Frauen die Garanten für neues Leben waren, dass sie Kontinuität schufen und das Überleben der Gruppen garantierten, weil sie Kinder gebären konnten und dadurch gewissermaßen immer wieder auferstanden und sich erneuerten, was dann sehr viel später etwa die Mythen über Demeter und Persephone hervorbrachte, eine Erklärung für Frühling und Winter, Tod und Auferstehung. Selbst die späteren Megalithbauten, die Hügelgräber oder die Pyramiden könnten als Zeichen für die Rückkehr in den Mutterschoß interpretiert werden. Und vielleicht sind auch die vielen Abbildungen von Maria, Maria mit und ohne Kind, Maria als Himmelskönigin mit dem blauen Sternenmantel, Maria auf der Mondsichel, Mariengestalten, die wiederum auf Isis mit den Horusknaben zurückgehen – auch Fatima gehört noch in diese Reihe – aus dem Unterbewusstsein aufsteigende Anknüpfungen an eine Zeit, in der weiblich vorgestellte Gottheiten freiwillig verehrt wurden und kein Zwang bestand, einem strengen männlichen alleinigen Gott zu folgen. So geben diese Figuren in etwas verrätselter Gestalt Hinweise auf viel frühere und immer noch mächtige Gedankenwelten.

Ob die Frauenstatuetten oder die vielen hundert eingeritzten Frauenfiguren von Gönnersdorf aus diesen vorneolithischen Zeiten schon Göttinnen darstellen sollten oder lediglich Symbole für die Fruchtbarkeit waren und deshalb verehrt wurden, wissen wir nicht. Sie könnten auch mehrere Funktionen in sich vereinigt haben und gleichzeitig als praktische Werkzeuge gedient haben, zum Beispiel um Fasern oder Schnüre aufzuwickeln, wozu sie sich bei ihrer relativ geringen Größe gut geeignet haben dürften; das wäre auch Erklärung für die Einkerbungen, die durch die ausladenden Brüste und Hinterteile vieler dieser

Figuren entstanden waren. Fest steht jedenfalls, dass diese Figuren eine unglaublich große geographische Verbreitung hatten und mehr oder weniger die gleiche Botschaft: das Geschlecht, das gebären kann.

Während die Entwicklung bisher in Jahrhunderttausenden gezählt werden konnte, hatte sie sich bis zu den Frauenfiguren schon so beschleunigt, dass nun schon in Jahrtausenden gerechnet werden muss, in denen neue Motive entstehen: Skulpturen und Reliefs von Frauen mit Schlangenköpfen, Frauen mit Schlangenschwänzen, Nixen, Frauen in Verbindung mit Löwen oder Schweinen. Soweit bisher bekannt, tauchen erst sehr viel später – ab circa 7000 Jahren v. d. Z. – Darstellungen von Männern oder Phallusstatuetten auf und noch später geschlechtslose Engel, ganz zu schweigen von den vielen heute noch in Afrika verwendeten Masken aller möglichen Mischwesen.

Dabei ist besonders auffällig, welch bedeutende Rolle Schlange und Schwein – auch in Kombination – in vielen Darstellungen und Schöpfungsmythen auf der ganzen Welt spielen. Beide Tiere sind mit Frauen assoziiert und haben später deswegen häufig einen schlechten Ruf bekommen. Möglicherweise hat das Schweinefleischverbot in verschiedenen Ländern des Nahen Ostens, wo die ersten Zivilisationen entstanden und später der Kampf um die Vorherrschaft der männlichen Götter über die weiblichen, nicht nur mit den immer wieder angeführten Hygienemaßnahmen zu tun, sondern war wohl schon ein Aspekt im Kampf um die Definitionsmacht.[67]

Das starke Mutterschwein war ein Symbol für die Frau und wurde zugleich mit ihr später verachtet. Die Schlange ist in vielen Mythen diejenige, die sowohl gefürchtet als auch verehrt wird, sie bewirkt sowohl Gutes wie Böses und kann sogar Schöpferkraft sein. Sie wird häufig mit der Frau assoziiert, weil sie sich häutet und gewissermaßen immer wieder neu aufersteht.[68] Nur in der biblischen Schöpfungsgeschichte ist die Schlange eindeutig negativ besetzt, existiert allerdings von Anfang an im biblischen Paradies. Nicht sie, die mit Weisheit assoziiert wird, kann daraus vertrieben werden, sondern Adam und Eva, die ihrem Wissensdurst nachgegeben haben. Der Schlange wird lediglich zum Vorwurf gemacht, dass sie ihre Weisheit weitergegeben hat. Das soll sie nicht. Die Geschöpfe des monotheistischen einen Gottes sollen dumm gehalten werden und gehorchen – ein früher Versuch, Religion dazu zu benutzen, Gehorsam, Unterordnung und Hierarchien einzuführen und anzuerkennen[69], beziehungsweise Anweisungen dafür zu geben, wie das durch Viehzucht veränderte und viele neue Unsicherheiten schaffende gesellschaftliche Leben einer Ordnung unterworfen werden kann.

Dennoch dauerte es noch einmal lange, um aus der Verehrung von Naturerscheinungen allmählich Göttinnen und Götter zu machen und sie in eine hierarchische Ordnung zu bringen. Sonne und Mond und andere Himmelserscheinungen spielten praktisch bei allen Völkern eine herausragende Rolle, weil ihre Wirksamkeit nicht zu übersehen war. Darum wurden sie auf der ganzen Welt verehrt. Mit der zunehmenden Sprachfähigkeit wurden sie zu Personen mit besonderen Fähigkeiten und noch später zu Göttinnen und Göttern. So entstand allmählich überall eine vielgestaltige Götterwelt mit unterschiedlichen Zuständigkeiten, aber doch vielen gemeinsamen Schwerpunkten, von denen die Sonne meist im Mittelpunkt stand. Wenn wir bedenken, wie verstreut die einzelnen kleinen Menschengruppen noch lebten, die alle ihre eigenen Sprachen und ihre eigenen, mündlich weitergegebenen Schöpfungsmythen entwickelten, dann ist die Aufregung auch heute noch nachvollziehbar, die entstand, wenn eine Gruppe auf eine andere traf und Verständigung suchte. Die Vermischung dieser Gruppen bedeutete langfristig auch eine allmähliche Zusammenfassung oder Angleichung der verschiedenen Vorstellungen und Sprachen. Es gab lange keinerlei Gründe, sich wegen unterschiedlicher Gottesvorstellungen zu bekriegen, denn alle diese Götter meinten mehr oder weniger in den verschiedenen Sprachen und Geschichten dasselbe: Sie bezeugten ihre Zuständigkeiten über bestimmte Naturerscheinungen, und darum konnten neue Gottheiten auch problemlos von neuen Gruppen akzeptiert und übernommen werden.

Wann das alles einsetzte und sprachlich vermittelbar wurde, wissen wir nicht. Dass sich aber die Erkenntnisse sprunghaft beschleunigten, ist erwiesen. Vor etwa 40 000 Jahren muss so eine Zeit begonnen haben, in der die Menschen anfingen, die verehrten Naturerscheinungen symbolhaft in Bildern von Göttern auszudrücken und sie zum Teil in Menschengestalt zu personalisieren. Anfangs wurden diese Götter noch mit Naturerscheinungen gleichgesetzt, allmählich wurden sie zu Herrschern über die mit ihnen verbundene Natur und noch viel später entfernten sie sich vollkommen von den konkreten Erscheinungen und wurden zu eher abstrakten allgemeinen Schöpferwesen mit klarer Hierarchie. Diese Entwicklung geschah gleichzeitig mit den allmählich entstehenden Unterschieden in den Lebensverhältnissen der damals schon über weite Teile der Welt verstreut lebenden Menschen.

Die heute bestehenden Weltreligionen sind – gemessen an der Menschheitsgeschichte – ja sehr junge Erscheinungen. Religionen und die mit ihnen entstehende Priesterklasse entwickelten sich zu Ordnungssystemen, die auf neue Art helfen sollten, entstandene Probleme des sozialen Zusammenlebens zu lösen und den Einzelnen dabei einen Platz anzuweisen, der möglichst mit Sinn erfüllt wird, damit er auch akzeptiert werden kann und, unter Strafandrohung, akzeptiert werden muss.

Bei den später entstandenen Weltreligionen sind unter dem Aspekt der vorgeschichtlichen Akzeptanz von Vielfältigkeit vor allem die hinduistischen Religionen bemerkenswert, die seit gut 4000 Jahren existieren und nach wie vor mit einer reich bestückten Götterwelt leben. Der Hinduismus hat sich immer wieder neuen Verhältnissen angepasst und existiert deswegen in vielen Varianten. Seine vielen Götter können zwar spezielle Zuständigkeiten haben, sie sind allerdings letztlich Ausprägungen des einen Weltgeistes, und so ist der Hinduismus weder eindeutig poly- noch monotheistisch. In der Geschichte der verschiedenen Richtungen dieser Religion finden wir sowohl mächtige Muttergottheiten, aber ebenso bis heute die Witwenverbrennung und eine extreme Frauenfeindlichkeit.

Mit der zunehmenden Bedeutung des männlichen Anteils an der Entwicklung der Produktivkräfte, die im nächsten Kapitel geschildert wird, wurden allmählich männlich geprägte Gottheiten immer wichtiger. Das spiegelt sich in den uns bekannten, wahrscheinlich Jahrtausende dauernden archaischen Kämpfen um die Vorherrschaft innerhalb der verschiedenen Götterfamilien, bis am Ende in schon fast geschichtlicher Zeit ein einzelner männlicher Gott in drei Religionen übrigblieb, der in gewisser Weise immer noch nach Weltherrschaft strebt.

Es gibt genügend Literatur zu den verschiedenen Ausprägungen der antiken Götterwelt, allerdings nur wenige, die sie auch als Abbild realer Auseinandersetzungen zwischen den Geschlechtern beschrieben haben, wie das beispielsweise Doris Wolf tut[70] und früher vor allem Robert Briffault, der in der Literatur nicht die Rolle spielt, die ihm zukommt. In seinem umfangreichen Werk »The Mothers« hat er immer wieder Belege über weltweit verbreitete Amazonenheere gebracht. Die Zankereien am Götterhimmel waren vermutlich nur Spiegelungen gleichzeitig stattfindender irdischer Kämpfe. Diese relativ vielfältigen Hinweise antiker Autoren auf Geschichten »aus alter Zeit« müssen als Ausdruck wirklicher Auseinandersetzungen im Geschlechterverhältnis erkannt werden, die mit den veränderten Produktionsweisen aufbrachen und in den Jahrtausenden des späten Neolithikums anzusiedeln sind. Wenn der Sultan von Sansibar tatsächlich eine Armee von 6000 Soldatinnen hatte, dann unterstanden diese zwar schon einem männlichen Prinzip, wurden aber als wehrhaft und durchsetzungsfähig angesehen. Davon ausgehend lässt sich eine davorliegende Zeit vermuten, in der Frauen in eigener Verantwortung und mit eigenen Zielen kämpften. In Australien und Borneo waren zu bestimmten Zeiten Männer und Frauen Krieger. Das Gleiche gilt für arabische Heere und für die Amazonen der Dahomey.[71] Die Könige von Siam sollen Amazonenwächter gehabt haben, ebenso persische Könige – und noch vor ein paar Jahren ließ sich Gaddhafi umgeben von seinen Leibwächterinnen fotografieren.[72] Die germanischen Walküren gehören in diese Kategorie, ebenso wie die norwegischen »Red Maiden« oder wahrscheinliche Frauenheere bei den Kimbern und Teutonen. Alle diese Beispiele verweisen auf jeden Fall auf Zeiten, die wir mit der unmittelbaren Vorhistorie in Verbindung bringen können, in denen kriegerische Auseinandersetzungen zur Konfliktlösung schon üblich waren, aber von »friedlichen« Frauen und »kämpferischen« Männern keine Rede sein kann. Stattdessen gibt es jede Menge Hinweise darauf, dass Frauen »in Vorzeiten« ihre Interessen schon mal im Kollektiv verteidigt haben, auch wenn die Art und Weise nicht idealisiert werden sollte, wie es hier und da geschieht. Birgit Langer schreibt dazu: »Interessant ist die Feststellung, dass die Göttin in der mesopotamischen Kunst des 3. Jt. v. Ch. weitgehend als Einzelgängerin dargestellt wird, während sie seit der altbabylonischen Zeit und in der syrischen Kunst meistens mit einem göttlichen Partner abgebildet ist. (…) Die Zu- bzw. Unterordnung der Göttin drückt sich auch in der Wahl des Attributtieres aus. Auf akkadischen und altbabylonischen Darstellungen ist der Löwe ein typisches Attribut der Göttin, syrische (spätere H.S.) Siegel zeigen die Göttin meistens mit dem Attributtier ihres Partners, dem Stier.«[73]

Die neu entstehenden weiblichen und männlichen Gottheiten sind geprägt von einem promisken Geschlechtsleben, wie es wohl auch in der vorneolithischen Zeit noch bei den Menschen üblich war – einfach deswegen, weil die individuellen Unterschiede bis dahin nicht sehr ausgeprägt waren und die Gruppe noch als erweiterter eigener Körper empfunden wurde. Darum zeugen Gesellschaften, in denen schon Säuglinge nach der Geburt mit anderen verheiratet wurden, nicht von sexueller Unterdrückung, sondern eher von der Bedeutung, die die Gruppe spielte, in die sich die Einzelnen einzufügen hatten und die schon in der Kindheit bestimmte, für wen die oder der Erwachsene später Verantwortung zu tragen hatte. Der Begriff »Heirat« für derartige Verträge war ein Synonym für »Verantwortung für eine bestimmte Person«. Theoretisch wäre dies auch ohne Sexualität möglich, praktisch wird sie einbezogen worden sein, höchstwahrscheinlich aber noch ohne die Sexualität auf den oder die eine zu beschränken. (Die heute noch üblichen Zwangsheiraten vor allem in muslimisch geprägten Gesellschaften, sind gewissermaßen pervertierte Überbleibsel aus falsch interpretierten Vorzeiten). Spätestens mit Kenntnis der Vaterschaft und zunehmender Wichtigkeit der Männerarbeit für die Sicherstellung des Lebensunterhalts (siehe Kapitel *Viehzucht*) wurde die Sexualität in diese Vereinbarungen einbezogen, um ihnen ein größeres Gewicht zu verleihen oder die Absicherungen noch fester zu machen. Die zunehmende Spezialisierung trug zudem dazu bei, dass individuelle Zuneigung wie individuelle Konflikte entstehen konnten. Auch das spiegelt sich in der antiken Götterwelt. Sie sind voll von Machtkämpfen, Eifersuchtsdramen, Betrügereien zwischen weiblichen und männlichen Gottheiten mit wechselnden Gewinnern, aber mit allmählicher

Zurückdrängung der großen Göttinnen zugunsten der männlichen Götter. Und bis heute werden die übrig gebliebenen monotheistischen Götter jenseits aller Genderdebatten klar männlich definiert (auch wenn das in bestimmten akademischen Kreisen infrage gestellt wird).

In der realen Welt hatten sich die Zuständigkeiten zwischen Männern und Frauen seit Beginn ihrer Handelsbeziehungen lange so geregelt, dass sich ein relativ egalitäres Verhältnis mit unterschiedlichen Aufgaben zwischen den Geschlechtern eingependelt hatte, indem Vereinbarungen getroffen wurden, die sicherstellten, dass die Fähigkeiten der einen auch den anderen zugutekommen sollten und vice versa. Noch heute kann – mit Ausnahmen – dieses egalitäre Verhältnis in steinzeitlich lebenden Gruppen beobachtet werden.

Vor etwa 10 000 Jahren entstanden die ersten befestigten Städte im Nahen Osten, es gab kleine, mehr oder weniger stabile Dörfer, es gab wie Jahrtausende davor herumziehende Nomaden. In dieser Zeit wurden Menschen fähig, die große Tempelanlage von Göbekli Tepe in der heutigen Osttürkei zu bauen. Nur ein Bruchteil ist bisher ausgegraben, aber der lässt staunen. Der Komplex deutet auf schon sehr arbeitsteiligen Strukturen hin und zeigt an, in welcher Geschwindigkeit eine Erfindung die nächste hervorbrachte und nach immer mehr Organisation verlangte: Es wurden mehrere Steinkreise gefunden, die wiederum aus sechs Meter langen, behauenen, circa 20 Tonnen schweren und mit Reliefs von Tieren und abstrakten Zeichen versehenen Steinen gearbeitet waren. Näher an unserer Zeit gibt es auch noch vor 7000 Jahren steinerne Statuen der Muttergöttin, unter anderem die sitzende, gebärende Göttin mit Löwinnen an ihrer Seite wie in Catal Hüyük. Auch die Kaaba in Mekka steht mit einer Göttin in Verbindung: mit Kybele, in verschiedenen Sprachen auch Kubaba, Kuba, Kube genannt. In seiner Arbeit über die Christliche Schwarze Jungfrau stellt Ean Begg eine Verbindung zwischen Kybele und der Kaaba her. Agdos ist der Name Kybeles, wenn sie die Form eines Steines einnimmt.[74]

An dieser Stelle muss auch etwas über das sich entwickelnde Kastratentum gesagt werden, zu dem es in vielen Teilen der noch vorhistorischen und historischen Welt kam. Zunächst war die Kastration sicher eine Methode, um Männer frauenähnlicher zu machen. Das zeigte sich in der kultischen Entmannung der männlichen Begleiter großer Muttergöttinnen wie etwa der Kybele. Wann genau diese Gebräuche eingeführt wurden, wissen wir nicht. Aber es spielte in den verschiedenen Ländern des Mittelmeerraumes, in denen das Neolithikum mit Viehzucht und Ackerbau begann, eine sehr große Rolle. (Verbreitet waren »Entmannungen« auch in den späteren chinesischen Kaiserzeiten, deren Hofbürokratie oft gleichzeitig mehr als 100 000 Kastraten umfasste. Statt einer Muttergöttin spielte hier die Kaiserinmutter eine bedeutende Rolle, die zum Teil auch vergöttlicht wurde[75]). Auch diese üble Sitte in schon durchgesetzten Patriarchaten verweist auf frühere Auseinandersetzungen zwischen den Geschlechtern um die Definitionsmacht.

Wie schon im Zusammenhang mit der Menstruation erwähnt, spielte deren Nachahmung bei vielen Männerritualen, die wir heute noch kennen, eine Rolle. In den Blutungen manifestierte sich die Macht der Frauen und ihre Verbindungen zur Transzendenz. Männer versuchten diese Verbindungen zum Himmel ebenfalls zu erlangen durch Aneignung der Farbe Rot, durch Blutsbrüderschaften, Tätowierungen, blutrünstige Initiationsrituale, der Reservierung von Purpur für Königswürden und bis in die neuere Zeit durch die roten Fahnendekorationen für die sozialistische Nomenklatura. Freiwillige und erzwungene Kastrationen gehören dazu und daraus abgeleitet Beschneidungen als spätere, »harmlosere« Variante. Solche gewaltigen und gewalttätigen Verstümmelungen gab es massenhaft im Altertum, im Mittelalter und auch noch in der Neuzeit bis heute, wie Piotr O. Scholz in seiner umfangreichen Arbeit zum Thema beschrieben hat.[76] Man denke nur an die kastrierten Sänger im Vatikan und in den barocken Opern bis hin zum Kult mit Schmissen und gewaltigen Gesichtsnarben bei studentischen Verbindungen. Überbleibsel aus der unverstandenen Vorzeit. Letztlich ging es jahrtausendelang um den nicht enden wollenden Versuch, Männer zu Frauen zu machen. Die meisten Kastraten starben an dem Eingriff. Die hoch entwickelten chinesischen Operationszentren waren laut Scholz vermutlich eine Ausnahme.

Die Gründe für die Kastration änderten sich im Lauf der Zeit. Schon in geschichtlicher Zeit kam ein neuer Aspekt hinzu, nämlich die Sehnsucht nach einem Wesen, das zugleich Mann und Frau ist und die Eigenschaften beider in sich vereint. Möglicherweise sollten so auch immer wieder die in der Literatur erwähnten Kriege zwischen den Geschlechtern und neue Unterdrückungsmaßnahmen verhindert oder ausgeglichen werden. Die vielen noch erhaltenen Darstellungen von Mischwesen und Hermaphroditen könnten darauf hinweisen. Eventuell ist auch das zahlreiche Auftauchen geschlechtsloser Engel in vielen Kunstwerken Ausdruck der Sehnsucht nach verloren gegangener Einheit.

Irgendwann aber, als sich das Patriarchat schon durchgesetzt hatte, veränderten sich auch die Gründe für die Kastration und kehrten sie um. Als Strafe gab es sie zwar schon unter dem Gesetz des Hammurabi im 18. Jahrhundert v. d. Z. Später wurde es normal, besiegten Feinden massenhaft die Geschlechtsteile abzuschneiden und sie als Trophäen auszustellen. Nun ging es nicht mehr darum, muttergleich zu werden, sondern im Gegenteil, den männlichen Mann zu feiern, der seine Gegner verachtete, indem er sie zu Frauen machte.

Im späteren Judentum wurde Kastration nicht gebilligt, dort wurde eine weniger drastische Methode praktiziert, die dennoch bis heute immer wieder Opfer fordert: die Beschneidung. Die heute noch praktizierten grausamen Mädchenbeschneidungen sind höchstwahrscheinlich sehr viel später eingeführt worden, zu einem Zeitpunkt, als die Frauen schon ihre Selbständigkeit verloren hatten, die Männerbeschneidung durchgesetzt war, aber die Ursachen dafür vergessen. Die Beschneidung der Mädchen war ein eindeutiger Kontrollakt und sollte unter anderem die Vaterschaft des Ehemanns garantieren als diese schon zu einem Faktor der Ökonomie geworden war.

Vielleicht gibt es den Wandel von der mächtigen Mutterfigur zum gebärenden Vater auch noch in anderen Religionen und Regionen. Die Griechen jedenfalls schufen den Gottvater Zeus als Mutter von Athene. Er gebar sie aus dem Kopf. Und er gebar ohne Frauen noch weitere Kinder: den Gott Dionysos, den hermaphroditischen Agdistis und – nach einer Version – als »Schenkelgeburt« Adonis.

Diese Geschichten zeigen, dass die jüngere Vorgeschichte voller Dramatik gewesen sein muss. Die entstehenden Götterfamilien mit ihren Gewalttaten verwiesen auf irdische Ereignisse, auf Amazonen- und Kastratenheere, und zeugten von der Sehnsucht, die Konflikte, die durch enger auf einem Raum lebenden Menschen entstanden waren, neu in den Griff zu kriegen.

Unter all den verschiedenen Gruppen gab es sicher einige, die das Glück hatten, viele Katastrophen über lange Zeiträume hinweg überlebt zu haben, und dadurch Wissen speichern und weitergeben konnten. Sie repräsentieren anhand der Funde heute für uns den Fortschritt. Es waren Gruppen, denen es möglich war, in verhältnismäßiger Ruhe vielfältige Fähigkeiten auszubauen, sich sprachlich untereinander zu verständigen und eigene Vorstellungen über das Woher und Wohin zu entwickeln.

Daneben gab es andere, die nicht so begünstigt waren, die immer wieder verloren gegangene Erfindungen aufs Neue machen mussten, sich immer wieder an neue Umstände anpassen mussten, sich langsamer entwickelten, was sie zäher machen konnte, andererseits aber auch anfälliger dafür, bei den sich anbahnenden Hierarchisierungen innerhalb der größer werdenden Gemeinschaften den Kürzeren zu ziehen und sich unterordnen zu müssen. Diese Hierarchisierungen bezogen sich nicht nur auf die Gesamtheit einer Gruppe oder eines unterlegenen Stammes, sondern sie spalteten erstmals auch die Geschlechter.

Mit immer neuen Erfindungen und Entdeckungen und deren Folgen wurden in immer kürzeren Zeitabständen die Verhältnisse komplizierter und differenzierter und der Wunsch nach Ordnung dringender. Es wuchs die Notwendigkeit, Regeln zu schaffen, um zwischen auseinanderdriftenden Interessen zu vermitteln.

Mit deren Durchsetzung begann gleichzeitig ein allmählicher Schrumpfungsprozess am Götterhimmel. Die sich immer weiter hierarchisierende Gesellschaft erfand ihre Parallele am Himmel, es gab Haupt- und Nebengöttinnen und Götter, solche mit mehr und mit weniger Macht. Es war nicht mehr genug, nur die Sterne, die Sonne und den Mond zu ehren, sondern die Religion musste als Ordnungsmacht erfunden werden, um die immer größer werdenden Probleme der Menschen meistern zu können, möglichst mit deren Zustimmung.

An dieser Stelle möchte ich daran erinnern, welch ungeheure Verluste der Menschheit durch die Zerstörungen der antiken Bibliotheken entstanden sind. Obwohl der Bestand der wahrscheinlich größten, im 3. Jahrhundert v. u. Z. gegründeten Bibliothek in Alexandria nicht mehr genau rekonstruiert werden kann, gehen doch die geringsten Schätzungen von 54 000 Schriftrollen aus, es werden aber auch bis zu 700 000 Rollen zu allen Wissensgebieten für möglich gehalten. Es ist wahrscheinlich, dass diese Schriftrollen viel Wissenswertes und verloren Gegangenes über schon damals weit zurückliegende Zeiten enthalten haben und vermutlich Genaueres über diese Götter- und Geschlechterkämpfe zu sagen hatten. Aber auch noch heute gibt es immer wieder Hinweise auf längst vergangene Zeiten, in denen Frauen einen besseren Status hatten, wie diese beiden Zitate des bekannten libyschen Schriftstellers Kamal Ben Hameda bezeugen sollen: »Der kleine Hadachinou ist da! Du kannst ruhig zuhören, dann weißt du schon Bescheid, was es heißt, Frau zu sein, wenn du erst einmal der Rasse der Männer angehörst! (…) Ich gehöre einer anderen Rasse an, einer anderen, viel älteren und wilderen Fauna. Ich bin wie alle Frauen, selbst wenn sie es vergessen haben, eine direkte Nachfahrin der Amazonen, jener kriegerischen Göttinnen, der Windsbräute, der mit der Unendlichkeit Vermählten! Während der Jahreszeit der weiten Viehwanderungen waren sie es, die jagten und die Stämme befehligten. Die Männer hingegen dienten ihnen. Einmal im Jahr paarten sie sich mit ihnen und töteten darauf die männlichen Nachkommen, nur wenige behielten sie bei sich zur Sicherung der Fortpflanzung. Aber dann kamen aus der großen verbrannten Wüste jene Volksstämme, die nur einen einzigen und unsichtbaren Gott verehrten. Mit ihrem Sesshaftwerden hier begann die Katastrophe. Unsere Männer, die wie Papageien die Worte des unsichtbaren Gottes nachzuplappern begannen, haben sie schließlich zu unseren Gebietern erklärt, und aus uns haben sie die Hüterinnen des Maghzen, des Hauses und des Bettes gemacht. Aber das haben die Männer mir teuer bezahlt, sehr teuer. Hier spricht eine stolze Frau, weder Hure noch Heilige. Ja, ich bin eine Amazone, eine Hexe.«[77] Und: »Mein kleiner Hadachinou, selbst wenn man den Namen seiner Vorfahren herausfindet und weiß, dass sie von den Arabern oder Berbern abstammen oder von jenen Völkern, die glaubten, Tripolis erobert zu haben, kann niemand genau wissen, woher er kommt. Und was die Scheichs angeht, das sind nur Papageien, die seit ewigen Zeiten ein und dasselbe Wort daherstottern (...).Weißt du, was Allah bedeutet? Allah, das ist das Erstaunen. Wenn du erstaunt bist, was sagst du dann? Ah! Nicht wahr? Allah bedeutet einfach das AH! In dem Augenblick, da wir gebannt sind von einer Erscheinung oder einem Ereignis oder wenn wir einfach staunen können angesichts der kleinen Offenbarungen im täglichen Leben, dann, in solchen Momenten, offenbart sich Allah. Erst mit ihren Machtkämpfen haben die Menschen das versteinern lassen, was ursprünglich nichts als reines Staunen und Erkennen war, und gaben ihm einen Namen, der furchterregend sein sollte, und ein ebensolches Gesicht, ja sogar einen Bart. Die ganze Welt reißen sie mit sich fort in ihre wahnhaften Abgründe, denn anstatt sich Fragen zu stellen angesichts dieser rätselhaften Schönheit, überschwemmen sie die Erde mit einer Sintflut von Worten (...) und Toten.«[78]

Mit dem Sieg des Monotheismus wird Religion zu etwas vollkommen Neuem: Sie greift zum ersten Mal mit Strafmaßnahmen in das Denken ein, um das Denken selbst zu beeinflussen. Das lässt sich sehr gut an den Geboten der verschiedenen Religionen verdeutlichen, die bis heute als Weltreligionen bestehen.

Hinduismus

Die verschiedenen Strömungen gehören zu den ältesten noch heute existierenden großen Religionen und sind circa 4000 Jahre alt. Viele Hindus leben nach den Yoga-Regeln von yamas und niyamas.

Ahimsa: *Sei gewaltlos, zerstöre oder verletze nichts und niemanden der großen Schöpfung, nicht mit Gedanken, Worten oder Taten.*

Satya: Sage die Wahrheit, außer du würdest einen anderen dadurch verletzten, dann schweige.

Asteya: *Nimm nichts an dich, was dir nicht gehört. Wenn du dir etwas geliehen hast, gib es wieder zurück. Rühme dich nicht mit Taten, die du nicht begangen hast.*
Brahmacarya: *Zügle dein Verlangen egal, um was es geht. Rede und handle nicht übertrieben. Finde immer das richtige Maß für alles, was du denkst, tust und sagst.*
Aparigraha: *Nichts gehört uns Menschen, deshalb ergreife keinen Besitz von der Schöpfung. Belaste dich nicht mit unnützen Dingen und Gedanken. Lerne das Wichtige vom Unwichtigen zu unterscheiden.*
Sauca: *Halte dich innerlich und äußerlich rein. Achte auf die Sauberkeit deines Körpers und ernähre dich gut. Reinige deinen Körper und deine Seele mit Yogaübungen und Atemübungen.*
Santosha: *Wenn du einfach lebst, genügsam, heiter und gelassen bist, wirst du Zufriedenheit erlangen. Also rede und handle nach deinen Begabungen, schöpfe sie für dich und zum Wohle anderer aus und lebe zufrieden.*
Tapas: Rede und handle immer mit Achtsamkeit. Verrichte alle deine Handlungen voller Konzentration. Strenge dich an, alles was du tust, so gut wie möglich zu machen.
Svadhyaya: *Beobachte und erforsche dich selbst. Mache dir Gedanken darüber, was du sagst und tust und warum. Wo stehst du und wo ist dein Ziel? Studiere die heiligen Schriften und erkenne dich selbst als ein Teil der Schöpfung.*
Isvarapranidhana: *Glaube an die große Weltseele, die alles umfassende Macht. Befreie deinen Geist durch innere Einkehr, um dich ganz dem Göttlichen hinzugeben. Ziehe daraus deine Kraft und Energie für das Leben.*[79]

Buddhismus

Der Buddhismus entstand im 6./5. Jahrhundert v. u. Z. Die Fünf Silas sind die sittlichen Übungsregeln des Buddhismus:
Ich gelobe, mich darin zu üben, kein Lebewesen zu töten oder zu verletzen.
Ich gelobe, mich darin zu üben, nichts zu nehmen, was nicht freiwillig gegeben wird.
Ich gelobe, mich darin zu üben, mich keinen anstößigen sexuellen Freuden hinzugeben.
Ich gelobe, mich darin zu üben, nicht zu lügen und wohlwollend zu sprechen.
Ich gelobe, mich darin zu üben, keine berauschenden Substanzen zu konsumieren, die den Geist verwirren und das Bewusstsein trüben.

Judentum

Als Religionsstifter gilt Moses. Historische Belege für seine Existenz fehlen. Als eigentlicher Begründer des heutigen Judentums gilt Esra (um 440 v. u. Z.). Die Regeln sind: Gott als Herrn und Befreier aus Ägypten anerkennen. Nur an einen Gott glauben und dir nicht vorstellen, wie er aussieht (*Du sollst dir kein Bildnis noch irgendein Gleichnis machen, weder von dem, was oben im Himmel, noch von dem, was unten auf Erden, noch von dem, was im Wasser unter der Erde ist: Bete sie nicht an und diene ihnen nicht!*)
- *Gottes Namen in Ehren halten*
- *am Schabbat ruhen und ihn feiern*
- *deine Eltern ehren*
- *nicht morden*
- *nicht ehebrechen*
- *nicht stehlen*
- *nicht Falsches über andere sagen*
- *niemanden beneiden.*

Christentum

Nahezu gleich mit jüdischen Geboten.

Ich bin der Herr, dein Gott. Du sollst keine anderen Götter haben neben mir.

Du sollst den Namen des Herrn, deines Gottes, nicht missbrauchen.

Du sollst den Feiertag heiligen.

Du sollst deinen Vater und deine Mutter ehren.

Du sollst nicht töten.

Du sollst nicht ehebrechen.

Du sollst nicht stehlen.

Du sollst nicht falsch Zeugnis reden wider deinen Nächsten.

Du sollst nicht begehren deines Nächsten Haus.

(Du sollst nicht begehren deines Nächsten Weib, Knecht, Magd, Vieh noch alles, was dein Nächster hat.)

Islam

Mohammed 570 bis 632 u. Z.

Glaubensbekenntnis: *Ich bezeuge: Es gibt keinen Gott außer Allah und ich bezeuge, dass Muhammad der Gesandte Allahs ist.*

Gebet

Almosensteuer

Fasten im Monat Ramadan

Wallfahrt nach Mekka

Während Hinduismus und Buddhismus als ältere Religionen mit noch vielfältiger Götterwelt Verhaltensregeln aufstellen, um ein auskömmliches Miteinander zu gewährleisten, was sich auch auf Tiere erstreckt, sind die drei letztgenannten Religionen schon Siege des Patriarchats. Die neuen Grundsätze mussten allerdings immer wieder bekräftigt werden, weil die Menschen die Tendenz hatten, auf die alten – als angenehmer empfundenen Götter – zurückzugreifen, wie zum Beispiel auf die goldene

Kuh, die Repräsentantin der Muttergöttin. Darum ist der Hauptsatz im jeweils ersten Gebot der monotheistischen Religionen der Befehl, nur an den einen Gott zu glauben, der gleichzeitig schon eindeutig als ein männlicher gedacht wird: Ich bin der Herr, dein Gott.

Dies wird im Juden- und Christentum im zweiten und dritten Gebot noch einmal bekräftigt, indem darauf hingewiesen wird, dass der Name nicht missbraucht werden darf, keine anderen Götter neben dem einen bestehen dürfen und seine Feiertage geheiligt werden müssen. Erst danach folgen allgemeine Verhaltensregeln, die das Miteinander organisieren. Schon im Ton unterscheiden sich diese Gebote von den eher liebevoll und auf die Vernunft hinzielenden Empfehlungen der beiden erstgenannten Religionen.

Dazu kommt, dass das jüdische und christliche Gebot: »Du sollst nicht töten« keineswegs für alle gilt. Das wird gerne vergessen. Die männlichen Führer nahmen für sich in Anspruch, ihre Anweisungen direkt von Gott erhalten zu haben, was sie berechtigte, Andersgläubige auszurotten, Frauen, die sich nicht unterwerfen wollten, zu steinigen, oder Volksgruppen, die sich unbotmäßig zeigten, zu liquidieren. Ausnahmen sind laut Bibel kleine Mädchen vor der Menstruation, die den eigenen Männern zur Frau gegeben werden sollten. Diese Vollmacht zur Vernichtung musste durch eine besondere Nähe zu dem neuen alleinigen Gott begründet werden. Heute werden diese frühen und wesentlichen Bestandteile der monotheistischen Religionen meist nicht mehr erwähnt, weil die wenigsten noch daran glauben können, so wenig wie an die Jungfrauengeburt, Himmelfahrt oder Höllenvorstellungen. Das Recht, das Tötungsverbot zu ignorieren ist auf die Staatsmacht übergegangen. Regierungen können Mitmenschen in Kriege schicken, die Todesstrafe verhängen und Ideologien erfinden, um dies plausibel erscheinen zu lassen.

Die offiziellen Feierreden stehen ganz in dieser alten Denktradition. In staatstragenden Veranstaltungen beruft man sich gern auf die monotheistischen Religionen und die Menschenrechte, indem so getan wird, als seien die letzteren Produkte dieser Religionen und nicht Ergebnisse des aufklärerischen Widerstands auch gegen religiöse Bevormundungen. Zudem wird verschwiegen, dass der größte Teil der gegenwärtigen Stadt-Bevölkerungen inzwischen nicht feindlich, sondern vollkommen desinteressiert ist an den überlieferten Religionen, selbst dann, wenn sich die Menschen noch als zugehörig verstehen. Deren blutrünstige frauen- und verstandesfeindliche Geschichten sind nach Jahrhunderten mühseliger Aufklärung im Bewusstsein großer Bevölkerungsteile angekommen. Verschiedene zeremonielle und traditionell verwurzelte Aspekte werden noch gebraucht, um bestimmten Lebensabschnitten einen feierlichen Rahmen zu geben.

Die Zeit der Religionen, die ein paar tausend Jahre ihre Funktionen erfüllt haben, indem sie das gesellschaftliche Leben zusammen hielten und immer größer werdende Menschenmassen ihren Regeln unterwarfen, scheint heute an ihrem Ende angekommen zu sein, auch wenn die gegenwärtigen Gewalttaten häufig mit religiösen Begründungen ausgeführt werden. Der menschliche Verstand sehnt sich offenbar nach Einfachheit, nach einfacher Verehrung der Naturerscheinungen und will diesen Zustand ohne Rücksicht auf Verluste wieder zurückbomben.

VIEHZUCHT

In den bisher beschriebenen vorgeschichtlichen Zeiten war nichts zu finden, was auf Frauenunterdrückung schließen lassen könnte. Was allerdings in Spuren rekonstruierbar ist, ist die zunehmende Differenzierung der Tätigkeiten in einer zusammenlebenden Gruppe, in der die Frauen aus biologischen Gründen der Motor für die Entwicklung waren. Es gab eine vermutlich mehrere Jahrhunderttausende dauernde Phase, die aufgrund der schon beschriebenen Verhältnisse von Egalität zwischen den Geschlechtern geprägt sein musste und sich das vorher vom Instinkt geleitete Verhalten langsam in ein soziales verwandelte. In diesen Jahrtausenden wurden die Anfänge dafür gelegt, nicht mehr ausschließlich selber für die Nahrungsbeschaffung verantwortlich zu sein, sondern Methoden gegenseitiger Verpflichtung in Form von Handelsbeziehungen zwischen Frauen und Männern zu entwickeln. Diese Methoden mussten über lange Zeiträume eingeübt und automatisiert werden und schufen die Grundlagen dafür, was später als Arbeit und Arbeitsteilung bezeichnet wurde. Jedenfalls wurde über lange Zeiträume ein relativ ausgewogenes System von Geben und Nehmen geschaffen, woraus sich Strukturen innerhalb und später zwischen sich begegnenden Gruppen bildeten, die langsam alle Lebensbereiche umfassten.

Jetzt nähern wir uns immer schneller den Zeiten, die die eingefahrenen Verhältnisse grundlegend zu Ungunsten der Frauen verändern sollten, ohne die schon traditionell gewordenen Tätigkeiten zu verändern. Überhaupt möchte ich hier noch einmal auf die zunehmende Beschleunigung hinweisen, die in der Entwicklung feststellbar ist. Von Lucy an, die schon aufrecht lief, bis zu der Zeit, der wir uns jetzt nähern, sind über drei Millionen Jahre vergangen, wobei für die letzten Jahrhunderttausende eine immer schnellere Entwicklung nachweisbar ist.

Vielleicht können wir diesen Zeitpunkt irgendwann noch genauer bestimmen, in der die Menschen selbstverständlich als soziale und nicht nur als biologische Gruppe zusammen zu leben begannen. Ich vermute, dass sich diese Strukturen schon zu späten Neandertalerzeiten herausgebildet hatten und mit dem Auftreten von Homo sapiens immer deutlicher akzentuierten. Von den Neandertalern sagt man, dass sie zu ihren Blütezeiten nie mehr waren als 10 000 Personen – verstreut über West- und Osteuropa und den Nahen Osten. Der Homo sapiens trat zahlreicher auf und überlebte die schon geschilderte auch im Norden wirksame Katastrophe, den Ausbruch der Phlegräischen Felder vor 37 000 Jahren.

Das Schwierigste ist, sich immer wieder die langen Zeitstrecken wirklich vorzustellen, in der sich die vielen Veränderungen langsam vollzogen und zur Grundlage für die nächsten Veränderungen wurden. Die Geduld und Begeisterung, die alle noch vor 30 Jahren hatten, wenn sie an der schon sensationell schnellen elektrischen IBM-Schreibmaschine mit Kugelkopf und Korrekturtaste saßen und einen Fehler korrigieren mussten, ist heute selbst von denen kaum mehr nachvollziehbar, die noch mit diesen Maschinen zu arbeiten lernten.

Und so wie wir uns normalerweise nicht an die ersten drei Lebensjahre unsere eigenen Kindheit erinnern können, obwohl wir in dieser Zeit geradezu explosionsartig immer neue Fähigkeiten entwickeln, kann sich die Menschheit nicht an ihre Entwicklung erinnern, die gut vier Millionen Jahre in Anspruch nahm und geprägt war von den Problemen, die die Mutterschaft mit sich brachte, sowie von den Lösungen dieser Probleme, die ab und zu fassbar werden in verstreut entdeckten Überbleibseln verschiedener Kulturen. Und so wie die Kindheit auch noch das Erwachsenenalter prägt, ist auch für die Menschheit die Vorgeschichte keine abgeschlossene Episode.

Die mangelnde Zeit-Vorstellung wird mit einem Schlag deutlich, wenn heute Wissenschaftler oder Journalisten die Zerstörungen antiker Stätten durch den IS mit den Worten beklagen, dass sie »die Zeichen der Wiege der Menschheit« damit auslöschen. Die Klage ist berechtigt, auch wenn die Zerstörung nicht die »Wiege« der Menschheit trifft, sondern eine sehr viel spätere Phase, die eher schon als Senioren-und Rollator-Zeit der Menschheit zu beschreiben wäre, in der das Patriarchat durchgesetzt war, und die unserer Gegenwart schon recht nahe ist.

Die archäologischen Funde verraten zwar viel, aber wenig über die Art des Zusammenlebens. All das ist zu bedenken, wenn der Umbruch für die Frauen bestimmt werden soll, der sich in einem Rahmen von einigen Jahrtausenden abspielte und alle irgendwann traf. Das war letztlich nicht nur für sie verhängnisvoll, sondern auch für die scheinbar siegenden Männer, weil es auch sie langfristig in Gewinner und Verlierer spaltete – wobei die Verliererseite bis heute immer weiter ausgedehnt wird und immer neue Gruppen umfasst. Es war nur der Anfang einer sich logisch anbahnenden und fortentwickelnden Katastrophe.

So wie wir heute unmerklich altern und beim Betrachten alter Fotos erkennen, wie wir uns verändert haben, so haben sich unsere Vorfahren in ein paar Millionen Jahren stetig von ihren Ursprüngen entfernt und sind zu Menschen geworden, die eine Sprache haben und Kultur. Es ist also durchaus verwegen von unseren Historikern und Philosophen, die Geschichte und Ordnungssysteme im Wesentlichen mit den Griechen und ihrer Philosophie beginnen zu lassen und die monotheistischen Religionen, die sich alle schon auf ein entwickeltes Patriarchat stützen, als Schritt von der Primitivität in die Kultur zu bezeichnen. Die Demokratie, die aus dieser Entwicklung in griechischen Stadtstaaten hervorging und auf die wir uns heute berufen, hatte schon zur Voraussetzung, dass Frauen und Sklaven von der »Volksherrschaft« ausgeschlossen waren. Das wird praktisch nie problematisiert, meist nicht einmal als wenigstens bemerkenswert erwähnt. Die Demokratie war eine ausschließliche Angelegenheit von freien, männlichen Athener Bürgern, die zwar durch diese Beschränkung chaotische Zustände in den Griff bekamen, dafür aber die schon entstandenen Hierarchien verfestigten und besiegelten. Demokratisch ging es eher in einigen abgelegenen afrikanischen Dörfern zu, in denen das »Palavern« gepflegt wurde. Das hieß, dass Probleme solange von allen Bewohnern erörtert wurden, bis alle zu einer einhelligen gemeinsamen Lösung kamen, was Stunden, Tage oder Wochen dauern konnte, dann aber Bestand hatte und von allen getragen wurde.

Die Intelligenz, die unsere Vorfahren über lange Zeit ausgebildet haben, hat dafür gesorgt, die immer wieder neu entstehenden praktischen Probleme lösen zu helfen. Meist wurde erst spät erkannt, dass genau diese Lösungen durch die Hintertür neue und immer schwerwiegendere Probleme schufen, denen ebenfalls mit neuen Erfindungen begegnet werden musste, die ihrerseits für neue Konflikte sorgten und so fort. Hier sei nur an die »friedliche« Nutzung der Atomenergie und ihrer schon eingetretenen Katastrophen erinnert.

Heute werden bestimmte Arbeiten nicht mehr zwangsläufig einem bestimmten Geschlecht zugeordnet, im Prinzip könnten heute alle alles machen. Aber die auf der Grundlage der Differenz gebildeten Strukturen verändern sich viel langsamer. In der horizontal globalisierten Welt bestehen nach wie vor vertikale Zeitinseln aus ganz anderen Entwicklungsphasen, die immer wieder Blicke in die Geschichte ermöglichen oder alte Konflikte neu beleben. Und auch persönlich steckt jeder Mensch mit vielen Fasern in der Vergangenheit. Dass Frauen mit ihren Erfindungen wesentlich zum Fortschritt beigetragen haben, ist erst in allerletzter Zeit in die Nähe ernsthafter Überlegungen geraten und ein interessanter Hinweis darauf, wie Erkenntnisse aus der vielfach nicht-akademischen Bevölkerung allmählich Eingang in die Wissenschaft finden. Hierzu gibt es ein neues Beispiel durch die Forschungen der US-Anthropologin Kristen Hawkes, die die große Bedeutung der Großmütter für die Kindererziehung (und damit für die Organisierung des Lebens) entdeckt hat.[80]

Vor 40 000 Jahren standen die Menschen erst am Anfang dieser sich immer mehr beschleunigenden Entwicklung, die Marx/Engels im späteren Kommunistischen Manifest so beschreiben: »Die Geschichte aller bisherigen Gesellschaften ist die Geschichte von Klassenkämpfen.« Ich würde dagegensetzen: Die Geschichte aller bisherigen Gesellschaften ist die Geschichte von Problemlösungen, die auf jeweils höherer Stufe neue Probleme schufen. Marx/Engels setzten den Anfang der Geschichte zu spät an. Da sie von der natürlichen Arbeitsteilung ausgingen und die Menschwerdung nicht als Prozess begriffen, sondern in einen abgeschlossenen vorgeschichtlichen Raum legten, konnten sie die Kämpfe zu einem Zeitpunkt beginnen lassen, als es schon »Freie und Sklaven, Patrizier und Plebejer, Baron und Leibeigene« gab. Tatsächlich aber folgte die erste Differenzierung des Soziallebens der Biologie: Erst als Männer und Frauen schon unterschiedlichen Tätigkeiten nachgingen, sich der Tausch zwischen den Geschlechtern etabliert hatte und das soziale Leben strukturierte, konnten sich innerhalb einer Gruppe im Verlauf langer Zeiten verschiedene Schwerpunkte bilden und à la long auch ein Gefühl für wichtige und weniger wichtige Tätigkeiten, was allmählich die bisher egalitär lebenden Gruppen hierarchisierte. Diese langen Vorreden sind nötig, um die weitere Entwicklung zu verstehen.

Wenn wir im Jahr 40 000 v. d. Z. angekommen sind, dann haben wir vor uns Menschen, Neandertaler und Homo sapiens, die ihre Toten begraben, die das Feuer nutzen, die immer bessere Werkzeuge herstellen aus immer neuen Materialien, die in kalten Gegenden das Überleben gelernt haben, die sich vielleicht als Schmuck Federn oder Blumen ins verfilzte Haar stecken, das bei den Neandertalern schon blond war, die sich mit Pflanzenfarben orange Tupfer auf die Haut malten und sich mit Lauten, Pfeifen, Grunzen, Trommeln verständigen konnten. Nach neuesten Erkenntnissen[81] begann vor 40 000 Jahren, 20 000 Jahre früher als bisher angenommen, die Domestizierung des Hundes. Möglicherweise hatte sich diese Domestizierung eher zufällig ergeben. Vielleicht aus dem noch allgemein vorherrschenden Gefühl der Ebenbürtigkeit aller Lebewesen. Vielleicht bekamen verwaiste Wolfswelpen von Menschen Nahrung, schlossen sich ihnen an und wurden so allmählich gezähmt. Was die Menschen von uns vor allem unterschied: Sie waren durch und durch regionale Wesen. Sie hätten dem alten, aber heute nicht mehr geltenden Spruch zustimmen können: Afghanistan, Afghanistan, das geht dich Aff'gar nichts an.

Es fehlt nicht mehr viel und wir stoßen auf Kunstwerke, vor allem auf die weltweit produzierten Frauenstatuetten, deren bisher älteste die *Frau vom Hohle Fels* mit vermutlich 40 000 Jahren ist. Wir finden die Höhle Cueva del Castillo, mit den bisher ältesten Malereien oder auch die erst 1994 entdeckte bemalte Höhle von Chauvet mit hunderten von Tierdarstellungen (Letztere Höhle soll allerdings nicht so alt sein, wie anfangs angenommen, sondern wird heute eher auf eine Zeit vor 32 000

Jahren datiert). Es werden laufend Tierstatuetten, Schmucksteine, Musikinstrumente, wie eine über 35 000 Jahre alte Flöte aus Knochen, und weitere Artefakte gefunden, die deutlich machen, dass die Affenzeit weit hinter diesen Menschen liegt und wir uns dennoch immer noch in der Vorgeschichte befinden, in der langsam festgezurrt wird, was uns noch heute bestimmt.

Es liegt übrigens nahe, die Herstellung der ersten Kunstwerke mit Frauen in Verbindung zu bringen. Ihre schon früh erlernten Fähigkeiten, Materialien zu flechten, um ihre Kinder und Nahrung zu transportieren, werden die Frauen fortlaufend weiterentwickelt haben. Männer hatten, wie schon mehrfach ausgeführt, lange Zeit kaum Veranlassung, ähnliche Fertigkeiten zu entwickeln. Die vergänglichen, von Frauen hergestellten Produkte haben die Zeiten nicht überstanden. Ihre eher zum Sesshaften neigenden Bedürfnisse konnten überhaupt erst die Ruhe und Konzentration schaffen, die zur Herstellung solcher Kunstwerke/Alltagsgegenstände notwendig waren – wobei die Ergebnisse natürlich auch Männer zur Nachahmung anregen konnten. Wenn Frauen lieber in ihren Höhlen blieben, dann sollte dies auch Spuren hinterlassen haben.

Solche Spuren hat Dean Snow, ein Anthropologe von der Pennsylvania State University, bei den in vielen Höhlen hinterlassenen Handabdrücken gefunden: Nur zehn Prozent der steinzeitlichen Handabdrücke auf den Höhlenwänden stammten von erwachsenen Männern. 15 Prozent waren von Jugendlichen hinterlassen worden, aber 75 Prozent – und damit die überwältigende Mehrheit – stammten von Frauen. Dies soll nur ein Hinweis darauf sein, dass solche Malereien nicht automatisch Männern zugeschrieben werden sollten, wie das immer noch weitgehend üblich ist.

Noch können wir nur spekulieren, wie sich das Zusammenleben in den Gruppen der Neandertaler und der Homo sapiens-

Menschen oder beim Zusammentreffen beider Arten gestaltete. Wie schon erwähnt, wissen wir inzwischen, dass beide Gruppen miteinander Sex hatten und Kinder zeugten und dass dies ein Hinweis darauf sein kann, dass ihre Begegnungen friedlich abgelaufen sein konnten – was auch wieder den üblichen Darstellungen dieser Zusammentreffen widerspricht. Wenn die Vermutung stimmt, dass es insgesamt nur 10 000 Neandertaler gab und etwa 100 000 Homo-sapiens-Menschen zu dieser Zeit, dann ist das Aussterben der Neandertaler möglicherweise auch darauf zurück zu führen, dass sie von den Neuen nach ein paar Generationen aufgesogen worden waren. Wir müssen dann sogar von einem ziemlich regen Geschlechtsverkehr zwischen beiden Gruppen ausgehen, damit es möglich war, bei uns Europäern heute noch zwei Prozent Neandertalergene zu hinterlassen. Sie mussten sich ja überhaupt erst einmal treffen können – gar nicht so einfach in den fast noch menschenleeren Landschaften.

Vielleicht sind hier auch die ersten »Heiratsbräuche« anzusiedeln, die später ähnlich noch von Malinowski und anderen in steinzeitlich lebenden Gesellschaften gefunden wurden und festlegten, ob Frauen oder Männer in eine fremde Gruppe »einheirateten«. So ein Brauch würde schon auf eine sehr differenzierte Gesellschaftsstruktur schließen lassen. Der Begriff »Einheiraten« assoziiert sofort Sexualität. Wahrscheinlich war Sex aber eher ein Nebenaspekt, weil es noch keinen Grund dafür gab, Sexualität in soziale Ordnungen einzubinden. Wichtiger bei dieser »Heiratspolitik« dürfte gewesen sein, die Grundsicherung für alle zu gewährleisten, das heißt die Verpflichtung, sich gegenseitig mit Lebensnotwendigem zu versorgen. Durch den Tausch von Frauen oder Männern zwischen einander fremden Gruppen wurden gleichzeitig Formen für die gegenseitige Verständigung geschaffen. Die Mitglieder einer Gruppe wurden so mit den Fähigkeiten, Kenntnissen und der Sprache einer anderen

Gruppe bekannt und lernten einen friedlichen Umgang miteinander. Dass sie auch miteinander Sex hatten, war wahrscheinlich eine eher selbstverständliche Begleiterscheinung und musste für die Betreffenden nicht bedeuten, sexuell monogam zu leben. Vaterschaft hatte, so sie denn schon bekannt war, noch keine Bedeutung. Möglicherweise wurde Vaterschaft überhaupt erst dadurch bekannt, dass sich Merkmale der verschiedenen Arten plötzlich in den Kindern fanden und eine noch schwarzhäutige, aus Afrika eingewanderte Homo sapiens-Frau plötzlich ein blondes Kind gebar.

Vermutlich hat die schon früher aus Australien beschriebene Entwicklung, eine bestimmte Frau einem bestimmten Mann zuzuordnen, die gegenseitig verpflichtet waren, sich mit ihren jeweiligen Produkten zu versorgen, auch in anderen Weltgegenden zu ähnlichen Vereinbarungen geführt.[82] Solche Zuordnung geschah nach strikten Regeln und begründete in Australien Verwandtschaftsverhältnisse kreuz und quer über den ganzen Kontinent. Es liegt nahe, dass sich daraus auch spezielle sexuelle Verhältnisse entwickeln konnten, schon allein deswegen, weil diese einander zugeteilten Menschen sich wegen der gegenseitigen Verpflichtungen auch besser kennenlernten und ihre Individualitäten erkennen konnten – die rudimentären Anfänge individueller Zu- oder Abneigung und sexueller Kontinuität, die ein weiterer Grund zur Erkennung der Vaterschaft sein konnte. Dass der Vater lange keine Rolle spielte, geht auch daraus hervor, dass bis in unsere Zeiten hinein in vielen Weltgegenden der Mutterbruder die männliche Autorität für die Kinder der Schwester war. Seine Verwandtschaft zur Schwester war über die gemeinsame Mutter eindeutig identifizierbar und das legitimierte ihn, das anzunehmen, was heute »Vaterrolle« genannt wird. Sprachlich drückt sich dieses besondere Verhältnis zum Beispiel im Finnischen noch dadurch aus, dass der Bruder des Vaters »setä«

heißt und der Mutterbruder »eno«. Im Deutschen nennen wir beide »Onkel«, was als gemeinsamer Begriff bei vielen Völkern undenkbar ist. Dazu gibt es eine interessante Episode von Herodot. Er beschreibt die Geschichte der Frau von Intaphrenes (aus dem Jahr 522 v. u. Z.) Er, ein Freund des Dareios, seine neun Söhne und andere männliche Angehörige seiner Familie wurden wegen einer Verschwörung verhaftet und zum Tod verurteilt. Seine Frau bat immer wieder um Gnade. Dareios erlaubte ihr schließlich, einen Mann aus ihrer Familie zu retten. Sie wählte den Bruder. Dareios fragte sie nach dem Grund für diese Entscheidung und die Frau sagte: »Wenn Gott will, kann mir noch ein anderer Mann zuteilwerden und andere Kinder, aber, da meine Eltern tot sind, nie wieder ein Bruder«.[83]

In fast allen Mythen geistert der Gedanke an eine frühere »goldene Zeit« oder das »Paradies« herum. Vermutlich sind das vage Klopfzeichen aus unserem Stammhirn, die so etwas wie Erinnerungen an eine Zeit heraufbeschwören, als das Leben zwar schwer war, aber die Gründe für Unheil noch konkret waren und von allen verstanden werden konnten. Die lagen normalerweise außerhalb der Gruppe und zeigten sich als Naturkatastrophen, Krankheiten und hier und da vielleicht auch schon als Auseinandersetzungen mit anderen Menschen, sei es um Feuer oder Wasser. Diese Sehnsucht nach einer idealisierten Vergangenheit wurde später durch die monotheistischen Religionen umgelenkt auf ein Paradies in der Zukunft, auf ein Leben nach dem Tod. Aber noch wurde niemand durch abstrakte Religionen im Zaum gehalten, und noch finden wir keine Hinweise auf Frauenunterdrückung bei schon weitgehender Differenzierung des Zusammenlebens.

Wir springen weitere 30 000 Jahre weiter, in die Zeit vor etwa 10 000 Jahren v. u. Z., im Allgemeinen als Neolithikum bezeichnet und als die Zeit, die Ackerbau und Viehzucht hervorbrachte.

Beide Produktionszweige werden meist zusammen erwähnt, als seien sie gleichzeitig entstanden und gleichwertig gewesen. Das kann aber bezweifelt werden. Einen unmittelbaren Nährwert hatten verschiedene Nüsse, Beeren und einiges roh verzehrbare Grünzeug, aber aus den winzigen Samen dünner Gräser allmählich Korn zu züchten, das einen ausreichenden Beitrag zur Ernährung leisten konnte, war über lange Zeit keine Alternative zur Jagd oder Viehzucht. Bei den Büchern, die ich zum Entstehen von Ackerbau und Viehzucht inzwischen gelesen habe, um mehr über die Ursprünge des Ackerbaus herauszufinden, ist der Autor Josef H. Reichholf der einzige, der sich mit diesem Problem eingehend befasst. Er verweist darauf, dass die Getreidezucht in Zentralasien entwickelt wurde und nicht, wie meist angenommen, im Nahen Osten. Er schreibt: »In die Überlegungen mit einbezogen werden muss zudem, dass das mühevolle Sammeln so kleiner Körner, wie sie Wildgetreideformen entwickeln, vorab schon Energie kostet, nämlich das Vier- bis Achtfache des Verbrauchs eines ruhenden Körpers. Die vielen Stunden der Ernte, die nötig gewesen wären, solche Mengen an winzigen Körnern zu sammeln, müssen deshalb vom ›Gewinn‹ abgezogen werden, um zu einer realistischen Beurteilung zu kommen. Höchstens lokal und ausnahmsweise erscheint es möglich, dass sich das Sammeln von Wildgetreide-Körnern in Bezug zum Aufwand gelohnt haben könnte.«[84]

Der gleiche Autor vermutet, dass es beim Sammeln von Körnern der Wildgräser zunächst nicht darum ging, »Brot (oder Brei, HS) aus ihnen zu machen, sondern um sie im sogenannten milchreifen Zustand oder nach dem Keimen zu einem alkoholhaltigen Getränk zu vergären, dann entfallen alle Bedenken im Hinblick auf Aufwand und Ertrag ganz von selbst. Schon geringe Mengen, die man tatsächlich in wenigen Stunden oder Tagen sammeln kann, eigenen sich hierfür.«[85]

Andererseits sollen im heutigen Russland schon Reste gemahlener Wildpflanzen aus einer Zeit vor 30 000 Jahren gefunden worden sein, aus denen der erste Ur-Brei hergestellt wurde, der dann über mancherlei Schritte vor über 5000 Jahren zum ersten Brot geführt haben soll, von dem wir wissen.

Im größeren Stil aber ist Landwirtschaft eigentlich erst mit Erfindung der verschiedenen Pflugarten vorstellbar, was allgemein in die Zeit zwischen 5000 bis 3000 Jahre v. u. Z. gelegt wird. Außerdem dürfte es eine Weile gedauert haben, um aus einem wilden Auerochsen ein zahmes Rind zu züchten, das eingespannt werden konnte. Als der Pflug erfunden wurde, hatte sich das Patriarchat schon weitgehend durchgesetzt.

Die Anfänge der Viehzucht sind für alle weiteren daraus folgenden Verhältnisse bedeutender. Es war die Phase in der Geschichte, die das Ende der Egalität der Geschlechter für uns erkennbar machte. Wie kam es also zu diesem Umbruch? In meinem Filmprojekt »Das Schicksal schöner Männer« gab es für die Anfänge der Viehzucht folgende Geschichte: Männer erlegten eine schwangere Hirschkuh, die kurz vor der Geburt stand. Das Kalb starb ebenfalls bei der Attacke. Die Frauen, zu denen beide Tiere getragen wurden, regten sich heftigst darüber auf. Frauen, von denen alles Leben kam, waren tabu. Das erstreckte sich auch auf weibliche Tiere. Die Männer waren aber nicht blöd und fanden heraus, dass sie eine Hirschkuh oder ein Schwein auch fangen, einzäunen und erst nach Schwangerschaft und Geburt töten konnten und Jungtiere sich in Gefangenschaft großziehen ließen. So bekamen sie das gewünschte Ergebnis, ohne die Frauen zu verletzen oder Tabus zu brechen. Und sie fanden noch mehr heraus: Sie fingen nicht nur eine einzelne Hirschkuh, ein Schwein oder ein Schaf. Der Respekt vor Tieren verlangte auch, sie nicht vereinsamen zu lassen, und aus diesem Grund sperrte man mehrere zusammen, aus denen sich dann

Herden entwickelten. (Jetzt, Anfang 2016, bei der Korrektur des Textes, höre ich im Radio, dass Deutschland ein Gesetz verabschiedet hat, dass das Töten schwangerer Rinder verbietet).

Die ersten Versuche, Tiere zu zähmen, gab es mit dem schon erwähnten Hund vor etwa 40 000 Jahren. Es folgten in verschiedenen Erdteilen:

Auerochse – Rind vor 10 500 Jahren
Mufflon – Schaf vor 10 000 Jahren
Wildziege – Ziege vor 10 000 Jahren
Wildschwein – Schwein vor 9000 Jahren
Dromedar vor 6000 Jahren
Esel vor 6000 Jahren
Pferd vor 5500 Jahren
Gans vor 4500 Jahren
Katze vor 9000 Jahren
Huhn vor 3500 Jahren

Wenn es vor 10 000 Jahren schon Viehzucht gab, dann heißt es, dass sie lange davor entwickelt und zum Erfolg geführt worden sein musste. Wie im Kapitel *Jagd* geschildert, waren Männer schon vor 300 000 Jahren hauptsächlich für die Großwildjagd zuständig. Daraus abgeleitet ist anzunehmen, dass sich darum auch die Viehzucht bei ihnen entwickelte.

Die Vorteile zur bisherigen Jagd waren beträchtlich: Die Jagd war vom Jägerglück abhängig und oft unergiebig. In diesen Fällen steuerten inzwischen Frauen ihren Anteil an Kleingetier und Pflanzen bei. Die Viehzucht ermöglichte es nun, größere Menschengruppen verlässlich (wie man meinte) zu ernähren. Der Status der Männer wurde angehoben. Die Proteine schafften nun *sie* dauerhaft herbei (wir kennen nicht die abgebrochenen Versuche derjenigen, bei denen diese Start-ups nicht klappten). Wenn man es vorher noch nicht wusste, dann wurde spätestens jetzt bemerkt, dass weibliche Tiere keinen Nachwuchs bekamen, wenn die männlichen in der Herde fehlten, wodurch die Männer mit der Nase auch auf ihren Anteil an der Zeugung gestoßen wurden. Das Transzendente und die Zeugungskraft war nicht mehr allein Sache der Frauen. Das hatte viele Konsequenzen.

Und noch etwas änderte sich ein für allemal: Es entstand das, was wir heute mit Arbeit bezeichnen. Während es über Jahrhunderttausende selbstverständlich war, für sich selber zu sorgen, was auch durch den Tausch nicht vollständig aufgehoben wurde, brauchte die Viehhaltung ein Zusammenwirken verschiedener Tätigkeiten zu allen Tageszeiten, um den Bestand zu garantieren und ihn vor wilden Tieren oder anderen Feinden zu schützen. Eine Herde brauchte eine Leitfigur, die sie führte, und andere, die gehorchten und die damit zusammenhängenden und sich herausbildenden untergeordneten Arbeiten erledigen konnten. Vermutlich war dieser Führer anfangs der älteste Mann mit der größten Erfahrung, dem freiwillig und aus Einsicht gefolgt wurde.

Mit der Durchsetzung der Viehzucht gab es eine eindeutige Schwerpunktverschiebung zugunsten der nun produktiveren Männerarbeit, was langfristig die Frauen ins Hintertreffen geraten ließ, weil sich die Organisation der Tätigkeiten, die zu Arbeit wurden, nun in erster Linie nach den Notwendigkeiten der Viehzucht richten musste und so gewissermaßen auf »natürliche« Weise die Wichtigkeit der Männer hervorhob. Sie bestimmten nun untereinander, wo es lang zu gehen hatte oder wo sich die Gruppe niederließ. Es war noch nicht abzusehen, dass sich daraus ihre Vorherrschaft entwickeln würde. Nach wie vor gab es nomadisch nun mit Tieren herumziehende Gruppen, aber die Sesshaften bildeten schon größere Dörfer und bald die ersten Städte. Die damit verbundenen Arbeiten, die Frauen ausübten, unterschieden sich zunächst nicht von dem, was sie auch vorher schon gemacht hatten, aber sie bestimmten nicht mehr selber ihren Aufenthaltsort und mussten neue Fähigkeiten entwickeln, die die neue Produktionsweise verlangte – durchaus mit ihrem Einverständnis. Frauen zogen nun den Tieren hinterher, etwas für sie Neues.

Dass mit der Viehzucht auch Katastrophen verbunden sein konnten, musste erst herausgefunden werden: Die Tiere konnten an Krankheiten sterben, Dürre konnte sie von ihren Weiden vertreiben, Weidegrund konnte überhaupt verloren gehen durch die intensive Tierhaltung, und die Herdenbesitzer konnten ins Gehege kommen mit anderen – durch die Viehzucht zahlenmäßig gewachsenen – Gruppen, die die gleichen Gebiete für sich beanspruchten. Es gab plötzlich einen ernst zu nehmenden Grund für Feindseligkeiten, den es davor kaum gegeben haben dürfte, es sei denn, um verloren gegangenes Feuer bei anderen wieder zu gewinnen, was aber auch durch Freundlichkeit hätte erreicht werden können. Mit hungernden oder durstigen Tieren einer anderen Gruppe gegenüber zu stehen, die das gleiche Problem hatten, war nun schwerwiegender. Vor allem, wenn es sich um Gruppen handelte, die sich kannten, weil Männer oder Frauen »eingeheiratet« waren. Diese neuen Konflikte konnten die Menschen dazu veranlassen, um die fruchtbaren Gebiete zu kämpfen, überhaupt Land für sich zu reklamieren, weil das eigene Leben davon abhing. So konnten die ersten Kämpfe entstehen, die nicht mehr eine persönliche Feindschaft voraussetzten, sondern die um Weideland oder Wasser gingen.

Der frühere Zusammenhalt unter Frauen wurde so allmählich auch durch Loyalitätskonflikte geschwächt sowie dadurch, dass die Entscheidungen über Krieg und Frieden zu einer Sache der Männer wurde. (Im Kapitel *Gottheiten* habe ich geschildert, dass dies nicht ohne Widerstand ging und Frauen sich durchaus gegen die einsetzende Fremdbestimmung wehrten). Zum ersten Mal auch zogen die Besiegten nicht, wie aus dem Tierreich bekannt, nach der Niederlage freiwillig ab, sie wurden nun getötet oder – als neue Erfindung – versklavt, um mit ihrer Arbeitskraft dazu beizutragen, die Herden zu erhalten oder die schweren Arbeiten bei den ersten Städtebauten zu ermöglichen. Und, ebenfalls neu, konnten die besiegten Frauen nun entweder in die neue Gruppe gleichberechtigt integriert oder ebenso versklavt werden.

Mit Sicherheit war die Entwicklung zu einer Gliederung in Oben und Unten vielfältig und im Ergebnis zunächst nicht geplant, weil niemand in einer egalitären Gesellschaft sich zunächst vorstellen konnte, dass hierarchische Unterschiede überhaupt möglich sind, so wenig wie zum Beispiel die Hawaiianer sich noch Anfang des 20. Jahrhunderts vorstellen konnten, dass Land oder Wasser käuflich sein könnten und darum Verträge mit den USA unterschrieben, mit denen sie ihren Besitz aufgaben und im Zuge dessen bald auch ihre eigenen Sprachen nicht mehr sprechen durften.

Mit der Viehzucht war der Anfang gemacht, sich über andere Lebenswelten zu erheben und – wie die Bibel später sagt – sich die Erde und die Tiere untertan zu machen. Die Bibel legitimiert also ausdrücklich eine Produktionsweise, die sich fundamental von einer früheren unterschied, in der Tiere und Menschen als gleichberechtigt empfunden wurden. Die Spezialisierung in der Arbeitswelt schuf so auch Hierarchien in der Wertigkeit der Lebewesen. Wenn man bedenkt, dass die ersten Texte des Alten Testaments um circa 900 v. u. Z. aufgeschrieben und neuer Leitfaden wurden, dann kann man sie auch so verstehen, dass es noch zu dieser Zeit Anschauungen gab, die auf ein egalitäreres Verhältnis zwischen Menschen und Tieren verwiesen, die mit dem Bibeltext zumindest für das jüdische Volk korrigiert werden sollten.

Das Einfangen und Einzäunen vorher wilder Tiere bedeutete auch ihre Zähmung. Dazu heißt es in der Forschung: »Mit der

Domestizierung sind meist eine Reihe von typischen Merkmalsänderungen gegenüber der Wildform festzustellen (…), man bezeichnet dies auch als Domestikationseffekt:

- Abnahme der Gehirnmasse um 20 bis 30 Prozent, Rückgang der Furchung, insbesondere in den für die Verarbeitung der Sinneseindrücke bedeutsamen Gehirnarealen.
- Verstärkung der für den Menschen nützlichen Eigenschaften (zum Beispiel Milchleistung beim Rind).
- Änderung der Ausprägung einiger Verhaltensweisen (zum Beispiel reduzierte Aggressivität).
- Reduzierung des Gebisses und von Hörnern.
- Farbänderung von Tarnfarben hin zu vielfältigeren, auffälligen Farbvarianten (zum Beispiel Goldfisch oder Koi).
- Reduzierung des Fells (zum Beispiel beim Hausschwein).
- Auftreten von Hängeohren.
- Steilere Stirn.
- Reduzierungen im Verdauungstrakt.
- Ausbildung von Rassen mit zum Teil gravierenden Unterschieden im Erscheinungsbild (zum Beispiel die beiden vom Wolf abstammenden Hunderassen Chihuahua und Bernhardiner).
- Weniger gut entwickeltes Flucht- und Verteidigungsverhalten.
- Gesteigerte Fortpflanzungsrate, teilweise bis zur vollständigen Aufgabe der Saisonalität der Fortpflanzung.
- Weniger stark ausgeprägtes Brutpflegeverhalten.

Da derartige Effekte teilweise auch beim Menschen zu beobachten sind (etwa im Vergleich zum Neandertaler), sprechen manche Biologen auch von der »Verhaustierung« des Menschen im Zuge seiner Entwicklung.[86] Solche »Verhaustierung« ist in den folgenden Jahrtausenden vor allem an den Frauen zu beobachten. Ihre Abrichtung wurde der Rückhalt und die Stütze des Fortschritts.

Durch die neuen und differenzierten Anforderungen an die neue Arbeit gab es erstmals einen Grund, den geschaffenen Besitz zu erhalten und zu vererben. Es wurde wichtig, sich der Loyalität der Söhne zu versichern.

Zu dieser Zeit spätestens dürfte die bisher eher frei schweifende Sexualität, die noch keine Normen kannte, in soziale Formen eingebunden worden sein. Vaterschaft wurde nun wichtig, wie auch die sexuelle Bindung einer Frau an einen bestimmten Mann, um nun »seine« Kinder zu gebären, weil davon die ganze Erwerbskonstruktion abhing. Deswegen musste bald auch die Frau als Jungfrau in die Ehe eintreten und treu sein und ihre Sexualität den neuen ökonomischen Bedingungen unterwerfen. (Dass die alten Bräuche noch lange gespeichert wurden, zeigen die vielfachen orgiastischen Feste in vielen Ländern noch in historischen Zeiten, in denen die Frauen für kurze Zeit aus der Monogamie ausbrechen konnten oder sogar mussten). Um diese neuen Regeln akzeptabel zu machen, wurden immer neue ideologische Konstrukte erfunden und durch Gesetze und Religion zu festen Regeln geschnürt. Interessant sind in diesem Zusammenhang die überlieferten Dokumente aus dem alten Ägypten. In frühen Zeiten besaß die ägyptische Frau volle Rechts-und Geschäftsfähigkeit »und brauchte für den Vollzug juristischer Akte keinen Vormund, auch nicht die Einwilligung ihres Gatten«. Und an anderer Stelle: »Die Frau konnte über Privateigentum an Land, Geld oder Sachwerten verfügen und es völlig frei und unabhängig verwalten.«[87]

Doch zurück zur Sexualität. Erst in jüngster Zeit spielt die individuelle Liebe bei der breiten Bevölkerung eine Rolle. Im Hochadel werden immer noch vorzugsweise wichtige Familien miteinander vermählt, und die Hauptaufgabe der Bräute ist es, Söhne zu gebären. Bei der TV-Sendung »Bauer sucht Frau« ist Voraussetzung, dass die gefundene Frau aufs Land ziehen muss und die alte Heiratsannonce letztlich noch Geltung hat: »Suche Frau mit Traktor, bitte Bild von Traktor schicken.« Offenbar wurde dem Geschlechtsakt lange nicht diese Bedeutung beigemessen, und vor allem hatte er lange nichts mit Liebe zu tun, sondern harmonisierte höchstens schon bestehende andere Verbindungen. Das ist auch einsichtig, weil individuelle Liebe erst entstehen konnte, als die Gruppe individuell erfahrbar wurde.

Alle neuen Entdeckungen und Erfindungen, an denen die Frauen maßgeblich teilhatten und die das Leben erleichterten, führten ebenfalls langfristig und zunächst unbemerkt in ihre Unterwerfung. Als dies bemerkt wurde, war es nicht mehr umkehrbar, und wir sind schon in fast historischen Zeiten, in denen sich das Patriarchat etabliert hatte und die Auseinandersetzungen begannen, denen wir noch in der antiken Götterwelt nachspüren können.

Vor 10 000 Jahren gab es schon eindrucksvolle größere Siedlungsspuren in Jericho (Israel), vor circa 9000 Jahren riesige Tempelanlagen in Göbekli Tepe (Türkei), vor 7500 Jahren das Dorf Çatalhöyük (Türkei) mit bisher 200 freigelegten Häusern aus Lehmziegeln, mit Vorratskammern, Gefäßen, Rauchabzügen und Wandmalereien und der bekannten Statue der »Frau auf dem Leopardenthron« sowie vor etwa 7000 Jahren die Menhire und Steinalleen und Steinkreise in der Bretagne, um nur einige Ausgrabungen und Funde zu nennen, die laufend zunehmen und noch ältere Schichten zutage fördern.

Interessant sind die Ergebnisse der Forschungsarbeit, die auf eine noch weitgehend gleichberechtigte Lebensweise sowohl zwischen Männern und Frauen wie auch innerhalb des ganzen Sozialgefüges beim Dorf Çatalhöyük verweisen. Und man kann hinzufügen, dass auch heute noch das Geschlechterverhältnis in bäuerlichen Gegenden in Deutschland grundsätzlich egalitärer ist als in anderen Bevölkerungsschichten. Es gibt zwar eine klare

Arbeitsteilung zwischen Männern und Frauen, auf die von beiden Seiten streng geachtet wird (allerdings mit zunehmenden Auflösungserscheinungen). Während noch in den fünfziger Jahren die meisten Ehefrauen in den Städten offiziell nicht wussten, was ihre Männer verdienten, war es auf dem Land durchaus normal, dass Frauen das Geld verwalteten, den Männern Taschengeld gaben und bei Anschaffungen das letzte Wort hatten. Es wäre ein relativ egalitäres Leben wie in noch existierenden steinzeitlich lebenden Gruppen, wenn die verschiedenen religiösen Ideologien und die dadurch entstandenen nationalen Gesetze nicht über die Jahrtausende die Frauen gesamtgesellschaftlich in eine niedere Position gebracht hätten, aus deren Klauen sie sich immer wieder auch zu befreien gesucht haben. Gerade im heutigen Landleben kann man noch sehen, wie sich verschiedene menschliche Entwicklungsstufen immer wieder überlappen, nebeneinander existieren, Traditionen bilden, deren Ursprünge meist nicht mehr erkannt werden können, und wie sich zwischen neuen und alten Formen Konflikte bilden, die jeweils neu gelöst werden müssen.

In rasender Geschwindigkeit entwickelten sich mit Viehzucht und Landwirtschaft also größere Siedlungen, Gottesvorstellungen, Tempelanlagen, Transportwesen und soziale hierarchische Organisationen. Das Wichtigste war: Es entstand zum ersten Mal Arbeit in unserem Sinn, das heißt die Lebensweise wurde den neuen Produktionsweisen angepasst. Einen Boden zu roden, um langfristig ein erwünschtes Ergebnis zu haben, setzte voraus, eine Vorstellung von diesem Ergebnis gemeinsam entwickeln zu können. Die Produkte, die man gewinnen wollte, erzwangen einen neuen Rhythmus und Vorausschau. Man musste sich eine Ernte in einigen Monaten oder im nächsten Jahr überhaupt vorstellen können. Noch heute arbeiten die Bauern Tag und Nacht, um bei schönem Wetter das Heu oder das Getreide einzubringen. Würden sie diese Mühe nicht auf sich nehmen, würde der Regen alles verderben. In solchen Fällen werden die Betroffenen in Deutschland heute unterstützt. In früheren Zeiten wären sie verhungert.

Das, was die eine oder der andere tat, brachte nicht mehr unmittelbar etwas zum Essen ein. Sie mussten mit den Tieren weiterziehen, wenn das Gras abgeerntet war, sie mussten tun, was durch ihre neuen Erfindungen bestimmt wurde, und nicht das, was ihnen bisher der Hunger befahl oder ihr Bedürfnis nach Ruhe. Es musste sich mit jeder neuen Erfindung, die prinzipiell die Lebenshaltung verbessern konnte, eine Organisation entwickeln, die zumindest in den Anfangszeiten noch für alle einsichtig sein musste, um die Menschen bei ihren neuen arbeitsteiligen Tätigkeiten halten zu können. Denn diese Tätigkeiten bedeuteten ja für alle, ein Stück Autonomie aufgeben zu müssen und sich darauf zu verlassen, dass die anderen die neuen Regeln ebenfalls beherzigen. Für diejenigen, die das nicht taten, mussten Strafen erfunden werden.

Die größer werdenden Dörfer und ersten Städte verlangten immer differenziertere Ordnungen. Alle steuerten das bei, was sie ohnehin schon konnten und was sich im Lauf der Jahre als jeweils geschlechtsspezifische Besonderheit herausgebildet hatte. Und auf dieser Grundlage ging es weiter. Die Frauen blieben beim Feuer. Was vorher eine weltbewegende Neuerung gewesen war, wurde nun zur Norm. Da sie nach wie vor ihre Tätigkeiten ununterbrochen verfeinerten, wurde der Zwang sicher nicht sofort spürbar. Frauen kochten und erfanden Geräte zur Aufbewahrung aus Pflanzen, Ton oder Stein, sie bearbeiteten, was sie von den Tätigkeiten der Männer bekamen: Sie lernten, Vorratswirtschaft zu betreiben, und entwickelten mit all diesen Tätigkeiten unerhörte Kunstfertigkeiten, die heute noch bei den Nachfahren alter Völker zu bewundern sind[88] und deren Ergebnisse auf dem Kunstmarkt ungeheure Preise erzielen, nachdem sie den früheren Eigentümern meist gestohlen wurden.

Das Fazit dieses Kapitels ist, dass Viehzucht und später der Ackerbau ungeheure Umwälzungen im Zusammenleben mit sich brachten, gleichzeitig aber auch atemberaubende Neuerungen. Die Menschen fingen an, die Natur umzubauen. Sie lernten, in größeren Gemeinschaften zu leben als Jahrtausende zuvor, was immer kompliziertere Verhaltensregeln notwendig machte, die für die Einzelnen den Platz in der Gemeinschaft zunehmend rigoros bestimmte. Zum ersten Mal wird handgreiflich deutlich, dass der Fortschritt zu Ausgrenzungen führte und die Menschen hierarchisierte. Auch schon damals blieb von jeder vorherigen Entwicklungsstufe etwas hängen, Unbewältigtes oder Dinge, an die mit Sehnsucht zurückerinnert wurde und Paradiesfantasien und eine alte »verloren gegangene goldene Zeit« vorstellbar machte. Möglicherweise fühlten die Menschen dieser Zeit auch zum ersten Mal einen Verlust. Den Verlust von Freiheit. Dieser diffuse Groll, der sich sicher noch nicht artikulieren konnte, verband sich mit neu entstehenden Ungerechtigkeiten, die der Fortschritt mit sich brachte, und machte jede neue Etappe in der Menschheitsgeschichte ein wenig konfliktbeladener als die vorherige.

Es ist kein Wunder, dass das Neolithikum auch die Zeit war, die zum ersten Mal in den entwickeltesten Gemeinschaften, anders als noch bei den Naturgöttern, Religionen als Ordnungsmächte nötig machten, um die gesellschaftlich immer deutlicher zutage tretende Konflikte zu lösen. Doch das Gegenteil trat ein. Die Religionen traten später schnell bekanntlich ihrerseits miteinander in Konkurrenz und vergrößerten damit die Konflikte, in die immer neue Gruppen und Völker hineingezogen wurden.

GEGENWART

»Die Biologie der Frau betrifft den Geschlechtsapparat, nicht die Intelligenz.«[89]

Ich habe mit diesem Text die Geschichte der Menschwerdung als eine Geschichte der Frauen und Männer erzählt, deren Biologie sie im Lauf vieler Jahrhunderttausende zur Ausbildung unterschiedlicher Fähigkeiten veranlasste. In langen Zeiträumen entwickelten sich die ersten Sozialstrukturen zwischen Frauen, in die nach wieder großen Zeiträumen auch die Männer einbezogen wurden und so die Grundlagen für die Ordnungssysteme schufen, auf die sich alle späteren Gesellschaften stützen sollten. Die daraus entstehende sogenannte Arbeitsteilung zwischen den Geschlechtern war die Basis dafür, dass immer schneller immer neue Organisationsformen geschaffen werden konnten, die immer größere Menschengruppen zusammenleben ließen. Andererseits schränkten diese Fortschritte die ursprüngliche Autonomie der Individuen auch immer weiter ein und übertrugen Entscheidungen auf ein Kollektiv oder auf einzelne, die im Namen des Kollektivs bestimmten. Auf jeder neuen Stufe wurden Widersprüche, Animositäten, Erinnerungen an frühere Zeiten dennoch mitgeschleppt. Dann und wann verdichteten sie sich, brachen auf und führten auf immer höherem Niveau zu Auseinandersetzungen, die neue und sehr verschiedenartige Konflikte auslösten, die wiederum irgendwann nach Ausdruck verlangten und sich dabei veränderten. Es ist also nicht so, dass sich solche Zuspitzungen erst in der Neuzeit mit revolutionären Konzepten manifestierten. Diese Konzepte haben alle gemeinsam, dass sie sich auf Missstände berufen, die sich in nicht lange zurückliegenden Vergangenheiten gebildet haben und mit Revolutionen behoben werden sollen. Dabei liegen die Zerstörungskeime im Fortschritt selbst begründet. Dank unserer Vergesslichkeit und eines den Optimismus fördernden Selbsterhaltungstriebs entstehen immer wieder neue Konzepte zur Aufhebung von Missständen. Und bis zu einem gewissen Grade gelingt es auch häufig. Andererseits kennen wir die gescheiterten Versuche, Wohlstand für alle zu produzieren und Ausbeutung zu beenden. Die Folgen guter Absichten sind meist andere als vorher gedacht.

Die Entwicklung der Produktionsmittel und die zunehmende Spezialisierung brachten es, wie beschrieben, mit sich, dass die Tätigkeiten der Männer ergiebiger und damit wichtiger wurden, was allmählich und zunächst unmerklich zum Ausschluss der Frauen als gesellschaftlich selbständig Handelnde führte. Die vorher egalitäre Lebensweise löste sich auf. Das, was wir Arbeit nennen, entstand und beschleunigte den nun einsetzenden Zwang zum unaufhörlichen Wachstum. Dieses Wachstum war verbunden mit weiteren Spezialisierungen, die ihrerseits Probleme in sich bargen, die früher oder später an die Oberfläche drangen und gelöst werden mussten. Arbeit, Arbeitsteilung, Hierarchien machten die Gesellschaften effektiver, größer, moderner.

Gewissermaßen als Schläfer bergen jedoch alle neuen Erfindungen unvorhergesehene neue Konfliktstoffe, die ihrerseits wieder bewältigt werden mussten und müssen. Der Verstand hat dafür gesorgt, dass wir von kleinsten Gemeinschaften immer schneller zu immer größeren werden konnten. Einfachste erste Vereinbarungen zwischen Individuen entwickelten sich zu komplizierten Rechtssystemen, Abertausende von Sprachen, die lediglich in kleinsten Gruppen verstanden und gesprochen werden konnten, reduzierten sich zu wenigen, heute auf der ganzen Welt gesprochenen Verkehrssprachen.

Diese Entwicklung setzte nicht irgendwann aus dem Nichts heraus ein, sondern begleitet uns seit der Menschwerdung und kann zurückverfolgt werden, wobei die Prozesse umso langsamer ablaufen, je mehr wir in die Vergangenheit eintauchen.

Zur Bewältigung aller Herausforderungen erfanden unsere Vorfahren immer neue Regeln, um die größer werdende Menschheit an neuen Orten überlebensfähig zu erhalten. Dabei entstanden im Lauf der Zeit – in der Tierwelt unbekannt – Systeme von Oben und Unten, Mächtigen und Ohnmächtigen, Priestern und Laien, Herren und Knechten, Sklaven und Freien, die die Umgebungen für die Einzelnen so veränderten, dass sie anders als zu Urzeiten in immer größere gegenseitige Abhängigkeiten gerieten, die auch geographisch immer größere Gebiete einbezogen, bis sie heute fast die ganze Erde umfassen.

Der sehr verbreite Glaube, dass wir heute alle klüger seien als unsere Vorfahren, sollte einer Revision unterzogen werden. Von irgendeinem anderen Stern aus betrachtet, könnte unsere Gesellschaft weit primitiver wirken als in der Vorzeit, werden doch Millionen junger Männer und vielfach nun auch Frauen in den Krieg geschickt, um Leute, die sie weder kennen noch fürchten oder als Feinde begreifen, zu töten, und dies entweder stumpfsinnig tun oder ideologisch verblendet sich persönlich dazu berufen fühlen – oder, als neueste Entwicklung, die Tötungsmaschinerie von der Heimat aus, mit der das Töten gewissermaßen in Heimarbeit erledigt werden kann.

Während in frühen »primitiven« Zeiten Auseinandersetzungen einen für alle unmittelbar einleuchtenden Grund hatten, sind wir heute in einer Welt angekommen, in der es möglich ist, dass harmlose junge Männer und Frauen irgendwo auf der

Welt in einem Büro sitzen und Drohnen in andere Teile der Welt schicken, um auf diese Weise von den Vorgesetzten bezeichnete Feinde, die sie nicht kennen und die ihnen nichts getan haben, zu ermorden. Diejenigen, die sich weigern, werden selber verfolgt. Was dabei vorerst meist nicht bemerkt wird, obwohl es nahezu alle an den Tötungsmaschinen Beteiligten irgendwann einzeln ergreift, sind die posttraumatischen Belastungssyndrome, bekannt als PTBS. Es gibt immer mehr Menschen, die davon betroffen sind und bei denen dies heute wahrgenommen wird, anders als noch nach den beiden Weltkriegen, als die überlebenden Bevölkerungen aller kriegsführenden Länder unter diesen Traumata litten. Heute werden diese schon nach sechswöchigen Bundeswehreinsätzen festgestellt. Möglicherweise regen sich da noch alte Urinstinkte bei den Traumatisierten, die dadurch die Betreffenden und Betroffenen wissen lassen, dass hier etwas vollkommen und grundsätzlich schief gelaufen ist in der Menschheitsgeschichte. Welche Folgen dies noch haben wird für die Ausbildung von Mitgefühl, für die Kindererziehung, für das Zusammenleben überhaupt wird sich noch erschreckend zeigen.

Die Selbstständigkeit und Selbstverantwortung unserer Vorfahren haben wir alle längst aufgeben müssen. Das ist die Wirklichkeit, in der wir leben und aus der wir uns auch nicht herausbeamen oder zurückwünschen können. Wir können nur erfassen, dass der Menschheit bei aller Schönheit, die sie geschaffen hat, auch etwas Gefräßiges und Grausames innewohnt, wogegen immer neue Rettungskonzepte erfunden werden, seien es philosophische und politische Systeme oder religiöse Ideologien, die immer mehr Menschen in ihren Strudel ziehen, sich am Ende oft ins Gegenteil verkehren, sich zeitlich überlagern und vernetzen. Normalerweise wissen wir das aber nicht – und sollen es meist auch nicht erfahren. Darum entstehen immer neue optimistische Gesellschaftskonzepte, für deren Durchsetzung wieder

der Verstand angestrengt wird und die einzelne Menschen dazu verleiten, für diese vermeintlichen Ziele, die »alles wieder gut machen«, sterben zu wollen.

Was die Frauen betrifft, so versuchen sie, sich seit einigen Jahrhunderten wieder aus dem Loch heraus zu arbeiten, in das sie im Neolithikum geraten sind. Wie man sieht, überdauert dieser Wunsch leicht Jahrtausende. Sie handeln wie der bekannte Frosch in der Milch, der dann schließlich auf Quark sitzt. Im Prinzip wären die Voraussetzungen gut, weil die alte Einteilung in Frauen- und Männerarbeit durch die technische Entwicklung überflüssig geworden ist. Rein theoretisch hätten wir wieder die besten Gleichberechtigungs-Voraussetzungen wie zu Affenzeiten.

Aber leider spielt die Praxis nicht mit. Wir schleppen zunehmend die Überhänge, die unbewältigten Konflikte und überholten Lösungsangebote älterer Generationen mit uns herum, die zusammen mit den neuen Anforderungen neue Verwirrungen, Ungleichzeitigkeiten und Unübersichtlichkeiten schaffen.

Immer wieder gab es im Lauf der Geschichte Aufstände der Unterdrückten, Ausgesperrten, Sklaven, die sich dem Sog, auf der Strecke zu bleiben, entziehen wollten. Immer wieder gab es Versuche, zu einer neuen Ausgewogenheit oder Egalität zurück zu finden – oder, wenn dieses *Zurück* gar nicht vorstellbar war, Gleichberechtigung oder Bildung für alle als Utopie für die Zukunft zu formulieren. Partiell gab es immer wieder Erfolge – kurzfristige und langfristige, wie die Erklärung der Menschenrechte (die Frauen nicht einschloss), Revolutionen, die Gleichberechtigung und ein Ende der Ausbeutung bringen sollten, aber neue Gräueltaten hervorbrachten und immer wieder neue Gruppen zu Menschheitsfeinden erklärten.

Millionen Juden wurden umgebracht, weil sie Juden waren, Kambodschaner, weil sie lesen konnten, Tutsis, weil sie keine Hutus waren, und Hutus, weil sie keine Tutsis waren, Armenier, weil sie keine Aserbaidschaner waren, und Aserbaidschaner, weil sie keine Armenier waren[90], um nur einige wenige Beispiele aus dem letzten Jahrhundert zu nennen.

Es gibt weltweit tausende Organisationen und – sich widersprechende – Denkrichtungen, die versuchen, das, was aus dem Ruder gelaufen ist, wieder irgendwie einzufangen. Zurzeit tut sich besonders ein männlich geprägter religiöser Fanatismus hervor, der »Ordnung« schaffen will, indem er jede Vielfalt zerstört und die Hälfte der Menschheit wegsperren oder auslöschen möchte.

Vergessen wird weitgehend, dass wir nicht nur soziale, sondern immer noch biologische Wesen sind, mit einem tief eingepflanzten Programm, das uns befiehlt, uns fortzupflanzen, obwohl weltweit die Spermien und Eier immer mehr versagen. Ohne Reproduktionsmedizin geht die Vermehrung vielfach nicht mehr, was dazu führen kann, dass Kinder heute sogar fünf Elternteile haben können: Samenspender, Eispenderin, Leihmutter, soziale Eltern. Wer heute am Ludwigkirchplatz in Berlin spazieren geht, wo wohlbetuchte Leute wohnen, aufstrebende Anwälte, Notare, Geschäftsleute, wird die vielen Zwillings-Kinderwagen bemerken, die dort ausgeführt werden. Es kann wohl angenommen werden, dass die meisten dieser Zwillinge aus künstlichen Befruchtungen stammen. Diese Art der Kinderwunsch-Erfüllung erfordert Geld und Leidensbereitschaft. Wenn es dann tatsächlich klappt, erfüllt sich der Wunsch häufig gleich mehrfach. Die vielen Kämpfe um Frauenrechte in den letzten europäischen Jahrhunderten haben in unseren Breiten immerhin dazu geführt, dass es bei solchen künstlichen Befruchtungen kein eindeutig bevorzugtes Geschlecht gibt. Allerdings hat sich das in vielen osteuropäischen Staaten auch schon geändert.

In ihrer Ausgabe vom 1. Januar 2013 berichtete die Süddeutsche Zeitung dass in China auf 100 neugeborene Mädchen 121

Jungen kommen. Normal wäre ein Verhältnis von 105 zu 100. In Indien kommen auf 1000 Männer etwa 927 Frauen. Und nach einem Bericht des UN-Kinderhilfswerks Unicef verliert das Land täglich 7000 Mädchen durch Abtreibung. In Europa ist die geschlechtsspezifische Abtreibung bisher weitgehend verboten, wird aber dennoch ausgeübt. Tatsächlich nimmt sie nach Erkenntnissen des Europarates auch innerhalb der EU zu und hat weltweit zu einem bisher circa 200 Millionen umfassenden Frauenmangel geführt sowie, damit einhergehend, zu modernem Frauenraub, Frauenhandel und Massenvergewaltigungen. Trotz Frauenbewegung ist eine zunehmende Maskulinisierung der Welt entstanden und wird zu einer neuen voraussehbaren Dramatik führen, was sich an den nach Europa strebenden männlichen Flüchtlingen und immer wieder berichteten Übergriffen schon andeutet.

Die Parole »Frauen in Führungspositionen« wird in den westlichen kapitalistischen Ländern heute meist positiv rezipiert. Ganz anders war es noch in der alten Bundesrepublik bei den Auseinandersetzungen um die Frage, ob sich Frauen überhaupt und zudem gleichberechtigt in der Bundeswehr engagieren sollen. Die Befürworterinnen der Forderung »Frauen in die Bundeswehr« waren sich natürlich bewusst, dass man sie beim Militär nicht haben wollte. Sie stellten das Militär nicht prinzipiell infrage und argumentierten mit Gleichberechtigung. Die Gegnerinnen sahen das Positive genau in diesem Ausschluss: Sie hatten dadurch eine größere Distanz und waren besser davor gefeit, die nicht von ihnen entwickelten Regeln zu verinnerlichen. Letztlich wurde die Beteiligung der Frauen am Militär als Sieg der Emanzipation gefeiert und gefördert und nicht als weiterer Schritt zur Anpassung analysiert. Aber diese wirklich heftig geführte Debatte schaffte es kaum in die Hauptmedien. Heute gibt es eine Verteidigungsministerin, eine Mutter von sieben Kindern, die

Waffenlieferungen an Saudi-Arabien zustimmt, einem Land, in dem die Menschen- und besonders die Frauenrechte mit Füßen getreten werden und das eine große Verantwortung für den sich weltweit verbreitenden religiösen Fanatismus trägt.

Gegenüber Affenzeiten hat ein Teil der Welt heute ein Leben mit Autos, Kühlschränken, elektrischem Licht, fließend Wasser, Toiletten, Heizung und Kommunikation in alle Welt ohne Zeitverzögerung. Ein anderer Teil lebt in größter Armut, ohne minimale Hygiene oder Bildung. Nie gab es so viele Flüchtlinge, durch Menschen verursachten Klimawandel, solch irre Waffenarsenale, die mehrfach die Bewohner der Erde auslöschen können, so viel durch Menschen verursachtes Artensterben, so viele für immer unbewohnbare Landstriche durch Atom-Katastrophen, so viel fundamentalistische Glaubensrichtungen, so viele Folteropfer und so viel gehandelte, misshandelte, beschnittene, vergewaltigte und rechtlose Frauen und Mädchen wie in unserer Zeit.

Wir sind heute mehr oder weniger gezwungen, uns mit den entlegensten Weltgegenden und ihren Problemen zu befassen, weil sie uns alle unmittelbar in irgendeiner Weise beeinflussen. Aber die Instrumente, die uns erhellen sollten, funktionieren inzwischen schlecht, weil wir immer mehr auf Spezialisten, Politiker, Interpreten und Übersetzer angewiesen sind, denen wir glauben können oder auch nicht. Wir delegieren an immer unbekanntere Menschen und Institutionen. Ein Gefühl der Überforderung macht sich breit. Denn immer noch sind wir im Grunde regionale Wesen und am liebsten mit unserer unmittelbaren Umgebung befasst. Wir wollen mit den Leuten umgehen, die wir kennen, die eigenen Kinder betreuen, die unmittelbare Umgebung vor Unheil oder Feinden schützen. Aber wir sind heute weder intellektuell noch praktisch in der Lage, die Verantwortung, die uns damit auferlegt ist, auch zu übernehmen. Der Zulauf zu den vielen inzwischen europaweit entstandenen rechtslastigen Parteien ist vermutlich hauptsächlich auf eine Sehnsucht nach früherer vermuteter Einfachheit und Übersichtlichkeit zurückzuführen. Die Parteien versprechen ein Zurück ins Regionale: sich sicher fühlen in der eigenen Sprache, in den verinnerlichten und bekannten Umgangsformen, in der Kenntnis der Grenzen. Das ist ein sehr allgemeines, noch aus Urzeiten herrührendes Gefühl von Geborgenheit in einer überschaubaren Gruppe, was sich nicht so einfach wegdiskutieren lässt, wenn auf die Bereicherung durch Neues verwiesen wird. Das Neue wird den meisten zu viel. Insofern wirken diese Parteien als Aufschrei, bieten aber keine Heilung, sondern Illusionen. Es gibt kein Zurück. Es gibt keine unabhängigen, kleinen und in ihren Grenzen fest zusammen gefügten Nationen mehr, wie versprochen wird. Zudem hat es die nur sehr selten überhaupt gegeben. Der Wunsch danach kommt vor allem aus dem Gefühl von Überforderung – auch ablesbar im Drogen- und Schlaftabletten-Konsum. Stress bei Kindern wird ein immer größeres Thema. Die Menschen fühlen sich nicht mehr wohl in ihrer Haut, werden dicker und kränker. Offenbar kommen wir psychisch nicht mit der Globalisierung klar und auch nicht mit der Wahrheit, dass es keine Alternativen gibt.

In Europa hatten wir uns daran gewöhnt, dass Aufklärung und Emanzipationsbewegungen der letzten 200 Jahre Frauen endlich weitgehend die gleichen Rechte beschert haben. Der Glaube entstand, dass alles mit der Zeit besser werden kann, dass durch die Fortschritte der Medizin tödliche Krankheiten und Epidemien ausgerottet werden, durch Arbeitskämpfe der 8-Stundentag eingeführt wurde – und vieles andere mehr. Dieser Fortschrittsglaube ist kaum mehr vorhanden. Uns wird täglich sogar im eigenen Land vorgeführt, dass es immer noch anders geht. Zwangsheiraten und Beschneidungen waren in unserer Vorstellung bekämpfenswerte Überbleibsel aus fernen Regionen und vergangenen Zeiten. Tatsächlich gibt es aber beides mitten in der Bundesrepublik in beträchtlicher Zahl und – nach den Untersuchungen von *Amnesty international* und *Terre des Femmes* – weltweit millionenfach.

Wenn wir verschleierte Mädchen und Frauen sehen, wissen wir nicht, ob sie ihre Tücher gezwungenermaßen tragen oder freiwillig. Wenn aber freiwillig, wie normalerweise behauptet wird, dann wäre auch die Antwort auf die Frage einzufordern, ob diese Mädchen und Frauen dann auch akzeptieren, dass in anderen Ländern ihre Geschlechtsgenossinnen mit dem Tod bestraft werden können, wenn sie sich nicht verhüllen. Was sagen die hiesigen Kopftuchträgerinnen dazu? Wir erfahren es nicht. Wir erfahren lediglich, dass es eine beträchtliche Anzahl Wohnungen gibt, die jungen Frauen Schutz gewähren, wenn sie von ihren Angehörigen bedroht werden. Wir erfahren auch, dass die Selbstmordrate junger türkischer Mädchen sehr viel höher liegt als die entsprechende Zahl bei deutschen Mädchen. Die hier lebenden Türkinnen kann man fast eine verstummte Frauengeneration nennen, und Außenstehende rätseln, ob sie aus Angst oder Unwissenheit stumm bleiben. Der Eindruck drängt sich mehr und mehr auf, dass das Grundgesetz für sie nicht gilt und dass dies hingenommen wird mit der Begründung der Religionsfreiheit. Die über hundert in der Bundesrepublik praktizierten Religionen sind frei, solange sie sich ans Grundgesetz halten. In der Praxis gilt dies vielfach nicht.

Es ist lange her, dass der Islam weltoffen und tolerant war und wir in Europa ihm die Bewahrung der Reste dessen verdankten, was Christen an antikem Wissen zerstört haben. Zu »Gastarbeiterzeiten« und in der beginnenden neuen Frauenbewegung gab es türkische feministische Gruppen. Heute scheint diese Zeit weit entfernt zu sein, und es stechen immer nur einzelne Namen mutiger türkischer oder arabischer Frauen hervor, die Missstände aufgreifen und die dafür um ihr Leben fürchten müssen. Türkische feministische Frauengruppen, die wie andere Frauen in allen westlichen Ländern die Lebensverhältnisse durch ihre Visionen verbessert haben, sucht man in der Bundesrepublik heute offenbar vergebens.

Vor einigen Jahren gab es mal einen Artikel im SPIEGEL über die Auseinandersetzungen in französischen Vororten. In diesem Artikel klagten arabische Mütter darüber, dass ihre pubertierenden Söhne sie unter das Kopftuch zwingen wollen und offenbar völlig den Verstand verlieren. Die Frauen fühlten sich sehr allein gelassen. Auf diese Weise ist eine Parallelwelt entstanden, von der kaum jemand weiß, wie sie aufzuheben sein sollte. Und offenbar scheut die Politik davor zurück, diese Anpassung an die Errungenschaften der Aufklärung einzufordern.

Politiker, die die kulturelle Vielfältigkeit rühmen, die die Einwanderer uns bringen, fahren in ihren Ferien nicht in Slums mit durchmischten, vielsprachigen Völkerscharen, mit Müll auf der Straße, nächtelangem Lärm und aus Angst in ihren Wohnungen bleibenden oder fest gehaltenen Frauen. Sie fahren eher in ihr Ferienhäuschen in der Toskana, wo alles noch »ursprünglich« ist und außer ihnen nur noch »echte« italienische Olivenbauern wohnen. Sie fahren auch nicht mit ihren Kreuzfahrtschiffen an die Stellen der Weltmeere, in denen der ganze Plastikmüll zusammengetrieben wird, Plastikmüll, der inzwischen auch die Stratossphäre versaut, ganz zu schweigen von den Nano-Plastikteilchen, die wir inzwischen mit der Nahrung und der Nahrungsverpackung aufnehmen – was auch zu den Ursachen der Spermienmüdigkeit beigetragen haben soll. Fortschritt heißt inzwischen eben auch Artensterben, Meeresverschmutzung, Hungersnöte, Megastädte, Weltkriege und, in größerem Ausmaß als jemals zuvor, immer wieder Frauenunterdrückung, Vergewaltigung, Versklavung ganzer Gruppen.

Vor allem haben viele den Eindruck, dass auch die Politiker nicht mehr wissen, wo die Musik gespielt wird und welche gespielt wird. In dieser globalisierten Welt sind sie, sind wir abhängig von den Machtverhältnissen zwischen den Großmächten. Das dringt immer mal wieder ins Bewusstsein, wenn mutige Whistleblower neue Skandale und Ungerechtigkeiten aufdecken. In der globalen Völkerfamilie haben unsere deutschen Politiker ungefähr den Status eines hiesigen Dorfbürgermeisters. Der alte Spruch »Ruhe ist die erste Bürgerpflicht« ist gewissermaßen schon in die Gene der Menschen übergegangen. Die Furcht vor Selbständigkeit ist vergleichbar mit den Erfahrungen langjähriger Gefangener nach der Entlassung: Sie finden sich in Eigenverantwortung und Freiheit nicht mehr zurecht, und viele wollen lieber wieder zurück ins Gefängnis oder zurück unter die Obhut eines Lagers.

In den westlichen kapitalistischen und den vormals sozialistischen Ländern haben sich viele Dinge zum Besseren gewendet, indem die Gleichberechtigung Gesetz wurde und viele frauenunterdrückerische Selbstverständlichkeiten aufgehoben werden konnten. Allerdings folgt die Gleichberechtigung den von Männern geschaffenen Gesetzen und Rahmenbedingungen und erfüllt das Sprichwort, dass sich die Uhren nicht zurückdrehen lassen.

Dennoch treibt die zunehmend konfliktreiche und unübersichtliche Weltlage nicht nur Frauen um. Sie hat ausgerechnet auch den saudi-arabischen Vertreter, Mr. Baroody, auf der UNO-Vollversammlung 1978 schon zu einer verzweifelten Rede geführt, in der er vorschlug, um die Weltprobleme noch irgendwie in den Griff zu kriegen, sollten Mütter über 40 Jahren aus verschiedenen betroffenen Ländern vor jedem sich zu einem Krieg entwickelnden Konflikt noch einmal gefragt werden, ob sie vielleicht eine andere Lösung sähen, und er schlug vor, wenn es denn schon zu einem Krieg kommen sollte, dann sollten nicht die jungen Männer eingezogen werden, sondern die älteren, die für den Krieg plädiert und ihn verursacht hatten. Diese Nachricht ging in der damaligen Tagespresse bis auf eine kleine Notiz zu dem Vorfall vollständig unter und wurde eher als amüsante Abschweifung zu den üblichen Reden erwähnt, aber nicht ernst genommen. Ich hatte mir diese Rede seinerzeit besorgt und bei einem New York-Besuch kurz danach auch in der saudischen Botschaft nach dem Mann gefragt. Man wollte mir zu ihm keine Auskunft geben. Ich hoffte jedenfalls, dass er diese Rede lebend überstanden hatte. Später habe ich mehrfach seine Vorschläge in verschiedenen Zusammenhängen erwähnt und auf sie verwiesen, aber das wurde niemals aufgegriffen.[91]

Während in Urzeiten Frauen kein Problem mit den Kindern hatten, sondern im Gegenteil Verursacherinnen der Entwicklungsschübe waren, müssen sie sich heute in den entwickelten Industrienationen vielfach für oder gegen Kinder entscheiden, weil ein anspruchsvoller Beruf und Kinder häufig zu viel für sie werden. Frauen, die heute noch viele Kinder bekommen, haben entweder viel Geld oder gar kein Geld und kein Verhütungswissen, oder sie leben in streng patriarchalen Verhältnissen, in denen sie aufs Kinderkriegen reduziert werden, oder sie lassen es drauf ankommen und vertrauen auf glückliche Fügungen. Wenn die Entscheidung europäischer Frauen einmal getroffen ist, langt es häufig nur noch zu einem Kind, weil die Belastung sonst zu schwer wird, auch wenn der Kinderwunsch weiter besteht.

Kinder wollen Stabilität und möglichst einen festen sozialen Ort, sie brauchen einen verlässlichen Umgang mit Menschen und vor allem auch einen selbstverständlichen Umgang mit anderen Kindern. Kinder interessieren sich nicht für die Weltpolitik, sondern für ihre unmittelbare Umgebung, für das Regionale. Die Arbeit von Männern und Frauen in fast allen Bereichen verlangt aber heute Mobilität und ständige Verfügbarkeit, woraus auch folgt, dass Kinder außerhalb der Schule durch Erwachsene meist zu anderen Kindern gebracht werden und wieder abgeholt werden müssen. Dass man sie auf der Straße spielen sieht, sie sich selbständig mit Nachbarskindern verabreden und ihren eigenen Vorhaben folgen, gehört zumindest in Städten definitiv der Vergangenheit an.

Als wäre das nicht genug an Besorgnis, kommt noch etwas hinzu, was die Frauenbewegung erreicht hat, wovon viel Gebrauch gemacht wird und was dennoch zur Verkomplizierung der Verhältnisse stark beiträgt. Die sexuelle Emanzipation der Frauen hat sich über die letzten Jahrhunderte immer mal wieder angedeutet,[92] wurde zum Teil auch Thema in eher exklusiven Kreisen, hat sich aber mit der neuen Frauenbewegung enorm beschleunigt und verbreitet. Die bürgerliche Ehe beruhte auf ihrer Unauflöslichkeit und auf der sexuellen Treue der Frauen. Für die Männer galt theoretisch, aber nicht praktisch das gleiche. Ehefrauen galten jahrhundertelang als asexuelle Wesen, und diejenigen, die es nicht waren, wurden meist zu berühmten tragischen Romanheldinnen oder zu verurteilten Gestalten in der Wirklichkeit. Auf jeden Fall beruht das Modell der Kleinfamilie auf Vater, Mutter, Kindern, wobei die Eltern einander in der Theorie auch fortgesetzte und einzige Geschlechtspartner sind. Diese Kleinfamilie wird in der Politik bis heute immer wieder beschworen, obwohl sie immer weniger eine Entsprechung in der Wirklichkeit hat. Das wird allein schon durch die Zahlen der Prostituierten deutlich, zu denen statistisch gesehen jeder Mann zwischen 15 und 75 Jahren mindestens einmal monatlich geht. Offenbar fragt sich niemand, wer denn den immer größeren Frauen-und Mädchenhandel nutzt. Mit der heterosexuellen Kleinfamilie wird also ein Phantom beschworen.

Mit den Fortschritten in Medizin, Psychoanalyse, mit Gleichberechtigungsgesetzen, Kriegserlebnissen und anderen Ereignissen wurde entdeckt und aussprechbar, dass auch Frauen sexuelle Bedürfnisse haben, die sich wandeln können, und dass sich Frauen – wie bei den Bonobos – auch verschiedenen Geschlechtspartnern zuwenden können. Das macht die Lage noch einmal unübersichtlicher.

Heute haben in den westlichen kapitalistischen Gesellschaften nahezu alle sogenannten Biodeutschen von Jugend an ein sexuelles Leben, das nicht mehr gekennzeichnet ist von Schuldgefühlen und Ängsten. Sex zu haben ist geradezu zum Statussymbol avanciert. Diejenigen, bei denen das zu einer hetero- oder homosexuellen Ehe führt, haben normalerweise sexuelle Erfahrungen vorher mit anderen und darum auch ein größeres Wissen und einfach mehr Übung. Der Ehemann ist nur noch in seltenen Fällen der alleinige Verdiener, und es gibt viele Verhältnisse, die sich den Affenzeiten wieder annähern, in denen beide Geschlechter für ihr Dasein selber sorgen. Die Regel ist das nicht, es macht die Situation auch nicht unbedingt gleichberechtigter, aber immerhin hat es in den letzten Jahrzehnten dazu geführt, dass Scheidungen erleichtert wurden und dass sich freundschaftliche Beziehungen zwischen Ex-Ehepartnern erhalten können. Vor allem ist im Bewusstsein angekommen, dass sich die sexuellen Vorlieben ändern können. Das ist abstrakt und in der Wissenschaft weitgehend akzeptiert, führt aber in der Praxis zu unendlichen Problemen, meist auf Kosten der Frauen und der Kinder. Unsere tatsächlichen Lebens- und Wohnformen sind für diese Erkenntnisse nicht eingerichtet. Zum Trost sei gesagt, dass es immer wieder und immer noch lange zusammenlebende »glückliche« Paare gibt, für die diese ganzen Verwerfungen nicht gelten.

Aus den verschiedenen Lebensmodellen hervorgehend – immer den Fortschritt im Blick und die Geschichte negierend – haben sich ab Ende der sechziger Jahre die verschiedenartigsten neuen Wohnformen und Beziehungen entwickelt, die heute allgemein unter dem Namen *Patchworkfamilie* firmieren. Damals begann eine breite Diskussion, die Frauenforderungen, Kinderbedürfnisse, sexuelle Bandbreiten, Städtebau und Wohnungsbau in einen Zusammenhang brachten. Zum Teil wurden damit Konzepte aufgegriffen, die sich während der russischen Revolution – erfolglos – entwickelt hatten. Diese auch öffentlich geführten Auseinandersetzungen verschwanden ziemlich plötzlich wieder, verursacht möglicherweise durch das Auftauchen von Aids, obwohl sie immer dringender notwendig wären. Zwar leben heute Kinder in Männer- oder Frauengemeinschaften und allen möglichen Arten von anderen Wohngemeinschaften, aber das sind aus der Privatheit entstandene Modelle. In der alten Bundesrepublik forderten hauptsächlich Frauen Kindergärten, Krippen, Ganztagsschulen und eine neue Art der öffentlichen Erziehung.[93] Jetzt, nach fast fünf Jahrzehnten, beginnt man, einige dieser Wünsche im Schneckentempo umzusetzen. Profis verschiedener Disziplinen griffen damals Thesen der Frauenbewegung auf und wiesen zum Beispiel nach, dass weder der Städtebau noch die Konstruktion der einzelnen Häuser in irgendeiner Form die Bedürfnisse von Kindern berücksichtigen. Besonders eindrucksvoll wird das in dem Buch von Otto Gmelin und Helène Saussure »Bankrott der Männerherrschaft«[94] und in Elisabeth Dessais »Zurück zur Wohnküche«[95] geschildert. Darin werden kollektive Kinderräume für die einzelnen Häuser »erträumt«, völlig neue Konzepte, die Kindern einen sicheren Raum bieten, so dass sie nicht, wie zunehmend heute, von den Müttern in einzelne, weit auseinander liegende und schwer erreichbare Horte, Kindergärten oder Kurse gebracht werden müssen.[96] Abgesehen davon, dass die damaligen Debatten und die daraus entstandenen Bücher und Pläne kaum mehr bekannt sind, werden sich die damit verbundenen Hoffnungen wegen der neuen Konfliktsituationen auch kaum zur Zufriedenheit umsetzen lassen.

Dennoch gehört es wohl auch zum Menschsein, dies immer wieder zu versuchen und neue Lösungen zu imaginieren. In der Nachkriegszeit nannte man die Kinder, die nachmittags auf den Straßen spielten, Schlüsselkinder. Sie wurden bedauert und waren ein Druckmittel, Frauen wieder aus dem Erwerbsleben zu entfernen. Diese Schlüsselkinder, die relativ eigenständig noch über ihre Nachmittage verfügten, Trümmergrundstücke erkundeten und einen gewissen Hordentrieb auslebten, gibt es heute praktisch gar nicht mehr, weil kein Kind mehr auf irgendeiner Straße spielend zu sehen ist und dort andere überhaupt treffen könnte. Die erwähnten Autoren haben in vielen Details bewiesen, dass die sogenannten Haushaltserleichterungen meist nur neue Arbeiten hervorrufen und letztlich die Hausarbeit zwar sauberer machen, aber nicht etwa kürzer, und dass die meisten Tätigkeiten wie eh und je an den Frauen hängen bleiben. Die neue Frauenbewegung hat im Januar 1968 die Kinderläden erfunden, die in späteren Interpretationen allgemein fälschlich »der Studentenbewegung« zugeschlagen wurden[97] und die vor allem den Sinn hatten, die beteiligten Mütter zu entlasten und die Voraussetzungen für eine bessere allgemeine Erziehung zu schaffen.[98]

Viele deutsche Kinder gelten als arm. Der größte Teil von ihnen gehört zu den allein erziehenden Frauen, die sich abhetzen und immer zu wenig Zeit für die Kinder haben, selbst bei Berufen, die die Leute nicht noch geistig nach Feierabend beschäftigen müssen.

Schon in den sechziger Jahren und möglicherweise noch früher, wurde gefordert, das Ehegattensplitting aufzuheben. Heute, fünfzig Jahre später, fordert man das immer noch. Zu der ersten (und einzigen) Sitzung der Bundesregierung zum »Jahr der Frau 1975« trug ich als einzig Eingeladene aus der Frauenbewegung ein von der Gruppe »Brot und Rosen« angedachtes Konzept vor, von dem wir uns erhofften, dass es von anderen aufgegriffen und weiter entwickelt würde. (Unsere Gruppe bestand hauptsächlich aus Künstlerinnen). Das Konzept sah vor, dass die Kosten für jedes geborene Kind nicht von den jeweiligen Eltern aufzubringen wären, sondern dass alle Frauen und Männer ab Berufstätigkeit einen bestimmten Steuerbetrag für die allgemeine Kindererziehung zahlen sollten, gestaffelt nach Einkommen, gleichgültig, ob sie Väter oder Mütter waren. Der Vorteil wäre gewesen, dass jedes Kind Anspruch auf die gleiche ausreichende Versorgung gehabt hätte, unabhängig vom Status der Eltern. Darauf gab es nie eine Reaktion, die diese Ideen aufgegriffen und in realistische Konzepte überführt hätte, sondern nur Unterstellungen, dass wir Kinder in Heimen unterbringen wollten, was natürlich nicht der Fall war.[99] Ebenso wenig zur Kenntnis genommen wurden die Konzepte zu einer Parteigründung vom Frauenforum München (Unterlagen dazu im Institut für Zeitgeschichte, München), deren Kern sich um die Versorgung der Kinder drehte und gewissermaßen alte, verloren gegangene Zustände neu beleben wollte.

Solche Vorschläge wurden von Frauen entwickelt, die weder Erfahrungen im Politgeschäft hatten, noch auf dem Gebiet, mit dem sie sich befassten, ausgebildet waren, sondern die angefangen hatten, selbständig zu denken und Ideen entwickelten, um das uralte Problem, wie Mütter die Herausforderungen mit Kindern bewältigen sollten, auf eine moderne Weise neu anzugehen.

Alle diese Konzepten beruhten auf der Hoffnung, dass es Profis geben würde, die neuierig die Entwürfe weiter entwickeln könnten. Einmal realisiert sollten diese Konzepte den Frauen Handlungsspielraum zurückgeben und sie materiell so ausstatten, dass ihre sexuelle Selbstbestimmung ebenfalls zu praktischen und mit den Kindern vereinbaren Antworten führen könnte. Aber all diese – noch unausgereiften – Ideen wurden weder von der Wissenschaft noch von der Politik in irgendeiner Weise zur Kenntnis genommen, sondern sogar von Sozialdemokraten als »Gedöns« abgetan. Was in der Öffentlichkeit von der Frauenbewegung wahrgenommen und hochgespielt wurde, bezog sich auf solch »heiße« Themen wie Männerfeindlichkeit und Sexualität. Später entwickelte sich die Diskussion hauptsächlich akademisch weiter und firmierte unter dem Namen Genderforschung, ein Begriff, der von den meisten nicht einmal mehr verstanden wurde und die Menschen außerhalb der Universitäten vollkommen kalt ließ. Ob die Diskreditierung der Frauenbewegung, die sich von Anfang an durch eine große Vielseitigkeit auszeichnete, nun von langer Hand von der CIA vorbereitet wurde, wie Gerüchte besagen, oder ob bis auf Ausnahmen die Frauen das radikale Denken über ihr Geschlecht aufgegeben haben und sich als gute Patriarchalinnen betätigen, sei dahingestellt. Zumindest sind viele Veröffentlichungen über die neue deutsche Frauenbewegung lausig recherchiert und haben mit den wirklichen Auseinandersetzungen wenig zu tun.[100]

Es gibt also immer wieder mannigfaltige Versuche von Frauen, sich aus der neolithischen Falle heraus zu ziehen. Die Zeit spielt dabei keine Rolle. Das Neolithikum ist, gemessen an der Menschheitsgeschichte, noch nicht lange her, und die verschüttete Autonomie drängt immer wieder nach oben. Allerdings ist heute nicht mehr davon auszugehen, dass eine ausreichende Versorgung eines jeden Kindes die globalen Probleme stoppen würde. Möglicherweise gäbe es eine Art Wettlauf um die Hoffnung, dass man alle Schäden noch mal zu aller Nutzen umkehren könnte, wenn die Voraussetzungen für Mütter mit Kindern andere wären.

Väter spielen in meinem Text keine größere Rolle. Wie oben beschrieben, tauchen Männer als biologische Väter in der Menschheitsgeschichte relativ spät auf. Dennoch spielen sie als Mutterbruder für die Kinder der Schwestern eine ähnliche Rolle wie die, die man sich von biologischen Vätern heute wünscht. Abgesehen davon, dass sie rein geographisch in Vorzeiten fast immer zur Stelle waren, ist der Mann als Mutterbruder nicht verantwortlich für die Sexualität der Schwester, und so entfiel zumindest für lange Zeit der Konflikt, der später überhandnehmen sollte: Dass bei sexueller Trennung der Kindeseltern das Kind zu leiden hat und der Vater deswegen meist aus dem Leben des Kindes verschwindet. Wenn es Glück hat, übernimmt ein neuer Partner der Mutter die Vaterrolle, bis auch diese Beziehung möglicherweise wieder endet und meist damit auch die Verantwortung für das Kind.

Es gibt heute eine Tendenz, sich über die Bindung von Müttern an die Kinder lustig zu machen. Das ist meist mit der Behauptung verbunden, in Deutschland würden für ihren Lebensunterhalt arbeitende Frauen für Rabenmütter gehalten, weil sie sich nicht genügend um die Kinder kümmern können. Mir ist ein solcher Vorwurf noch nie begegnet, obwohl ich zahllose »allein erziehende« Mütter kenne und dies früher auch selber war. Dem gegenüber stehen dann die Französinnen, die ihre Kinder schon früh in Krippen geben. Hierzu sollte man zumindest folgendes bedenken: Beruflich arbeitende Mütter hat es auch in Deutschland schon sehr lange gegeben.

Seit der Industrialisierung ist die Berufstätigkeit Normalität. Nur im begüterten Bürgertum wurden Ehefrauen – oft gegen ihren Willen – zu Hause gehalten. In der Hitlerzeit waren ebenfalls Frauen zunehmend berufstätig, auch wenn das nicht dem Ideal entsprach. Die Mutterschaft wurde offiziell verherrlicht, was vielen Frauen erstmals das trügerische Gefühl gab, auch etwas zur Allgemeinheit beizutragen und eine gesellschaftlich wichtige Rolle zu spielen. Es war ein geradezu genialer Schachzug, die Frauen unpolitisch und weitgehend rechtlos zu halten, dabei aber ihre Wichtigkeit zu betonen und die Identifizierung mit dem »Volksganzen« zu ermöglichen, indem die Arbeit der Mütter aufgewertet beziehungsweise sogar zum ersten Mal als gesellschaftlich absolut notwendige Funktion anerkannt wurde. Nach dem 2. Weltkrieg waren im wahrsten Sinn des Wortes Millionen Kinder vaterlos, die Mütter arbeiteten für den Unterhalt, waren meist überfordert und sehnten sich nach einem ihnen zwar unbekannten, aber idealisierten einfacheren Hausfrauenleben.

Wie in dem Buch »Geschützte Mütter«[101] beschrieben, hat die CDU-Nachkriegspolitik unter anderem deswegen Gastarbeiter nach Deutschland geholt, um die Frauen zu Hause halten zu können, während man in Frankreich oder den sozialistischen Ländern in die Ausbildung der Frauen investierte. Das gleiche Phänomen zeigte sich nach dem Zusammenbruch der Sowjetunion in Russland und den alten Sowjetstaaten. Die Frauen hatten so hart im Beruf und im Haus gearbeitet, dass sie Sehnsucht nach zugegeben ziemlich reaktionären und altmodischen Frauenrollenbildern entwickelten, von denen sie sich ein leichteres Leben erträumten.

Nun gibt es eine Bewegung der neuen Väter. Sie sind bei den Geburten der Kinder dabei – ob das immer den Wünschen der Frauen entspricht, sei dahingestellt. Sie malen sich Gesichter auf ihre Bäuche und hecheln mit den Frauen, um sich auf die Geburt vorzubereiten. Mir erscheint das eher als Aufdringlichkeit, und es sagt nichts darüber aus, wie sich diese Väter später praktisch verhalten. Viele Frauen in meinem Alter finden die Vorstellung, die Männer bei der Geburt dabei zu haben, ziemlich unerträglich. Dabei mag eine Rolle spielen, dass sie das sexuelle Verhältnis zum Mann dadurch gestört sehen – worüber aber kaum gesprochen wird.

Insgesamt ist es natürlich zu begrüßen, dass es heute mehr Väter gibt, die sich liebevoller um ihre oder auch fremde Kinder kümmern, als das lange der Fall war. Vor der neuen Frauenbewegung gab es keinen Mann mit Kinderwagen in der Öffentlichkeit. Heute schnallen sie sich die kleinen Kinder demonstrativ vor die Brust. Wer das so sehen will, kann das für Gleichberechtigung halten.

Früher wollten viele Mädchen und Frauen lieber Männer sein. Heute können wir zugeben, gerne Frauen zu sein. Viele wollen gerne Kinder bekommen. Sehr häufig bleibt es dann bei dem einen, weil die Realität die Mütter einholt. Die vielen »alleinerziehenden Mütter« sind wie unsere äffischen Vorfahrinnen mehr oder weniger allein für die Kinder verantwortlich, aber mit dem Unterschied, dass sie heute doppelt und dreifach arbeiten müssen, um die gleiche Ausgangssituation zu bewältigen, und für weitreichende Erfindungen, die diese Situation auf hohem technischen Niveau ändern könnten, keine Zeit mehr haben.

Die Geschichte der Menschheit war und ist also weiterhin dramatisch und hält sicher noch Überraschungen bereit. Wir wissen immer noch nicht, wozu die »Nazca-Linien« in die peruanischen Nazca-Wüste geschrieben wurden. Wir wissen immer noch nicht, wer die riesigen Menhire, Hügel, Steinkreise und Steinalleen in die Bretagne gesetzt hat. Den logistischen Anforderungen nach müssen hunderte, wenn nicht tausende Arbeiter über Jahrzehnte oder sogar Jahrhunderte damit beschäftigt gewesen sein. Andererseits konnten in der Jungsteinzeit, als diese Monumente entstanden, meist nur zwanzig Menschen an einem Ort ernährt werden. Diese Rätsel sollten uns weiter begleiten.

VIELEN DANK!

Da ist vor allem Luise Pusch, bei der ich mich hiermit herzlich bedanken möchte. Sie hat den Text als erste gelesen und mich immer wieder ermutigt. Ihr verdanke ich auch den Titel. Sie hat mich davon überzeugt, dass er ein bisschen nach Darwin klingen solle.

Herzlich danke ich auch Noemi von Alemann, die meine alten und oft unvollständigen Bücherlisten aus den 50 Jahren meiner Beschäftigung mit dem Thema akribisch durchgegangen ist und unvollständige Titel und vergessene Ausgaben wieder gefunden hat.

Und last not least bin ich froh, in Rüdiger Dammann nicht nur einen Verleger sondern auch einen hilfreichen, hilfsbereiten und verständigen Lektor gefunden zu haben, der den Text schon deswegen beurteilen konnte, weil er sich selber während seines Studiums mit Fragen der Urgeschichte befasst hat.

Allgemein unterstützend und aufmunternd waren mein Sohn Silvo Lahtela und Iris Gusner, beide mit reichlich Erfahrung in komplizierten Lebensfragen.

Helke Sander

Aiello, Leslie u.a.: 4 Millionen Jahre Mensch: das einzigartige Schauspiel zur Menschheitsgeschichte, Ausst.kat. Hamburg, Chilehaus, 16. 11. 1996 – 25. 5. 1997; Berlin, Fernsehturm, Alex, 13. 6. 1997 – 7. 9. 1997, Duisburg: DAMO-Gruppe 1996.
Armbruster, Kirsten: Das Muttertabu oder der Beginn von Religion, Riedenburg: Ed. Courage 2010.
Arsuaga, Juan Luis: Der Schmuck des Neandertalers: auf der Suche nach den Ursprüngen des menschlichen Bewusstseins, Hamburg u.a.: Europa 2003.
Bachofen, Johann Jakob: Das Mutterrecht: eine Untersuchung über die Gynaikokratie der alten Welt nach ihrer religiösen und rechtlichen Natur, Frankfurt a.M.: Suhrkamp 1975.
Bebel, August: Die Frau und der Sozialismus, Berlin: J. H. W. Dietz 1973.
Behrend, Heike: Die Zeit des Feuers: Mann und Frau bei den Tugen in Ostafrika, Frankfurt a.M.: Ed. Qumran im Campus Verlag 1985.
Bernal, John D.: Die Wissenschaft in der Geschichte, Berlin: Dt. Verl. der Wiss. 1967.
Bernal, John D.: Wissenschaft. 4 Bde. Bd. 2: Die wissenschaftliche und die industrielle Revolution, Reinbek bei Hamburg: Rowohlt 1970.
Berndt, Catherine H.: Women's changing ceremonies in northern Australia, Paris: Hermann 1950.
Birnbaum, Lucia Chiavola: Dark mother: African origins and godmothers, San Jose u.a.: Authors' Choice Press 2001.
Boesch, Christophe u.a.: »Intergroup conflicts among chimpanzees in Taï National Park: Lethal violence and the female perspective«, in: American Journal of Primatology 70/6 (2008), S. 519–532.
Boesch, Christophe: The real chimpanzee: Sex strategies in the forest, Cambridge; New York: Cambridge University Press 2009.
Botheroyd, Sylvia und Paul F. Botheroyd: Kelten, München u.a.: Hugendubel 2001.
Böttcher, Helmuth M.: Die große Mutter: Zeugungsmythen der Frühgeschichte, Düsseldorf; Wien: Econ 1968.
Bott, Gerhard: Die Erfindung der Götter: Essays zur politischen Theologie, Norderstedt: Books on Demand 2009.
Breysig, Kurt: Die Geschichte der Menschheit, Berlin: De Gruyter 2001.
Brock, Peggy (Hrsg.): Women, rites & sites: aboriginal women's cultural knowledge, Sydney; Boston: Allen & Unwin 1989.
Brundtland, G.H. und L. Walloe: »Menarcheal age in Norway in the 19th century: a re-evaluation of the historical sources«, in: Annals of human biology 3/4 (1976), S. 363–74.
Buckley, Thomas: Blood magic: the anthropology of menstruation, Berkeley: University of California Press 1988.
Buckley, Thomas: »Menstruation and the power of Yurok women«, in: Buckley, Thomas und Alma Gottlieb (Hrsg.): Blood magic: the anthropology of menstruation, Berkeley: University of California Press 1988, S. 189–190.

Ceram, C.W.: Götter, Gräber und Gelehrte: Roman der Archäologie, Reinbek bei Hamburg: Rowohlt 1967.
Ceram, C. W.: Der erste Amerikaner: das Rätsel des vor-kolumbischen Indianers, Reinbek bei Hamburg: Rowohlt 1972.
Cherubini, Günther und Heidi Wolfart-Zundel: Lilith: der geheimnisvolle Planet, München: Droemer Knaur 1996.
Conard, Nicholas J. und Jürgen Wertheimer: Die Venus aus dem Eis: wie vor 40 000 Jahren unsere Kultur entstand, München: Knaus 2010.
Cutler, Winnifred B. u.a.: »Lunar Influences on the Reproductive Cycle in Women«, in: Human Biology 59/6 (1987), S. 959–972.
Dahlberg, Frances: Woman the gatherer, New Haven: Yale University Press 1981.
Daly, Mary: Gyn/ecology: the metaethics of radical feminism, London: The Women's Press 1979.
Danielsson, Bengt: Söderhavskärlek: Polynesiernas sexualliv och familjeförhållanden, Stockholm: Prisma 1964.
Davis, Elizabeth Gould: The first sex, New York: Putnam 1971.
Davis, Elizabeth Gould: Am Anfang war die Frau: die neue Zivilisationsgeschichte aus weiblicher Sicht, München: Frauenoffensive 1977.
Devereux, Georges: Baubo: die mythische Vulva, Frankfurt a.M.: Syndikat 1981.
Dressler, Stephan und Christoph Zink: »Männerkindbett«, Pschyrembel Wörterbuch Sexualität, Berlin u.a.: de Gruyter 2003.
Duerr, Hans Peter: Traumzeit: über die Grenze zwischen Wildnis und Zivilisation, Frankfurt a.M.: Suhrkamp 1985.
Durkheim, Émile: De la Division du travail social, Paris: Presses universitaires de France 1950.
Ebeling, Hans und Wolfgang Birkenfeld: Die Reise in die Vergangenheit: ein geschichtliches Arbeitsbuch. Bd. 1: Von fernen Zeiten, Braunschweig: Georg Westermann 1970.
Edwards, William H.: An introduction to aboriginal societies, Wentworth Falls, N.S.W.: Social Science Press 1992.
Engels, Friedrich: Der Ursprung der Familie, des Privateigentums und des Staats: im Anschluß an Lewis H. Morgans Forschungen, Leipzig: Reclam 1962.
Falgayrettes-Leveau, Christiane und Anne Van Cutsem-Vanderstraete (Hrsg.): L'art de manger: rites et traditions en Afrique, Insulinde et Océanie, Ausst.kat. Paris, Musée Dapper, 15 octobre 2014–12 juillet 2015, Paris: Musée Dapper 2014.
Faulmann, Carl: Das Buch der Schrift: enthaltend die Schriftzeichen und Alphabete aller Zeiten und aller Völker des Erdkreises, Nördlingen: Greno 1985.
Faulmann, Carl: Schriftzeichen und Alphabete aller Zeiten und Völker, Wiesbaden: Marix 2012.
Fedigan, Linda Marie: Primate paradigms: sex roles and social bonds, Montreal, Canada: Eden Press 1982.
Fehlmann, Meret: Die Rede vom Matriarchat: zur Gebrauchsgeschichte eines Arguments, Zürich: Chronos 2011.

Fester, Richard: Sprache der Eiszeit: die Archetypen der vox humana, Berlin-Grunewald: F.A. Herbig 1962.
Fester, Richard u.a.: Weib und Macht: fünf Millionen Jahre Urgeschichte der Frau, Frankfurt a.M.: Fischer Taschenbuch 1980.
Fink, Gerhard: Who's who in der antiken Mythologie, München: Deutscher Taschenbuch Verlag 2009.
Francia, Luisa: Die Göttin im Federkleid: das weibliche Universum bei Kelten und Germanen, München: Heyne 2012.
Franke, Ute u.a. (Hrsg.): Roads of Arabia: archäologische Schätze aus Saudi-Arabien. Ausst.kat. Museum für Islamische Kunst der Staatlichen Museen zu Berlin, Tübingen: Wasmuth 2011.
Frischauer, Paul: Knaurs Sittengeschichte der Welt. Bd. 1: Vom Paradies bis Pompeji, München; Zürich: Droemer Knaur 1968.
Froncek, Thomas: Abenteuer aus dem Norden: die Frühzeit des Menschen, Reinbek bei Hamburg: Rowohlt 1978.
Gadamer, Hans-Georg und Paul Vogler (Hrsg.): Neue Anthropologie. 4 Bde. Bd. 2: Biologische Anthropologie: Zweiter Teil, Stuttgart; München: Thieme; Deutscher Taschenbuch Verlag 1972.
Galahad, Sir: Mütter und Amazonen: ein Umriss weiblicher Reiche, München: Albert Langen 1932.
Gaster, Theodor H. (Hrsg.): Die ältesten Geschichten der Welt, Berlin: Wagenbach 1983.
Gimbutas, Marija und Joseph Campbell: Die Sprache der Göttin: das verschüttete Symbolsystem der westlichen Zivilisation, Frankfurt a.M.: Zweitausendeins 1995.
Gimbutas, Marija: The gods and goddesses of old Europe: 7000 to 3500 BC: myths, legends and cult images, London: Thames and Hudson 1974.
Gimbutas, Marija: Die Zivilisation der Göttin: die Welt des alten Europa, Frankfurt am Main: Zweitausendeins 1996.
Gimbutas, Marija: The living goddesses, Berkeley: University of California Press 2001.
Gimbutas, Marija: Göttinnen und Götter des Alten Europa: Mythen und Kultbilder 6500-3500 v. Chr., Uhlstädt-Kirchhasel: Arun 2010.
Goodison, Lucy und Christine Morris (Hrsg.): Ancient goddesses: the myths and the evidence, London: British Museum Press 1998.
Göttner, Heide: Das Matriarchat. Bd. 1: Die Geschichte seiner Erforschung, Stuttgart; Berlin u.a.: W. Kohlhammer 1988.
Gouletquer, Pierre und Carlo Ranzi: Le livre des premiers hommes, Paris: Gallimard 1984.
Grahn, Judy: Blood, bread, and roses: how menstruation created the world, Boston: Beacon Press 1993.
Grolle, Johann: Darwins Finken, oder Wie der Affe zum Menschen wurde, Berlin: Rowohlt 1999.
Haarmann, Harald: Das Rätsel der Donauzivilisation: die Entdeckung der ältesten Hochkultur Europas, München: C. H. Beck 2012.

Hahne, Hans: 25 Jahre Siedlungsarchäologie: Arbeiten aus dem Kreise der Berliner Schule, Leipzig: C. Kabitzsch 1922.
Hammes, Manfred: Die Amazonen: vom Mutterrecht und der Erfindung des gebärenden Mannes, Frankfurt a.M.: Fischer Taschenbuch 1981.
Harris, Nicholas: Leben in der Steinzeit, Mannheim u.a.: Meyers Lexikonverl. 2004 (Abenteuer Zeitreise).
Hatt, Jean-Jacques: Kelten und Gallo-Romanen, München: Heyne 1979.
Heinowitz, Jack: Der Mann in anderen Umständen: der Ratgeber für die aufregende Phase des Vater-Werdens, München: Mosaik 1999.
Herbinger, Ilka u.a.: »Vocal, gestural and locomotor responses of wild chimpanzees to familiar and unfamiliar intruders: A playback study«, in: Animal Behaviour 78/6 (2009), S. 1389–1396.
Hoffmann, Almut und Wilfried Menghin (Hrsg.): Le Moustier und Combe Capelle: die altsteinzeitlichen Funde des Schweizer Archäologen Otto Hauser. Best.kat., Bd. 9, Berlin: Staatliche Museen Preußischer Kulturbesitz 2003.
Hollitscher, Walter: Aggression im Menschenbild: Marx, Freud, Lorenz, Frankfurt a.M.: Marxistische Blätter 1970.
Howell, Francis Clark: Der Mensch der Vorzeit, Reinbek bei Hamburg: Rowohlt 1975.
Hülle, Werner: Steinmale der Bretagne: Menhire, Gräber und Steinalleen rund um Carnac, Rosengarten (Tötensen): Dagmar Dreves 1989.
Hurwitz, Siegmund und Marie-Louise von Franz: Lilith – die erste Eva: eine historische und psychologische Studie über dunkle Aspekte des Weiblichen, Einsiedeln: Daimon 2004.
Husemann, Dirk: Schätze der Menschheit: Zerstört. Geraubt. Verschollen, Stuttgart: Theiss 2011.
Hüther, Gerald: Männer: das schwache Geschlecht und sein Gehirn, Göttingen: Vandenhoeck & Ruprecht 2009.
Isaacs, Jennifer (Hrsg.): Australian dreaming: 40000 years of Aboriginal history, Sydney: Ure Smith Press 1992.
Jean, Georges: Writing: the story of alphabets and scripts, New York: H. N. Abrams 1992 (Discoveries).
Johanson, Donald und Maitland Edey: Lucy: die Anfänge der Menschheit, München; Zürich: Piper 1982.
Jonas, Doris F. und David Jonas: Das erste Wort: wie die Menschen sprechen lernten, Frankfurt a.M.: Ullstein 1995.
Jonas, Wolfgang, Valentine Linsbauer und Helga Marx: Die Produktivkräfte in der Geschichte. Bd. 1: Von den Anfängen in der Urgemeinschaft bis zum Beginn der Industriellen Revolution, Berlin: Dietz 1969.
Jón Þórisson (Hrsg.): Die Götter der Wikinger: ausgewählte Auszüge aus der Snorra-Edda, Reykjavik; Göteborg; Oslo: Gudrun 1996.
Kaberry, Phyllis Mary: Aboriginal woman: sacred and profane, London: Routledge 1939.

Kaiser, Thomas und Universität Zürich (Hrsg.): Tigermenschen: Texte zur Tigerwandlung der Khasi Nordostindiens, Zürich: Völkerkundemuseum 2003.
Karystianē, Iōanna: Die Frauen von Andros: Roman, Frankfurt a.M.: Suhrkamp 2001.
Kastilan, Sonja: »Die Insel der Zurückgebliebenen«, in: Frankfurter Allgemeine Sonntagszeitung am 6. 9. 2009.
Keenleyside, Anne und Richard A. Lazenby: A human voyage: exploring biological anthropology, Toronto: Nelson Education 2011.
Keith, Lierre: Ethisch essen mit Fleisch: eine Streitschrift über nachhaltige und ethische Ernährung mit Fleisch und die Missverständnisse und Risiken einer streng vegetarischen und veganen Lebensweise, Lünen: Systemed 2013.
Klinghammer, Alexandra und Claude Weiss: Die Lilith-Fibel: der Schwarze Mond im Horoskop, Zürich: Ed. Astrodata 2008.
Knight, Chris: Blood relations: menstruation and the origins of culture, New Haven u.a.: Yale University Press 1991.
König, Marie E. P.: Am Anfang der Kultur: die Zeichensprache des frühen Menschen, Frankfurt a.M.: Zweitausendeins 1973.
König, Marie: Das Weltbild des eiszeitlichen Menschen, Marburg: N.G. Elwert 1954.
Kosven, Mark Osipovič: Abriss der Geschichte und Kultur der Urgesellschaft, Berlin: Dt. Verl. d. Wissenschaften 1957.
Köthe, Rainer und Jörn Hennig: Der Urmensch, Bd. 9, Nürnberg: Tessloff 2010 (Was ist was?).
Kuhn, Wolfgang: Mit Jeans in die Steinzeit: ein Ferienabenteuer in Südfrankreich, München: Dt. Taschenbuch-Verl. 1988.
Kunike, Hugo: Die Couvade oder das Sogenannte Männerkindbett, Halle a.S.: Buchdr. von H. John 1912.
Lamp, Frederick: »Heavenly bodies: menses, moon, and rituals of license among the Temme of Sierra Leone«, in: Buckley, Thomas und Alma Gottlieb (Hrsg.): Blood magic: the anthropology of menstruation, Berkley: University of California Press 1988, S. 210–231.
Laugsch, Helga: Der Matriarchats-Diskurs (in) der Zweiten Deutschen Frauenbewegung: die (Wider)Rede von der »anderen« Gesellschaft und vom »anderen« Geschlecht: Genese, Geschichte, Grundlagen, Positionen, Probleme, Implikationen, Ideologien, München: Herbert Utz 2011.
Lehmann, Alfred: Aberglaube und Zauberei: von den ältesten Zeiten an bis in die Gegenwart, Bindlach: Gondrom 1990.
Lenz, Hans: Kleine Geschichte der Zeit, Wiesbaden: Marixverlag 2012.
Lerner, Gerda: The creation of patriarchy, New York: Oxford University Press 1986.
Lerner, Gerda: Die Entstehung des Patriarchats, Frankfurt a.M.; New York: Campus 1991.
Levine, Robert: Eine Landkarte der Zeit: wie Kulturen mit Zeit umgehen, München; Zürich: Piper Taschenbuch 1999.
Lübke, Anton: Geheimnisse des Unterirdischen: Höhlen, Forschung, Abenteuer, Bonn: K. Schroeder 1953.

Malinowski, Bronislaw: Das Geschlechtsleben der Wilden in Nordwest-Melanesien: Liebe, Ehe und Familienleben bei den Eingeborenen der Trobriand-Inseln, British-Neu-Guinea : eine ethnographische Darstellung, Leipzig: Grethlein 1929.
Markale, Jean: Die keltische Frau: Mythos, Geschichte, soziale Stellung, München: Dianus-Trikont-Buchverlag 1984.
Markale, Jean: Die Druiden: Gesellschaft und Götter der Kelten, München: Goldmann 1989.
Marzi, Christoph: Lilith: die uralte Metropole – Zweiter Roman, München: Heyne 2012.
Matthews, John und Caitlín Matthews: Lexikon der keltischen Mythologie: Mythen, Sagen und Legenden, hrsg. v. Michael Görden und Hans Christian Meiser, München: Heyne 1994.
McClintock, Martha K.: »Menstrual synchrony and suppression«, in: Nature 229/5282 (1971), S. 244–245.
Mead, Margaret: Growing up in New Guinea: a comparative study of primitive education, New York, N.Y.: New American Library 1961.
Mead, Margaret: Sex and temperament in three primitive societies, New York, N.Y.: New American Library 1962.
Meier-Seethaler, Carola: Ursprünge und Befreiungen: eine dissidente Kulturtheorie, Zürich: Arche 1988.
Menaker, W. und A. Menaker: »Lunar periodicity in human reproduction: a likely unit of biological time«, in: Am. J. Obstet. Gynecol. 77/4 (1959), S. 905–914.
Minai, Naila: Schwestern unterm Halbmond: muslimische Frauen zwischen Tradition und Anpassung, Stuttgart: Klett-Cotta im Deutschen Taschenbuch Verlag 1991.
Mollenkott, Virginia R.: Gott eine Frau?: vergessene Gottesbilder der Bibel, München: C.H. Beck 1985.
Morgan, Elaine: Der Mythos vom schwachen Geschlecht: wie die Frauen wurden, was sie sind, Düsseldorf; Wien: Econ 1972.
Morgan, Elaine: The descent of woman, New York: Stein and Day 1972.
Morris, Neil: Die Urgeschichte, Nürnberg: Tessloff 2004.
Mowaljarlai, David und Jutta Malnic: Yorro Yorro: everything standing up alive: spirit of the Kimberley, Broome, W.A.: Magabala Books 1993.
Muhl, Arnold, Harald Meller und Klaus Heckenhahn: Tatort Eulau: ein 4500 Jahre altes Verbrechen wird aufgeklärt, Stuttgart: Theiss 2010.
Museum für Vor- und Frühgeschichte der Staatlichen Museen Preußischer Kulturbesitz (Hrsg.): Die Anfänge der Schrift in Vorderasien, Berlin: Staatliche Museen Preußischer Kulturbesitz 1990.
Neils, Jennifer: Women in the Ancient World, London: British Museum Press 2011.
Neubert, Sigrid und Sibylle von Reden: Die Tempel von Malta: das Mysterium der Megalithbauten, Bergisch Gladbach: G. Lübbe 1988.
Noonan, John Thomas: Empfängnisverhütung: Geschichte ihrer Beurteilung in der katholischen Theologie im kanonischen Recht, Mainz: Matthias-Grünewald-Verl. 1969.

Oftring, Bärbel und Jonas Lauströer: Wie fing alles an?: die Entwicklungsgeschichte des Menschen, Düsseldorf: Sauerländer 2009.
Oppitz, Michael: Onkels Tochter, keine sonst: Heiratsbündnis und Denkweise in einer Lokalkultur des Himalaya, Frankfurt a.M.: Suhrkamp 1991.
Pelot, Pierre: Das Leben in der Steinzeit, München: Knesebeck 2007 (Weltgeschichte für junge Leser).
Putzger, Friedrich Wilhelm: Historischer Schulatlas: von der Altsteinzeit bis zur Gegenwart, hrsg. v. Alfred Hansel, Bielefeld u.a.: Velhagen & Klasing 1954.
Rasmussen, Knud: »Thulefahrt«, Grönlandsagen, Berlin: Gyldendal'scher Verlag a.g. 1922, S. 440ff.
Rautenstrauch-Joest-Museum für Völkerkunde (Hrsg.): Sie und Er: Frauenmacht und Männerherrschaft im Kulturvergleich, Köln: Rautenstrauch-Joest-Museum 1997.
Reed, Evelyn: Problems of women's liberation: a Marxist approach, New York: Pathfinder Press 1971.
Robbins, Lawrence H. u.a.: »World's Oldest Ritual Site? The ‚Python Cave' at Tsodilo Hills World Heritage Site, Botswana«, in: Nyame Akuma No. 67 (2007), S. 2–6.
Rostowzew, M.: »Le culte de la grande deésse dans la Russie méridionale«, in: Revue des Etudes Greques 32 (1921), S. 469.
Rust, Alfred (Hrsg.): Die jungpaläolithischen Zeltanlagen von Ahrensburg, Neumünster: Karl Wachholtz 1958.
Sanyal, Mithu M.: Vulva: die Enthüllung des unsichtbaren Geschlechts, Berlin: Wagenbach 2009.
Schellen, Petra: »Interview von Petra Schellen mit Anne Viola Siebert: Gespräch über das Keilschrift-Epos Gilgamesch«, in: taz Nord am 25. 10. 2007.
Schiefenhövel, Wulf: Die Geburt aus ethnomedizinischer Sicht: Beitr. u. Nachtr. zur IV. Internat. Fachtagung d. Arbeitsgemeinschaft Ethnomedizin über Traditionelle Geburtshilfe u. Gynäkologie in Göttingen, 8.–10. 12. 1978, Braunschweig; Wiesbaden: Vieweg 1983.
Schreiber, Adele: Mutterschaft: ein Sammelwerk für die Probleme des Weibes als Mutter, München: Albert Langen 1912.
Schreiber, Hermann: Auf den Spuren der Goten, Reinbek bei Hamburg: Rowohlt 1979.
Schreier, Josefine: Göttinnen: ihr Einfluß von der Urzeit bis zur Gegenwart, hrsg. v. Gisela Meussling, München: Verlag Frauenoffensive 1978.
Schrenk, Friedemann: Die Frühzeit des Menschen: der Weg zum Homo sapiens, 5., neubearbeitete u. ergänzte Aufl., München: Beck 2008.
Schweder, Barbara: Mutterliebe: warum sie stark macht, weshalb sie bedroht ist, Wien: Ueberreuter 2008.
Sellnow, Irmgard: Grundprinzipien einer Periodisierung der Urgeschichte: ein Beitrag auf Grundlage ethnographischen Materials, Berlin: Akademie-Verlag 1961.
Sharamon, Shalila und Bodo J. Baginski: Kosmobiologische Geburtenkontrolle; mit ausführlichen Tabellen zur unkomplizierten Anwendung, Durach: Windpferd 1988.
Sharamon, Shalila und Bodo J. Baginski: Kosmobiologische Empfängnisplanung: die natürliche und zuverlässige Methode zur Empfängnisverhütung und Empfäng-

nisplanung; mit ausführlichem Fruchtbarkeitskalender bis zum Jahr 2020, 11. Aufl., Aitrang: Windpferd 2001 (Schangrila).
Shuttle, Penelope und Peter Redgrove: The wise wound: myths, realities, and meanings of menstruation, New York: Grove Press 1986.
Simek, Rudolf: Götter und Kulte der Germanen, München: C. H. Beck 2004.
Sollberger, Arne: Biological rhythm research, Amsterdam: Elsevier 1965.
Staatliche Museen Preußischer Kulturbesitz (Hrsg.): Museum für Vor- und Frühgeschichte Berlin. Best.kat., Stuttgart; Zürich: Belser (Kunst der Welt in den Berliner Museen).
Stanbury, Peter und John Clegg: A field guide to Aboriginal rock engravings with special reference to those around Sydney, Sydney: Sydney University Press 1990.
Stanford, Craig B.: »The Ape's Gift. Meat-eating, Meat-sharing, and Human Evolution«, in: Waal, Frans de (Hrsg.): Tree of origin: what primate behavior can tell us about human social evolution, Cambridge; London: Harvard University Press 2001, S. 95–118.
Stern, Kathleen und Martha K. McClintock: »Regulation of ovulation by human pheromones«, in: Nature 392/6672 (1998), S. 177–179.
Stollberg-Rilinger, Barbara: »Als Mann und Frau schuf er sie«: Religion und Geschlecht, Würzburg: Ergon 2014.
Storl, Wolf-Dieter: Vom rechten Umgang mit heilenden Pflanzen: das vergessene Wissen der weisen Frauen und Wurzelkundigen, Freiburg im Breisgau: Bauer 1986.
Sulzenbacher, Gudrun, Augustin Ochsenreiter und Angelika Fleckinger: Die Gletschermumie: mit Ötzi auf Entdeckungsreise durch die Jungsteinzeit, Wien: Folio 2000.
Sveinsson, Brynjolfur: Die Edda: Göttersagen, Heldensagen und Spruchweisheiten der Germanen, übers. von. Karl Simrock, Wiesbaden: VMA-Verlag 1987.
Uhlmann, Gabriele: Archäologie und Macht: zur Instrumentalisierung der Ur- und Frühgeschichte, 3., erweiterte Aufl., Norderstedt: Books on Demand 2012.
Varagnac, André (Hrsg.): Der Mensch der Urzeit: 600 000 Jahre Menschheitsgeschichte, Düsseldorf; Köln: Diederichs 1960.
Vilsteren, Vincent T. van: 100 000 Jahre Sex: Liebe und Erotik in der Geschichte, Stuttgart: Theiss 2004.
Waal, Frans de: Unsere haarigen Vettern: neueste Erfahrungen mit Schimpansen, Gütersloh; Kornwestheim; Wien; Zug: Bertelsmann-Club; Europ. Bildungsgemeinschaft; Buchgemeinschaft Donauland; Buch und Schallplattenfreunde 1985.
Waal, Frans de: Wilde Diplomaten: Versöhnung und Entspannungspolitik bei Affen und Menschen, München; Wien: Hanser 1991.
Weber, Marianne: Ehefrau und Mutter in der Rechtsentwicklung: eine Einführung, Aalen: Scientia 1971.
Weldon, Fay: »Schluss mit dem Geschlechterkampf«, Der Therapeut aus der Hölle: Essays, München: Droemer Knaur 1995, S. 117.
Werlhof, Claudia von: Die Diskriminierung der Matriarchatsforschung: eine moderne Hexenjagd, Bern: Ed. Amalia 2003.

Werlhof, Claudia von: Die Verkehrung: das Projekt des Patriarchats und das Gender-Dilemma, Wien: Promedia 2011.
Wesel, Uwe: Der Mythos vom Matriarchat: über Bachofens Mutterrecht und die Stellung von Frauen in frühen Gesellschaften vor der Entstehung staatlicher Herrschaft, Frankfurt a.M.: Suhrkamp 1980.
Westermarck, Edward: The history of human marriage, New York: Allerton Book Co. 1922.
Wilson, Edward O.: Die soziale Eroberung der Erde: eine biologische Geschichte des Menschen, übers. von. Elsbeth Ranke, München: C. H. Beck 2014.
Wohlleben, Peter: Das geheime Leben der Bäume: was sie fühlen, wie sie kommunizieren – die Entdeckung einer verborgenen Welt, München: Ludwig 2015.
Wolfart-Zundel, Heidi und Günther Cherubini: Lilith: der geheimnisvolle Planet, Darmstadt: Schirner 2007.
Woodsmall, Ruth Frances: Study of the role of women, their activities and organizations, in Lebanon, Egypt, Iraq, Jordan, and Syria, October 1954 – August 1955, New York: International Federation of Business and Professional Women 1956.
Wrangham, Richard W. und Dale Peterson: Demonic males: apes and the origins of human violence, Boston: Houghton Mifflin 1996.
Wrangham, Richard W.: »Out of the Pan, Into the Fire. How Our Ancestors' Evolution Depended on What They Ate«, in: Waal, Frans de (Hrsg.): Tree of origin: what primate behavior can tell us about human social evolution, Cambridge; London: Harvard University Press 2001, S. 119–144.
Wunderlich, Hans Georg: Die Steinzeit ist noch nicht zu Ende: eine Psycho-Archäologie des Menschen, Reinbek bei Hamburg: Rowohlt 1974.
Yang, Jisheng: Grabstein – Mùbei: eine Dokumentation der großen chinesischen Hungerkatastrophe 1958–1962, Frankfurt a.M.: Fischer 2012.
Zglinicki, Friedrich von: Geburt: eine Kulturgeschichte in Bildern, Braunschweig: Westermann 1983.
Zingsem, Vera: Göttinnen grosser Kulturen, München: Dt. Taschenbuch-Verl. 1999.
Zingsem, Vera: Lilith, Adams erste Frau, Stuttgart: Reclam 2009.
»Indien: Der mörderische Makel Frau«, in: DIE ZEIT am 13. 3. 2012 .
Geschichte unserer Welt in Karten und Dokumenten, München: List 1974.
Nationales Anthropologisches Museum [Mexiko]. Best.kat., Barcelona: Geocolor 1978.
Modell 1980, Bd. 1–4, Zürich: Internationales Forschungsinstitut für Emanzipationsfragen 1980.
Finnish Studies in Ethnology Volume 12 (Ethnologia Fennica) (1982).
Göttinnen begräbt man nicht: ein Sittengemälde von Dafne D., Berlin: Guhl 1982.
Australian Natural History, Bd. Supplement No. 2, The Australian Museum Trust 1988.
Archéologie de la France: 30 ans de découvertes. Ausst.kat. Galéries nationales du Grand Palais, Paris 27. 9. – 31. 12. 1989, Paris: Editions de la Réunion des Musées nationaux 1989.
A Journal for Nordic Ethnology Volume 22 (Ethnologia Scandinavica) (1992).

»Eine matriarchale Gesellschaft in Zeiten der Globalisierung: Juchitan in Mexiko«, in: Göttner-Abendroth, Heide (Hrsg.): Gesellschaft in Balance: Gender Gleichheit Konsens: Kultur in matrilinearen, matrifokalen, matriarchalen Gesellschaften; Dokumentation des 1. Weltkongresses für Matriarchatsforschung 2003 in Luxemburg, Winzer; Stuttgart: Ed. Hagia; Kohlhammer 2006.

Geo Epoche Edition 9: Die Kunst der Antike: Wie Griechen und Römer die europäische Kultur begründeten, Gruner+Jahr 2014.

Online-Quellen

Coulson, Sheila, Sigrid Staurset und Nick Walker: »Ritualized Behavior in the Middle Stone Age: Evidence from Rhino Cave, Tsodilo Hills, Botswana«, in: PaleoAnthropology (2011), S. 18–61, http://www.paleoanthro.org/journal/content/PA20110018.pdf/ (abgerufen am 20. 1. 2016).

Dapschauskas, Rimtautas: »Der Ursprung von Ritualen aus archäologischer Sicht« (20. 4. 2015), http://www.lisa.gerda-henkel-stiftung.de/der_ursprung_von_ritualen_aus_archaeologischer_sicht?nav_id=5570 (abgerufen am 9. 2. 2016).

Knauer, Roland: »Kleine Urmenschen: Der rätselhafte Ursprung der ‚Hobbits'» (23. 10. 2014), http://www.tagesspiegel.de/wissen/kleine-urmenschen-der-raetselhafte-ursprung-der-hobbits/10875588.html (abgerufen am 9. 2. 2016).

Potthoff, Nicole: »Lebensregeln – yamas und niyamas im Religionen-Spezial für Kinder«, http://www.kidsweb.de/religionen_spezial/hinduismus/lebensregeln_im_hinduismus.html (abgerufen am 9. 2. 2016).

Vieweg, Martin: »Wie die echten Hobbits aussahen« (14. 12. 2012), http://www.wissenschaft.de/erde-weltall/palaeontologie/-/journal_content/56/12054/925333/Wie-die-echten-Hobbits-aussahen/ (abgerufen am 9. 2. 2016).

Vieweg, Martin: »Zuwachs im menschlichen Stammbaum!« (10. 9. 2015), http://www.wissenschaft.de/kultur-gesellschaft/anthropologie/-/journal_content/56/12054/7934560/Zuwachs-im-menschlichen-Stammbaum!/ (abgerufen am 9. 2. 2016).

»Die Wiege des Getreideanbaus« (3. 12. 1997), http://fazarchiv.faz.net/?q=wiege+des+getreideanbaus&search_in=q&timePeriod=timeFilter&timeFilter=&DT_from=&DT_to=&KO=&crxdefs=&NN=&CO=&CN=&BC=&submitSearch=Suchen&sext=0&maxHits=&sorting=&toggleFilter=&dosearch=new#hitlist (abgerufen am 4. 12. 2015).

»Dorothy Garrod«, in: Wikipedia, the free encyclopedia (3. 5. 2015), https://en.wikipedia.org/w/index.php?title=Dorothy_Garrod&oldid=660619446 (abgerufen am 7. 12. 2015).

»7.300 BC: gab es eine ›soziale revolution‹ in cayönü (anatolien)?«, http://www.geschichtsforum.de/f22/7-300-bc-gab-es-eine-soziale-revolution-cay-n-anatolien-47808/ (abgerufen am 4. 12. 2015).

Filme und Fernsehsendungen

Bunong guu oh Bunong's birth practices between tradition and change [Film], Regie Tommi Mendel und Brigitte Nikles, Verleih Documentary Educational Resources 2011.

Stunde Null des Menschen [Fernsehfilm], Regie John Bredar, ARTE, 28. 2. 2015, 6.20 Uhr.

Das Steinzeiträtsel. Die Megalithkultur als Ursprung der Baukunst [Fernsehfilm], Regie Roswitha und Ronald P. Vaughan, ORF/3Sat, 29. 3. 2015, 14.35 Uhr.

Genie und Geometrie: Stonehenge und die Vermessung der Welt [Fernsehfilm], Regie Ronald P. Vaughan, ORF/3Sat, 29. 3. 2015, 7.05 Uhr.

Anmerkungen

1 Siehe hierzu pars pro toto: Niemitz, Carsten: Das Geheimnis des aufrechten Gangs, München : Beck, 2004. Darin wird die sogenannte Ufer-Theorie entwickelt, nach der das Gehen auf zwei Beinen durch das Waten im Wasser gelernt wurde, also durch Menschen, die nahe am Wasser lebten und dort Nahrung finden konnten.
2 Deißmann, Marieluise (Hrsg.): Daten zur antiken Chronologie und Geschichte, Stuttgart: P. Reclam 1990.
3 Schäfer, Ann-Kristin: »Naturwissenschaften an evangelikalen Schulen – Wenn die Bibel zum Gesetz wird« (19. 12. 2011), http://www.sueddeutsche.de/karriere/naturwissenschaften-an-evangelikalen-schulen-wenn-die-bibel-zum-gesetz-wird-1.1238547 (abgerufen am 27. 1. 2016).
4 Beispielhaft genannt seien hier etwa Heike Behrend, Edith Specht oder Josefine Schreier (siehe Literaturverzeichnis).
5 Kubrick, Stanley: 2001: Odyssee im Weltraum (Originaltitel: 2001: A Space Odyssey), USA 1968 (Spielfilm).
6 Stopczyk, Annegret: Was Philosophen über Frauen denken, München: Matthes & Seitz 1980; und: Berliner Zeitung vom 9./10. 5. 2015 über den neuen Masterstudiengang an der Universität Paderborn: »Über den Beitrag von Frauen zur Geschichte der Philosophie. Weltweit einzigartig«.
7 Besonders eindrucksvolle Bücher kaufte ich. (Briffault, Robert: The Mothers: a study of the origins of sentiments and institutions. 3 Bde., London: Allen & Unwin 1927).
8 Masry, Youssef el: Die Tragödie der Frau im arabischen Orient, München: Rütten & Loening 1963.
9 Bornemann, Ernst: Das Patriarchat: Ursprung und Zukunft unseres Gesellschaftssystems, Frankfurt a.M.: Fischer 1975.
10 Z.B. Jurreit, Marielouise: Rundschreiben, in: FRAUENFORUM Bonn (1975); Krechel, Ursula: ‚Das Kapital' der Frauenbewegung? Wirklich nicht! Ernst Bornemanns umfangreiches Buch ‚Das Patriarchat', in: Frankfurter Rundschau (1976), S. 2.
11 In meinem Buch Oh Lucy gehe ich schon auf einige der Veränderungen ein und auf die bedeutende Rolle der Frauen bei der Menschwerdung. Aber ich ging damals noch nicht der Frage nach, warum sich die Verhältnisse eines Tages so umkehrten (Sander, Helke: Oh Lucy: Erzählung, München: A. Kunstmann 1991).
12 Z.B. Hrdy, Sarah Blaffer: Mutter Natur: die weibliche Seite der Evolution, Berlin: Berlin Verlag 2010.
13 Ottinger, Ulrike u.a.: Sieben Frauen – Sieben Sünden. 2. Episode von Helke Sander: Völlerei? Füttern!, D 1986 (Episodenfilm).
14 Sander, Helke: Muttertier – Muttermensch, D 1998 (Film; DVD-Edition Helke Sander; Verleih: Deutsche Kinemathek Berlin).
15 Annaud, Jean-Jacques: Am Anfang war das Feuer (Originaltitel: La Guerre du feu), CAN/F/USA 1981 (Film).
16 Diese nicht realisierte Filmgeschichte hat auch noch mit einer anderen Problematik, »Frauen in der Filmbranche« zu tun und soll hier keine Rolle spielen.

Jedenfalls waren die realisierten Arbeiten immer auf internationalen Festivals vertreten und viele erhielten auch Preise, was aber nie eine Garantie für die Finanzierung des nächsten Films war, sondern ihn sogar erschwerten.

17 Gallehr, Theo und Rolf Schübel: Rote Fahnen sieht man besser: eine Betriebsstilllegung aus der Sicht der Entlassenen, BRD 1970 (Dokumentarfilm).

18 İbni Abidîn, Buch: Menhel-ül-wâridîn. Geboren 1783 in Damaskus; † 1836; Ibn Abidin war ein muslimischer Gelehrter der hanafitischen Rechtsschule. Er gilt als einer der führenden islamischen Juristen (Fuqaha) in der Periode der Osmanen in Syrien. Er lebte und arbeitete von Damaskus aus. Er gilt als Spezialist für das hanefitische Recht.

19 Interview mit Frau Dr. Lutz in: Sander, Helke: Befreier und Befreite: Krieg, Vergewaltigungen, Kinder, D 1991 (Dokumentarfilm; DVD-Edition Helke Sander; Verleih: Deutsche Kinemathek Berlin).

20 André, Claudine: Wilde Zärtlichkeit: mein Paradies für Bonobos im Herzen Afrikas, München; Zürich: Piper 2009, S. 58.

21 Aus: SIE UND ER – Frauenmacht und Männerherrschaft im Kulturvergleich, Bd. 2. Hrsg. von Gisela Völger.

22 Camphausen, Rufus C.: Yoni: die Vulva. Weibliche Sinnlichkeit, Kraft der Schöpfung, München: Diederichs 1999, S. 28.

23 Wolf, Doris: Der Kampf gegen Weisheit und Macht der matriarchalen Urkultur Ägyptens: eine Kriminalgeschichte, Zürich: Dewe 2009.
Blutproteine machen Farben haltbar und es scheint, dass sich Blut gerade auf Steinoberflächen Millionen von Jahre konserviert und das Alter zuverlässig datiert werden kann. Die Untersuchung der von mir entnommenen Proben aus den oberägyptischen Höhlen – die durch die Vermittlung des Laboratoire de Recherche des Monuments Historiques in Champs sur Marne 1992 im Institut von Thomas Loy analysiert wurden – bestätigten mittels umfangreicher Analysen, dass es sich bei der mit Lehm vermischten roten Farbe der Höhlenwände tatsächlich um Blut handelt.

24 AT 1. Mose 17.

25 Berliner Zeitung vom 13. 6. 2015: Zwischen 2008 und 2013 sollen bei Initiationsriten in Südafrika 486 Jungen an den Folgen einer Beschneidung gestorben sein. Aus dem Artikel: Vaterfreuden dank Spender-Penis.

26 Butta, Carmen: Las Poderosas Mujeres de Juchitán, in: 360° – Die GEO-Reportage (1999).

27 Bennholdt-Thomsen, Veronika: Juchitán, Stadt der Frauen: vom Leben im Matriarchat, Reinbek bei Hamburg: Rowohlt 1994.

28 Behrend, Heike: Die Zeit des Feuers: Mann und Frau bei den Tugen in Ostafrika, Frankfurt a.M.: Ed. Qumran im Campus Verlag 1985.

29 Hier sei vor allem auf die Arbeit von Luise Schöffel verwiesen, der Gründerin des Vereins Alleinstehender Mütter, später »Mütter und Väter« VAMV.

30 Was macht Männer unfruchtbar?, in: Zentrum der Gesundheit, http://www.zentrum-der-gesundheit.de/unfruchtbarkeit-beim-mann-ia.html (abgerufen am 4. 2. 2016).

31 Ganten, Detlev, Thilo Spahl und Thomas Deichmann: Die Steinzeit steckt uns in den Knochen: Gesundheit als Erbe der Evolution, München; Zürich: Piper 2009.

32 Short News: 12. 2. 2002

33 Dazu gibt es inzwischen eine Fülle Literatur, u.a. vom Leipziger Max-Planck-Institut für evolutionäre Anthropologie.

34 Richards, Claudia, Zimmermann, Ulrike: Vulva 3.0 – Zwischen Tabu und Tuning, D 2014 (Dokumentarfilm).

35 Pirinçci, Akif: Der eine ist stumm, der andere ein Blinder: Thriller, Hamburg: Rotbuch 2006.

36 Rühle-Gerstel, Alice: Die Frau und der Kapitalismus, Frankfurt a.M.: Neue Kritik 1972, S. 236. Der erwähnte Herrmann Heinrich Ploss hat das erwähnte Buch im Th. Griebens Verlag (1895) veröffentlicht und in vielen anderen von ihm erwähnten Werken sich mit Sitten rund um die Geburt bei verschiedenen Völkern befasst und offenbar seinerzeit viele Auflagen seiner Bücher erlebt.

37 Silvester, Hans: Kleider der Natur: die Kunst des Körperschmucks im Tal des Omo, 3. Aufl., München: F. A. Herbig 2013.

38 Rebsamen, R.: Das Hyoid in der Evolution – Beginn der Sprachfähigkeit in der Hominidengruppe: Handout von R. Rebsamen, abgegeben anlässlich der Fachtagung des I.A.F.K. 2010 mit dem Thema: ‚Das sterno-hyoidale System – Artikulation und Atmung' http://www.bruegger.com/publikationen/Artikel_Handouts/Evolution-Hyoid.pdf (abgerufen am 6. 1. 2016).

39 Victorri, Bernard: Die Debatte um die Ursprache, in: Spektrum der Wissenschaft; Dossier: Sprachen 4 (2001), S. 16–19.

40 s. Anthropologin Dean Falk (Falk, Dean: Wie die Menschheit zur Sprache fand: Mütter, Kinder und der Ursprung des Sprechens, München: Dt. Verl.-Anst. 2010).

41 Peltier, Philippe, Markus Schindlbeck und Christian Kaufmann (Hrsg.): Tanz der Ahnen: Kunst vom Sepik in Papua-Neuguinea. Ausstellungskatalog Martin-Gropius-Bau, Berlin 18. 3. – 14. 6. 2015; Museum Rietberg, Zürich 10. 7. – 4. 10. 2015; Musée du quai Branly, Paris 27. 10. 2015 – 7. 2. 2016, München: Hirmer 2015, S. 30ff.

42 In meinem Film Dorf, 2001 in Sachsen-Anhalt gedreht, also altes DDR-Gebiet, erzählt ein Bewohner, dass er immer zum »böten« geht, was sich als ziemlich verbreitete Praxis herausstellte. U.a. wurde erzählt, dass DDR-Hochleistungssportler zum Besprechen gingen, wenn nichts anderes half. Auch bei den ersten Anzeichen von Gürtelrose wird dies empfohlen.

43 Kalevala: das Nationalepos der Finnen, Stuttgart: P. O. Röhm 1948, Rune 16, Zeile 119ff.

44 Interview mit den Herausgebern des Bologna-Schwarzbuchs, Christian Scholz und Volker Stein, im SR2 Kulturradio vom 20. 9. 2009 (Scholz, Christian und Volker Stein (Hrsg.): Bologna-Schwarzbuch, Bonn: Dt. Hochschulverb. 2009 (Forum 78).

45 Desplagnes, Louis: Le plateau central Nigérien: une mission archéologique et ethnographique au Soudan français, Paris: Larose 1907.

46 Petrov, Ivan: Report on the population, industries and resources of Alaska, Washington: Government printing office 1884.

47 Vámbéry, Ármin: Das Türkenvolk in seinen ethnologischen und ethnographischen Beziehungen, Leipzig: F.A. Brockhaus 1885.
48 Sander, Helke: Muttertier – Muttermensch, D 1998 (Essayfilm, DVD-Edition Helke Sander, Verleih: Deutsche Kinemathek Berlin).
49 Dapschauskas, Rimtautas: Der Ursprung von Ritualen aus archäologischer Sicht (20. 4. 2015), http://www.lisa.gerda-henkel-stiftung.de/der_ursprung_von_ritualen_aus_archaeologischer_sicht?nav_id=5570 (abgerufen am 9. 2. 2016).
50 In diesem Zusammenhang ist interessant, dass man inzwischen festgestellt haben will, warum Männer meist einen besseren Orientierungssinn haben als Frauen: Weil Männer über lange Zeit hinweg als Jäger ihre angestammte »Feuerstelle« verließen, mussten sie als Überlebensstrategie Ortskenntnisse entwickeln, was die Frauen als eher Bodenständige nicht nötig hatten.
51 Dessai, Elisabeth: Zurück zur Wohnküche, Moers: Ed. Aragon 1996.
52 Engels, Friedrich: Anteil der Arbeit an der Menschwerdung des Affen, Berlin: Dietz 1950.
53 Peltier, Philippe, Markus Schindlbeck und Christian Kaufmann (Hrsg.): Tanz der Ahnen: Kunst vom Sepik in Papua-Neuguinea. Ausstellungskatalog Martin-Gropius-Bau, Berlin 18. 3. – 14. 6. 2015; Museum Rietberg, Zürich 10. 7. – 4. 10. 2015; Musée du quai Branly, Paris 27. 10. 2015 – 7. 2. 2016, München: Hirmer 2015.
54 Gusner, Iris und Helke Sander: Fantasie und Arbeit: biografische Zwiesprache, Marburg: Schüren 2009. Siehe auch der Film von Helke Sander der subjektive faktor, D 1981/82.
55 Schirrmacher, Frank: Ego: das Spiel des Lebens, München: Pantheon 2014, S. 152.
56 Cavalieri, Paola und Peter Singer: The Great ape project: equality beyond humanity, New York: St. Martin's Press 1994; Briffault, Robert: The Mothers: a study of the origins of sentiments and institutions, 3 Bde., London: Allen & Unwin 1927.
57 Copeland, Sandi R. u.a.: Strontium isotope evidence for landscape use by early hominins, in: Nature 474/7349 (2011), S. 76–78.
58 DPA: Verhaltensforschung: Schimpansen jagen mit Speeren (22. 2. 2007), http://www.stern.de/panorama/wissen/natur/verhaltensforschung-schimpansen-jagen-mit-speeren-3357486.html (abgerufen am 8. 2. 2016).
59 Briffault: The Mothers.
60 Bogoras, Waldemar: The Chukchee, Leiden; New York: E.J. Brill Ltd.; G.E. Stechert 1909.
61 Briffault: The Mothers, a.a.O., S. 449.
62 Peltier, Philippe, Markus Schindlbeck und Christian Kaufmann (Hrsg.): Tanz der Ahnen: Kunst vom Sepik in Papua-Neuguinea. Ausstellungskatalog Martin-Gropius-Bau, Berlin 18. 3. – 14. 6. 2015; Museum Rietberg, Zürich 10. 7. – 4. 10. 2015; Musée du quai Branly, Paris 27. 10. 2015 – 7. 2. 2016, München: Hirmer 2015.
63 Aus: Die soziale Eroberung der Erde, C.H.Beck 2014.
64 Jègues-Wolkiewiez, Chantal: L'ethnoastronomie, nouvelle appréhension de l'art préhistorique: comment l'art paléolithique révèle l'ordre caché de l'univers, Cagnes-sur-Mer: Chantal Jègues-Wolkiewiez 2015.

65 Lucretius Carus, Titus: Über die Natur der Dinge, Berlin: Galiani 2014, S. 12.

66 Rosendahl, Wilfried: Die Neandertaler und ihre Umwelt in Südwestfrankreich, in: Hoffmann, Almut und Wilfried Menghin (Hrsg.): Le Moustier und Combe Capelle: die altsteinzeitlichen Funde des Schweizer Archäologen Otto Hauser. Bestandskat, Bd. 9, Berlin: Staatliche Museen Preußischer Kulturbesitz 2003, S. 26.

67 Voss, Jutta: Das Schwarzmond-Tabu: die kulturelle Bedeutung des weiblichen Zyklus, Stuttgart: Kreuz Verlag 1988.

68 Siehe u.a.: Kalevala, finnisches Nationalepos, die Bedeutung der Regenbogenschlange in Australien, Siegfrieds Kampf mit dem Drachen, die Bedeutung des Drachens, der Schlange in chinesischen Mythen u.v.m. (Kalevala: das Nationalepos der Finnen, Stuttgart: P. O. Röhm 1948).

69 Ottinger, Ulrike u.a.: Sieben Frauen – Sieben Sünden. 2. Episode von Helke Sander: Völlerei? Füttern!, D 1986 (Episodenfilm).

70 Wolf, Doris: Der Kampf gegen Weisheit und Macht der matriarchalen Urkultur Ägyptens: eine Kriminalgeschichte, Zürich: Dewe 2009.

71 Laffitte, Jacques: Le Dahomé: souvenirs de voyage et de mission, Tours: A. Mame 1883, S. 86f.

72 Bastian, Adolf: Die Rechtsverhältnisse bei verschiedenen Völkern der Erde: ein Beitrag zur vergleichenden Ethnologie, Berlin: Georg Reimer 1872, S. 18; Ellis, Alfred Burdon: The Ewe-speaking peoples of the Slave Coast of West Africa: their religion, manners, customs, laws, languages etc., Chicago: Benin Press 1965, S. 183ff.

73 Aus: Gott als Frau. Altorientalische Quellen der Göttinnenverehrung, in: Nachrichten aus der Zeit. Ein Streifzug durch die Frauengeschichte des Altertums. Hrsg. von Edith Specht.

74 Begg, Ean: Die unheilige Jungfrau: das Rätsel der Schwarzen Madonna, Bad Münstereifel: Edition Tramontane 1989.

75 Scholz, Piotr O.: Der entmannte Eros: eine Kulturgeschichte der Eunuchen und Kastraten, Düsseldorf: Artemis & Winkler 1997.

76 Ebd.

77 Ben Hameda, Kamal: Sieben Frauen aus Tripolis: Roman, übers. von. Helmut Moysich, Berlin: List 2013, S. 106.

78 Ebd., S. 124.

79 Potthoff, Nicole: Lebensregeln – yamas und niyamas, http://www.kidsweb.de/religionen_spezial/hinduismus/lebensregeln_im_hinduismus.html (abgerufen am 9. 2. 2016).

80 Hawkes, Kristen und Richard R. Paine (Hrsg.): The evolution of human life history, Santa Fe; Oxford: School of American Research 2006.

81 Berliner Zeitung vom 22. 5. 2015

82 Lockwood, Douglas: I, the Aboriginal, Belair, S.A.: Art Australia 1992; Sander, Helke: Kapitel »Fleisch gegen Grütze« in: Oh Lucy, München: A. Kunstmann 1991.

83 Kytzler, Bernhard: Frauen der Antike: kleines Lexikon antiker Frauen von Aspasia bis Zenobia, Frankfurt a.M.: Insel 1997, S. 72.

84 Reichholf, Josef H.: Warum die Menschen sesshaft wurden: das größte Rätsel unserer Geschichte, Frankfurt a.M.: Fischer 2009, S.185.

85 Ebd., S. 259.

86 »Domestizierung«, in: Wikipedia (30. 1. 2016), https://de.wikipedia.org/w/index.php?title=Domestizierung&oldid=150846694 (abgerufen am 8. 2. 2016).

87 Holaubek, Johanna: Frau und Familie im alten Ägypten, in: Nachrichten aus der Zeit. Ein Streifzug durch die Frauengeschichte des Altertums, hrsg. von Edith Specht, Wien: Frauenverlag 1992.

88 Peltier, Philippe, Markus Schindlbeck und Christian Kaufmann (Hrsg.): Tanz der Ahnen: Kunst vom Sepik in Papua-Neuguinea.
Ausstellungskatalog Martin-Gropius-Bau, Berlin 18. 3. – 14. 6. 2015; Museum Rietberg, Zürich 10. 7. – 4. 10. 2015; Musée du quai Branly, Paris 27. 10. 2015 – 7. 2. 2016, München: Hirmer 2015.

89 Gmelin, Otto und Helene Saussure: Bankrott der Männerherrschaft: Material zu Problemen der Frauenemanzipation, Frankfurt a.M.: Europäische Verl.-Anst. 1971, S. 77.

90 Alexijewitsch, Swetlana: Secondhand-Zeit, S. 353: Von Romeo und Julia Nur hießen sie Margarita und Abulfas.

91 Sander, Helke: Mr.Baroody und die Mütter, in: EMMA, Nr.4, 1999, S. 42–43

92 Goldmann, Emma: Gelebtes Leben, Bd.1-3, Berlin: Karin Kramer Verlag.
Kollontai, Alexandra: Autobiographie einer sexuell emanzipierten Kommunistin, Berlin: Guhl 1989.

93 Sander, Helke: Mitten im Malestream: Richtungsstreits in der neuen Frauenbewegung, D 2005 (Film-Essay; DVD-Edition Helke Sander; Verleih: Deutsche Kinemathek Berlin); Brot & Rosen (Hrsg.): Frauenhandbuch Nr. 1: Abtreibung, Verhütungsmittel; 2. überarbeitete und erweiterte Aufl., Berlin: Selbstverlag 1974.

94 Gmelin/Saussure: Bankrott der Männerherrschaft.

95 Dessai, Elisabeth: Zurück zur Wohnküche, Moers: Ed. Aragon 1996.

96 Sander, Helke: Brecht die Macht der Manipulateure, D 1967 (Film; DVD-Edition Helke Sander; Verleih: Deutsche Kinemathek). Und als neueren Text dazu: Niklas Maak Wohnkomplex Hanser.

97 Stichwort »Kinderläden« in: Kritisches Wörterbuch des Marxismus 4. Bd. Kadetten bis Lyssenkismus, Berlin: Argument-Verl. 1986.

98 Müller, Ludmilla: »Kinderaufzucht im Kapitalismus«, in: Prokla 22 (1976), S. 13–66.

99 S.11, 19. 11. 1974, konstituierende Sitzung der Bundesregierung: Brot und Rosen, Resolution gegen das Kuratorium zum Jahr der Frau. Vorstellung der Projekte von Brot und Rosen: Nr. 2, abgedruckt in der Zeitschrift: DER FEMINIST, München 1975

100 z.B.: Alice im Niemandsland. Wie die deutsche Frauenbewegung die Frauen verlor, München: DVA 2012, oder: Aus der Protest-Chronik von Wolfgang Kraushaar, Mittelweg 36 Juni/ Juli 2014

101 Moeller, Robert G.: Geschützte Mütter: Frauen und Familien in der westdeutschen Nachkriegspolitik, München: Dt. Taschenbuch-Verl. 1997.